이것이
디베이트 형식의
표준이다!

동영상으로 배우는 디베이트 형식 교과서

이것이 디베이트 형식의 표준이다!

초판 1쇄 인쇄 2017년 1월 26일
초판 1쇄 발행 2017년 2월 6일
지은이 케빈 리(이경훈)
발행인 이지연
펴낸곳 이지스퍼블리싱(주)
출판사 등록번호 제313-2010-123호
주소 서울시 영등포구 당산로41길 11. SK V1센터 323호
대표전화 02-325-1722 　　　　　**팩스** 02-326-1723
이지스퍼블리싱 홈페이지 www.easyspub.com 　　**이지스에듀 카페** www.easysedu.co.kr
바빠 아지트 블로그 blog.naver.com/easyspub 　　**트위터** @easyspub
페이스북 www.facebook.com/easyspub 　　**이메일** service@easyspub.co.kr

기획 및 책임 편집 정지연, 조은미　　**진행** 김혜영　　**표지 및 내지 디자인** 이근공
전산편집 트인글터　　**인쇄** 보광문화사　　**제본** 정성제책
영업 및 문의 이주동(nlrose@easyspub.co.kr)　　**독자 지원** 김유미

ISBN 979-11-87370-74-1 13370
가격 26,000원

• **이지스에듀**는 이지스퍼블리싱(주)의 교육 브랜드입니다.

이것이 디베이트 형식의 표준이다!

국내 디베이트 확산의 1인자
대표 저자 케빈 리

이지스에듀

목적에 맞게 디베이트를 선택한다는 것

자전거 종류에는 여러 가지가 있다. 세발자전거가 있는가 하면, 로드바이크도 있고, 산악자전거도 있다. 왜 이렇게 종류가 다를까? 목적이 다르기 때문이다.

세발자전거는 안전을 염두에 둔 것이다. 아이들이 자전거를 타다가 다치면 안 되므로 큰 바퀴가 아니라 작은 바퀴를 달고, 두 개가 아니라 세 개를 단다. 안장도 낮다. 로드바이크는 속도감을 즐기는 것이 목적이다. 선수들은 시속 60km까지 속도를 낸다고 한다. 그래서 로드바이크는 최대한 가볍게 만든다. 바퀴 폭도 좁다. 반면에 산악자전거는 튼튼해야 한다. 산악을 휘젓고 돌아다녀야 하기 때문이다. 프레임을 튼튼하게 만들고, 바퀴도 두껍게 만들어야 한다.

그런데 만약 이런 목적을 고려하지 않고 자전거를 선택하면 어떻게 될까? 예를 들어 산에서 로드바이크를 탄다고 하자. 얼마 못 가서 망가질 것이다. 어쩌면 바이커의 생명이 위태로울 수도 있을 것이다. 또 다른 예로, 어린아이들에게 산악자전거를 권한다고 해보자. 자전거 때문에 다치는 경우가 많을 것이다. 결국, 자전거는 목적에 맞게 선택하는 것이 좋다. 그래서 다양한 종류의 자전거가 존재하는 것이다.

디베이트의 대표적인 형식 4가지, 어떻게 선택할까?

디베이트도 마찬가지다. 디베이트 형식에도 여러 가지 종류가 있다. 퍼블릭 포럼 디베이트, 의회식 디베이트, 링컨 더글러스 디베이트, 팔리시 디베이트 등이다. 이렇게 종류가 다른 데에는 이유가 있다. 목적이 다르기 때문이다.

퍼블릭 포럼 디베이트는 처음 디베이트를 접하는 학생들을 염두에 두고 만들어졌다. 의회식 디베이트는 즉석에서 주어지는 주제로 디베이트를 하는 것이 특징이다. 링컨 더글러스 디베이트는 판단을 위한 가치 구조를 생각하는 데 강조점이 있는 디베이트다. 팔리시 디베이트는 한 가지 주제를 1년 동안 디베이트하는 과정에서 해당 주제에 대한 준전문가가 되는 것을 목표로 한다.

그런데 만약 처음 디베이트를 접하는 어린 학생들에게 팔리시 디베이트를 권하면 어떻게 될까? 이는 어린아이에게 산악자전거를 권하는 것과 같다. 학생들은 시작부터 좌절할 것이다. 결국, 디베이트 형식은 디베이트에 참가하는 학생들의 나이, 준비 상태, 경험 여부, 프로그램 목표 등을 고려하여 적합하게 선택해야 한다.

현재 한국에서는 디베이트가 활성화되어 있다. 전국적으로 매주 수만 명의 학생들이 디베이트에 참여한다. 디베이트 대회를 개최하면 불과 10초 만에 접수가 마감되기도 한다. 아이돌 콘서트보다 인기가 좋다. 디베이트 코치 자격증을 취득한 학생도 수십 명 있다. 이들 중에는 방학 때마다 정기적으로 디베이트 자원봉사를 다니는 학생도 있다. 내가 한국에 온 2010년 12월과 비교하면 그야말로 상전벽해와 같은 변화가 일어났다.

문제는 아직은 도입기다 보니 종종 혼선이 빚어진다는 것이다. 용어도 달리 쓰고, 엉뚱한 방식으로 진행하기도 한다. 교과서에 실린 내용을 보면 어리둥절할 때가 있다. 목적에 맞게 디베이트 형식을 선택하고, 또 그 형식을 정확히 구사하는 것이 아직 정착되지 않은 것이다.

동영상과 비교하며 디베이트 형식을 정확히 이해하는 것이 목표

이 책은 이러한 문제점을 해결하는 데 도움을 주기 위해 기획되었다. 다양한 디베이트 형식을 제대로 알려 주자는 것이다. 그런데 글로 서술된 내용은 아무리 읽어도 구체적인 상이 떠오르지 않는다. 코끼리를 보지 못한 사람에게 아무리 자세히 설명해 줘도 그 사람은 고개를 갸우뚱할 뿐이다. 이럴 때는 직접 한번 보여주는 것이 빠르다. 그러면 금방 "아, 코끼리가 저렇게 생겼구나!" 하고 알아차린다. 추상적이던 코끼리에 관한 설명이 이제는 구체적으로 이해가 된다.

마찬가지 이유로 이 책에는 동영상 DVD가 들어 있다. 학생들과 실제로 여러 가지 디베이트 형식을 연습한 다음, 실제로 디베이트를 진행하는 모습을 촬영한 것이다. 이 동영상을 보고, 해설을 담은 책의 내용과 비교하면 다양한 디베이트 형식을 쉽게 이해할 수 있으리라 믿는다. 결국, 이 책의 목표는 '동영상과 책의 설명을 비교하며 알아보는 과정에서 디베이트 형식의 종류와 특징을 정확히 이해하는 것'이다. 이 목적이 잘 달성되었으면 좋겠다.

바쁜 시간에 같이 고민해 주고, 애써 준 참가 학생들에게 고마움을 전한다.

이 책의 제작에 참여한 사람들을 대표하여
케빈 리 씀

01
디베이트 기본 형식 이해하기

1 디베이트, 왜 해야 할까?   10
2 디베이트 형식의 발달 과정   14
3 디베이트 형식의 핵심순서   17
4 디베이트 형식과 주제 제시 주기   20
5 주제 유형과 입증 방법   23
6 질문 방법과 참가 인원   28

02
퍼블릭 포럼 디베이트의 진행

1 퍼블릭 포럼 디베이트의 개괄   34
2 퍼블릭 포럼 디베이트의 진행 순서와 특징   37
3 동영상으로 보는 퍼블릭 포럼 디베이트의 실제 진행 ❶   42
4 동영상으로 보는 퍼블릭 포럼 디베이트의 실제 진행 ❷   78
5 퍼블릭 포럼 디베이트 Q & A   106

03
의회식 디베이트의 진행

1 의회식 디베이트의 개괄   112
2 의회식 디베이트의 진행 순서와 특징   115
3 동영상으로 보는 의회식 디베이트의 실제 진행 ❶   119
4 동영상으로 보는 의회식 디베이트의 실제 진행 ❷   150
5 의회식 디베이트 Q & A   180

04

링컨 더글러스 디베이트의 진행

1	링컨 더글러스 디베이트의 개괄	186
2	링컨 더글러스 디베이트의 진행 순서와 특징	192
3	동영상으로 보는 링컨 더글러스 디베이트의 실제 진행 ❶	195
4	동영상으로 보는 링컨 더글러스 디베이트의 실제 진행 ❷	216
5	링컨 더글러스 디베이트 Q & A	233

05

팔리시 디베이트의 진행

1	팔리시 디베이트의 개괄	238
2	팔리시 디베이트의 진행 순서와 특징	244
3	동영상으로 보는 팔리시 디베이트의 실제 진행 ❶	250
4	동영상으로 보는 팔리시 디베이트의 실제 진행 ❷	290
5	팔리시 디베이트 Q & A	330

부록

칼 포퍼 디베이트의 진행

1	칼 포퍼 디베이트의 개괄	336
2	칼 포퍼 디베이트의 진행 순서와 특징	337

01

디베이트 기본 형식 이해하기

디베이트는 형식적 제약이 큰 토론으로 여러 가지 종류가 있다. 디베이트를 할 때는 먼저 '어떤 디베이트 형식으로 할지'를 결정해야 한다. 그런데 초보자에게는 그 형식이 비슷해보인다. 이에 이번 장에서는 디베이트에 관한 기본적인 소개와 더불어 디베이트의 형식들이 각각 어떻게 다른지, 왜 다른지를 주요하게 다룬다. 디베이트 형식은 목적, 주제 제시 주기, 주제 유형과 입증 방법, 질문 방법, 참가 인원 등이 각각 다르다. 이를 기준으로 다양한 디베이트 형식을 개괄적으로 이해해보자.

1   디베이트, 왜 해야 할까?

2   디베이트 형식의 발달 과정

3   디베이트 형식의 핵심순서

4   디베이트 형식과 주제 제시 주기

5   주제 유형과 입증 방법

6   질문 방법과 참가 인원

1 디베이트, 왜 해야 할까?

예전에 토론의 종류를 50가지 이상 분류한 책을 본 적이 있다. 나는 그중에서도 디베이트를 가장 먼저 추천한다. 그 이유는 디베이트가 '토론 교육의 목표를 가장 잘 구현한 토론 방법'이라고 생각하기 때문이다.

어떤 사람은 토론 교육의 의미를 '발표력을 키우기 위한 것' 정도로 낮춰 생각하지만, 그렇지 않다. 토론 교육은 교육의 중심에 위치한다. 국·영·수를 공부하다가 시간이 남을 때 토론 교육을 하는 것이 아니라, 토론 교육을 먼저 시작해서 머리를 합리적으로 바꾸고 이를 기반으로 국·영·수를 공부하는 것이 맞다. 또 국·영·수를 공부할 때도 토론식으로 하는 것이 좋다. 세계를 제패한 유대인들이 이렇게 한다.

디베이트는 이러한 토론 교육의 목표를 가장 잘 구현한 형식이다. 디베이트를 하면 다음의 열 가지 교육 효과를 얻을 수 있다.

1 | 리서치 훈련_Research

디베이트 주제가 정해지면 참가 학생들은 자료를 찾아야 한다. 처음에는 학생들의 리서치 능력이 약해서 디베이트 코치가 관련 자료를 대신 찾아주기도 한다. 하지만 디베이트 경험이 쌓일수록 사정은 달라진다. 어린 학생들도 스스로 관련 쟁점을 생각해내고 쟁점별로 리서치를 하게 된다. 이런 과정을 주기적으로 반복하다 보면 주제와 관련된 자료를 찾아내는 능력이 향상된다.

2 | 비판적 읽기 훈련_Critical Reading

디베이트 참가 학생들은 리서치 결과로 얻은 자료를 읽어야 한다. 이때 소위 비판적 읽기(Critical Reading)가 강제된다. 자료가 제시하는 주장과 근거를 찬성과 반대로 나누어 머릿속에서 재구성해야 하기 때문이다. 또 디베이트에서는 주제가 주기적으로 달라진다. 참가자들은 그때마다 새로운 주제와 관련된 글을 읽어야 하므로 다양한 글 읽기가 저절로 이루어진다.

3 | 말하기 훈련_Speech

디베이트는 모두 말로 진행된다. 따라서 말하기 훈련이 자연스럽게 이루어진다. 디베이트를 할 때는 말하기 형식, 즉 목소리와 톤, 제스처, 눈맞춤부터 훈련한다. 물론 더 중요한 것은 말의 내용이므로 논리적인 말하기 훈련 또한 반복한다. 어려서부터 이런 말하기 훈련을 하면 대중 앞에서 말하는 것에 대한 두려움이 사라지고, 오히려 자신 있는 태도로 카리스마 넘치게 말할 수 있게 된다.

4 | 비판적 듣기 훈련_Critical Listening

온갖 사교육이 난립하는 한국에도 듣기 학원은 없다. 학교에서도 비판적 듣기를 훈련하는 경우가 드물다. 이것이 바로 회의, 토론 자리에만 가면 갑자기 귀가 먹통이 되는 이유다. 디베이트를 통해 이 문제를 해결할 수 있다. 디베이트 참가자들은 상대방의 발언을 늘 경청해야 한다. 또한, 그 발언에 어떤 논리적 모순이 있는지를 간파해야 한다. 그래야 질문도 할 수 있고 반박도 할 수 있기 때문이다. 이는 단순한 듣기와는 다르다. 따라서 비판적 듣기(Critical Listening)가 자연스레 훈련된다.

5 | 쓰기 훈련_Writing

디베이트 입안문의 구조는 에세이의 구조와 일치한다. 에세이는 흔히 서론, 주장 1, 주장 2, 주장 3, 결론의 구조로 구성된다. 디베이트 입안문도 마찬가지여서 디베이트 입안을 '말로 쓰는 에세이'라고 한다. 결국 디베이트를 하는 것 자체가 해당 주제에 대해 찬성과 반대의 에세이 쓰기 연습을 하는 것과 같다.

6 | 리더십 훈련_Leadership

디베이트는 리더십에 필요한 가장 기본적인 소양인 커뮤니케이션 능력을 길러준다. 상대방의 주장은 '비판적(Critical)'으로 받아들이고, 자신의 이야기를 할 때는 조리 있고 설득력 있게 말하는 훈련이 된다. 한편, 디베이트 활동 자체에서 리더십 훈련을 하기도 한다. 디베이트 클럽이 꾸려지면 그 단위에서 대표(President)와 부대표(Vice President)를 뽑고 이들에게 역할을 부여한다. 이런 역할을 하는 과정에서 학생들은 자연스럽게 리더십을 연습하고 훈련하는 경험을 하게 된다.

7 | 인성 교육 훈련_Humanistic Education

윤리, 도덕과 관련된 디베이트를 통해 인성 교육이 가능하다. 예를 들어 〈왕따 방관 학생들을 처벌해야 한다〉, 〈사형제도는 정당하다〉, 〈낙태를 허용해야 한다〉, 〈내부자 고발은 정당하다〉, 〈동물실험을 중지해야 한다〉, 〈거지에게 돈을 주면 안 된다〉, 〈선의의 거짓말은 정당하다〉, 〈도박은 개인의 선택에 맡겨야 한다〉 등이 주제로 주어졌다고 하자. 참가 학생들은 관련 자료를 읽고 토론하는 과정에서 그 사안의 윤리적 문제를 이해하게 된다. 그러면서 자신만의 윤리관과 가치관을 세워나가게 된다.

8 | 인터뷰 훈련_Interview

디베이트는 인터뷰를 연습하기에 가장 좋은 방법이다. 우선 매주 디베이트하는 과정에서 말하는 습관을 교정하게 된다. 말할 때의 나쁜 버릇은 인터뷰 전문가가 한두 번 지적한다고 해서 쉽게 바뀌지 않는다. 그러나 매번 디베이트를 하면서 이런 버릇들을 지적받으면 차츰 고칠 수 있게 되고, 나아가 디베이트를 하면 듣는 연습도 동시에 이루어진다. 즉, 인터뷰하는 사람이 묻는 핵심을 재빨리 알아차리게 된다. 게다가 말하는 훈련을 통해 자신의 의견을 조리 있고 자신감 있게 말하게 된다. 순발력도 키울 수 있다. 디베이트에서는 상대방이 발언하자마자 뒤이어 바로 교차질문을 하거나 반박해야 할 때가 있다. 상대방이 말하는 동안 발언 내용을 분석해서 바로 대응전략을 세워야 한다. 그러니 순발력이 늘어나는 것이 당연하고, 인터뷰할 때 전혀 예상하지 못한 질문이 나와도 효과적으로 대응할 수 있다.

9 | 시민의식 교육 훈련_Citizenship Education

성장기에 디베이트 훈련을 받고 자란 학생은 이후 사회에 나가도 사회 문제를 단면만 보고 판단하지 않고, 그 이면까지 살펴 종합적으로 판단해서 합리적인 대안을 생각해낸다. 디베이트를 하는 과정에서 배운 협력과 페어플레이 정신도 큰 역할을 한다. 결국 디베이트는 합리적인 시민사회 건설에 기여한다.

10 | 철학 교육 훈련_Philosophical Education

초보 디베이트 참가자들은 입안 논리 작성에 매달린다. 하지만 이후 디베이트를 여러 번 경험하면서 '전략'이 중요하다는 것을 깨닫는다. 전략은 주어진 주제의 근저에서 핵심가치의 충돌을 생각해내는 과정에서 성립된다. 숙련된 디베이트 참가자는 주제가 주어지면 '과연 어떤 핵심가치의 충돌로 이런 주제가 발생했을까?'를 먼저 생각한다. 사려 깊은 사람, 현명한 사람, 철학하는 사람으로 바뀌는 것이다.

다시 말하지만 디베이트를 '발표력 향상 교육' 정도로 이해해서는 그 진면목을 이해할 수 없다. 디베이트는 교육에 관한 한 종합 예술이다. 디베이트로 얻을 수 있는 효과는 '읽고, 쓰고, 말하고, 듣는' 언어 교육은 물론 앞서 말한 리서치 훈련, 리더십 훈련 등 열 가지에 육박한다. 그만큼 디베이트는 같은 시간 투자 대비 놀라운 교육 효과를 낸다.

2 디베이트 형식의 발달 과정

디베이트는 '형식적 제약이 큰 토론(Formal Discussion)'이다. 형식적 제약이 크다는 데는 두 가지 뜻이 있다. 첫 번째로 디베이트는 찬성과 반대로 나눌 수 있는 주제로 진행한다. 두 번째로 디베이트는 사전에 발언 순서와 시간을 정해 놓고 하는데, 디베이트 형식(Debate Format)별로 사전에 발언 순서와 시간을 정하는 방식이 조금씩 다르다.

역사적으로 디베이트 형식은 '(1) 어려운 것에서 쉬운 것으로, (2) 모호한 것에서 명확한 것으로' 발전돼왔다. 다르게 말하면 좀 더 저학년 학생들도 즐길 수 있도록, 각 순서에 담아야 하는 내용이 분명해지는 방향으로 발전되었다.

디베이트의 기원은 영국 하원이라고 본다. 영국 하원은 13세기에 이미 만들어져 의회민주주의의 요람이 되었다. 이곳에서는 늘 토론이 이루어졌다. 오늘날 그 흔적으로 남은 것이 '대정부질문(=Prime Minister Question)'이다. 지금도 매주 수요일 영국 하원에서 진행되는 이 토론석상에서 집권당의 당수는 야당 의원들의 다양한 질문에 일일이 답하면서 토론한다. '한국의 국정감사 질의와 비슷할 것'이라고 지레짐작해서는 안 된다. 그야말로 서로 욕하지 않을 뿐 하고 싶은 이야기는 다 한다. 만약 한국의 국정감사 질의 답변이 이런 식으로 이뤄진다면 시청자들은 방송에서 눈을 떼지 못할 것이다. 실제로 영국 하원의 토론 장면을 보고 싶다면 유튜브에서 키워드로 PMQ를 검색해보라. 한국말 자막이 깔린 여러 동영상을 볼 수 있을 것이다.

이러한 영국 의회의 전통이 낳은 디베이트 형식이 의회식 디베이트다. 이미 18세기에 영국의 옥스퍼드 대학과 케임브리지 대학의 학생들은 이를 응용한 방식으로 디베이트를 해왔다고 알려져 있다.

그 사이 대륙 건너편 미국에서는 팔리시 디베이트가 시작됐다. 처음에는 한 대학교가 다른 대학교를 초청해서 디베이트를 치르는 식이었다. 그러다가 1947년 미국 육군사관학교에 의해 NDT(=National Debate Tournament)가 결성됐다. 이는 미국 최초의 대학 간 디베이트 조직이었다. 주로 진행된 것은 팔리시 디베이트였다. 그런데 1970년에 들어서면서 큰 변화가 일어났다. 또 다른 대학생 디베이트 조직인 CEDA(=Cross Examination Debate Association)가 결성되면서 교차조사를 포함한 현대적 형태의 팔리시 디베이트가 시작된 것이다. 그 전통은 지금까지도 이어지고 있다.

1980년대에 들어서면서 미국에서는 링컨 더글러스 디베이트가 소개됐다. 이는 당시 대단한 반향을 일으킨 사건이었다. 디베이트 주제가 두 달에 한 번 제시되면서 참가 학생들이 좀 더 쉽게 디베이트에 합류할 수 있게 됐기 때문이다. 기존 팔리시 디베이트는 1년에 디베이트 주제를 하나만 부여했다. 그래서 새롭게 디베이트에 참가하고 싶어도 1년 동안 기다려야 하는 불편이 있었다. 게다가 링컨 더글러스 디베이트는 가치 주제로 디베이트를 진행했다. 팔리시 디베이트가 정책 주제로 디베이트하는 것에 비해 '학생들에게 가치와 윤리, 철학을 생각해보게 한다'는 점에서 큰 호응을 얻었다. 마지막으로 팔리시 디베이트는 참가인원이 2:2여서 파트너가 있어야만 참가가 가능했다. 하지만 링컨 더글러스 디베이트는 1:1이어서 혼자서도 참가할 수 있어 디베이트에 훨씬 쉽게 진입할 수 있었다. 결국 링컨 더글러스 디베이트의 도입으로 디베이트 형식은 더욱 다양해지고 쉬워졌으며 진입 문턱 또한 낮아졌다.

2002년 드디어 퍼블릭 포럼 디베이트가 고안되었다. 이 디베이트는 '일반인을 염두에 두고, 따라서 일반인들이 사용하는 쉬운 용어로, 하지만 조리 있는 논리로 심판과 청중을 설득하는 것을 목표로 하는 디베이트 형식'이었다. 이 단계에서 디베이트 형식은 또 한 번 눈높이를 확 낮춰서, 이전에는 찾아보기 힘들었던 중학생이 디베이트하는 모습을 볼 수 있게 되었다. 참고로, 현재 한국에서는 초등학생도 이 형식으로 디베이트를 진행한다.

퍼블릭 포럼 디베이트 형식은 쉬워진 것은 물론이고 더욱 정교해졌다. 이전의 디베이트 형식들은 크게 '입안 – 반박'의 순서였다. 그런데 퍼블릭 포럼 디베이트에서는 '입안 – 반박 – 요약 – 마지막 초점'으로 순서가 세분화되었다. 그러면서 각 순서에서 무슨 이야기를 해야 하는지가 더욱 명료해졌다.

이상에서 살펴봤듯 디베이트 형식은 (1) 어려운 것에서 쉬운 것으로, (2) 모호한 것에서 명확한 것으로 발전해왔다. 이 맥락을 잘 이해하고 각각의 디베이트 형식을 정확히 구사한다면, 더욱 의미 있는 디베이트를 진행할 수 있을 것이다.

3 디베이트 형식의 핵심순서

앞서 설명했듯이 디베이트는 형식적 제약이 뚜렷한 토론이며, 자유토론과는 크게 다르다. 따라서 디베이트를 할 때 첫 번째로 준수해야 할 것은 '주어진 디베이트 형식의 순서와 시간을 정확히 따를 것'이다. 예를 들어 디베이트 대회에 참가할 때, 사전에 디베이트 형식을 제대로 익히고 참가하는 것은 당연한 의무다. 실제로 디베이트 채점표에서 가장 중요한 평가항목 중 하나가 '순서와 시간을 제대로 지켰는가'다. 아무리 훌륭한 내용으로 디베이트를 전개했다고 해도 형식을 어기면 좋은 평가를 받을 수 없다. '기본을 지키지 않았기 때문'이다. 아무리 축구를 잘해도 경기 중에 규칙을 지키지 않으면 경고를 받거나 퇴장당하는 것과 같다.

디베이트 형식은 그간 많은 디베이트 선배들이 여러 가지를 고려해서 만든 것이다. 결코 대충 만든 것이 아니다. 순서 하나하나, 시간 규정 하나하나에도 의미가 있다. 따라서 디베이트 형식을 익힐 때는 무작정 익히기보다는 그 행간에 숨어 있는 의미를 곱씹으며 따라 하는 것이 좋다.

자, 퍼블릭 포럼 디베이트 형식을 통해 디베이트 형식의 핵심순서와 의미를 알아보자.

1 | 입안

입안은 찬성이든 반대든 우리팀 입장이 왜 옳은지 3~4가지의 논거를 들어 설명하는 순서다. 이 순서에서 학생들에게 요구하는 것은 '어떤 주장을 할 때 악쓰거나 강요하지 말고, 3~4가지의 설득력 있는 논거를 들어 차분하게 입장을 증명해보라'는 것이다. 따라서 이 순서를 잘 익힌 학생은 말을 할 때나 글을 쓸 때 억지 부리지 않고 조리 있게 임하게 된다.

2 | 교차질의

교차질의는 방금 전 끝난 순서에서 진행된 내용에 대해 서로 질문하고 답하는 순서다. 이 순서를 만든 이유는 두 가지다. 첫째, 디베이트를 하는 학생들이 좀 더 디베이트에 몰입하도록 하기 위해서다. 둘째, 발언에 나서는 학생들이 좀 더 자신의 발언에 주의하도록 하기 위해서다. 교차질의를 잘하려면 상대방 말에 귀를 기울여야 한다. 나아가 그 발언에 어떤 논리적 오류나 모순이 있는지를 간파하려고 노력해야 한다. 반대로 발언하는 입장에서는 책잡히지 않도록 발언의 논리를 좀 더 정교하게 다듬어야 한다.

3 | 반박

반박은 디베이트를 웅변과 구분 짓는 결정적 요소다. 반박을 잘하려면 우선 상대방 이야기를 잘 듣고 이해해야 한다. 또한, 그 발언에 어떤 논리적 모순이 있는지를 간파해야 한다. 간단히 말해서 반박 순서의 요구는 '상대방 말에 집중하라'는 것이다.

4 | 요약

요약은 지금까지 진행된 디베이트 전체를 대상으로, 쟁점을 중심에 두고 입체적으로 정리하는 순서다. 학생들은 이 순서를 통해 '지금까지 우리가 어느 지점에서 의견을 달리했는지, 어떤 것이 논쟁점인지'를 찾아내는 훈련을 한다. 물론 쉽지는 않다. 하지만 이 순서를 익힌 뒤에는 주어진 상황, 주어진 콘텐츠를 입체적으로 이해하는 능력이 생긴다. 즉, 공부가 쉬워진다.

5 | 마지막 초점

마지막 초점은 우리팀의 여러 가지 논거 중 가장 중요한 핵심을 골라 호소력 있게 말하는 순서다. 이 순서를 통해 학생들은 '상황 판단의 관건이 되는 핵심 쟁점을 구별하는 능력'을 기르게 된다.

다시 정리하면, 디베이트 형식의 각 순서는 대충 만든 것이 아니다. 많은 디베이트 선배들이 여러 가지를 고려해서 '학생들에게 교육적으로 가장 도움이 되는 방향'으로 고안한 것이다. 그러니 이를 무작정 익히기보다는 '이 순서를 통해 익혀야 하는 것이 무엇일까?'를 생각해보자. 훨씬 더 좋은 디베이트를 진행할 수 있을 것이다.

4 디베이트 형식과 주제 제시 주기

디베이트 형식은 다양하다. 이 책에서는 미국에서 진행되는 다음과 같은 디베이트 형식을 설명한다.

- 퍼블릭 포럼 디베이트(Public Forum Debate)
- 의회식 디베이트(Parliamentary Debate)
- 링컨 더글러스 디베이트(Lincoln Douglas Debate)
- 팔리시 디베이트(Policy Debate)

처음 디베이트 형식을 접하는 사람들에게는 이름 자체가 낯설 수도 있다. 원래 디베이트는 서양에서 유래한 것이어서 대부분이 영어로 돼있다. 이를 우리말로 바꾸려고도 해봤다. 그런데 퍼블릭 포럼 디베이트의 경우는 이미 한국에서 많이 쓰이고 있어서 지금 바꾸면 오히려 혼돈이 생길까 걱정이다. 다행히 의회식 디베이트는 우리말로 번역되어 많이 쓰여서 그대로 의회식 디베이트라고 했다. 한 가지 주의할 점이 있다. 원래 영국에서 유래한 의회식 디베이트는 세계로 퍼지는 과정에서 형식이 조금씩 달라졌는데, 여기에서는 미국에서 진행되는 방식을 기준으로 한다. 링컨 더글러스 디베이트는 사람 이름에서 유래한 것이므로 우리말로 바꿀 수 없다. 그리고 팔리시 디베이트는 정책 토론이라고 번역하면 고유 명사가 아닌 보통 명사가 되므로 영문 그대로 쓴다.

위의 네 가지 디베이트 형식을 옆의 표로 정리했다. 이 표의 내용을 정확히 이해하는 것이 이번 장의 목표다. 왼쪽에서 오른쪽으로 갈수록 난이도가 높아

미국에는 미국의회식 디베이트(Congressional Debate)라는 것도 있다. 미국의회 활동을 염두에 둔 디베이트다. 이 디베이트 형식은 한국에 적용하기에는 지나치게 상황이 달라서 이 책에서는 생략했다.

진다. 퍼블릭 포럼 디베이트가 가장 쉽고, 팔리시 디베이트가 가장 어렵다. 그러므로 초보자가 도전하기에 좋은 것은 퍼블릭 포럼 디베이트다. 퍼블릭 포럼 디베이트는 현재 한국에서 가장 많이 쓰이며, 실제로 여러 대회에서 채택하는 형식이기도 하다.

	퍼블릭 포럼 디베이트	의회식 디베이트	링컨 더글러스 디베이트	팔리시 디베이트
주제 제시 주기	1달에 1개	일정하지 않음	2달에 1개	1년에 1개
주제 유형	사실 주제, 가치 주제, 정책 주제	사실 주제, 가치 주제, 정책 주제	가치 주제	정책 주제
입증 방법	변호와 옹호	추론과 논증	가치 구조	해결책 등 필수 쟁점
질문 방법	교차질의	보충질의	교차조사	교차조사
참가 인원	2:2	2:2	1:1	2:2

▲ 디베이트 형식의 특징

우선 첫 번째로 디베이트 주제가 제시되는 주기에 대해 알아보자.

디베이트 주제는 개별적으로 만들어 쓸 수도 있다. 미국에서는 관련 기관에서 디베이트 주제를 선정해서 발표하기도 하고, 디베이트 대회를 열기도 한다. 그런데 이때 디베이트 형식별로 주제를 제시하는 주기가 다르다. 미국을 기준으로 할 때 퍼블릭 포럼 디베이트는 한 달에 한 개, 링컨 더글러스 디베이트는 두 달에 한 개, 팔리시 디베이트는 1년에 한 개를 제시한다. 의회식 디베이트의 주제는 즉석에서 주어지므로 디베이트가 얼마나 자주 열리느냐에 따라 달라진다. 구체적인 디베이트 주제의 예는 뒤에 이어지는 '주제 유형과 입증 방법'에서 자세히 설명한다.

이렇게 주제를 제시하는 주기가 다른 데는 이유가 있다. 디베이트 형식별로 학생들이 주제를 소화하는 데 걸리는 시간이 다르기 때문이다.

앞서 말했듯이 퍼블릭 포럼 디베이트는 제일 쉬운 디베이트 형식이다. 이 디베이트의 목표는 '일반인을 대상으로, 따라서 일반인들도 이해할 수 있는 쉬운 용어로, 그러나 조리 있게 심판과 청중을 설득하는 것'이다. 목표 자체가 쉽다.

그래서 한 달에 한 개씩 주제를 줘도 학생들이 충분히 소화한다.

링컨 더글러스 디베이트는 난이도가 높아진다. 구체적인 논거의 제시에 앞서서, 이 주제를 판단하는 데 필요한 가치 구조의 제시를 목표로 하기 때문이다. 퍼블릭 포럼 디베이트에 비하면 추상도가 확 높아져서 어렵다. 그래서 두 달에 한 개씩 주제를 준다. 학생들이 링컨 더글러스 디베이트로 주제를 소화하려면 적어도 두 달 정도의 기간이 필요하다고 판단하는 것이다. 산술적으로 보면 링컨 더글러스 디베이트는 퍼블릭 포럼 디베이트에 비해 두 배 어렵다.

팔리시 디베이트는 이전에는 6개월에 한 개씩 디베이트 주제를 제시했다. 그런데 지금은 디베이트 주제를 1년에 한 개씩 준다. 이 디베이트는 '1년 동안 한 개의 주제로 계속 디베이트하는 과정에서 해당 주제에 관한 한 준전문가가 되는 것'을 목표로 한다. 이 디베이트는 학생들이 주제를 충분히 소화하는 데 1년이 필요하다고 보는 것이다. 산술적으로 보면 팔리시 디베이트는 퍼블릭 포럼 디베이트에 비해 12배 어렵고, 링컨 더글러스 디베이트에 비해 6배 어렵다.

그런데 만약 이 의미를 제대로 알고 진행하지 않는다면? 예를 들어, 팔리시 디베이트를 진행하는데 1주일에 한 개씩 주제를 소화한다면? 이렇게 하면 '1년 동안 한 개의 주제로 계속 디베이트하는 과정에서 해당 주제에 관한 한 준전문가가 되는 것'을 목표로 하는 팔리시 디베이트를 제대로 구현할 수 없다. 부실하게 진행되든지 아니면 학생들이 곧 좌절해버릴 것이다. 결국 디베이트 형식별로 주제를 제시하는 주기가 다른 이유를 정확히 이해해야 정확한 디베이트 진행이 가능하다.

5 주제 유형과 입증 방법

디베이트는 형식별로 주제 유형이 다르다. 또 같은 주제라도 디베이트 형식별로 입증하는 방법이 다르다. 그래서 이 두 가지는 같이 묶어서 설명한다.

디베이트 주제는 크게 세 가지로 분류한다. 사실 주제, 가치 주제, 정책 주제다.

● 사실 주제

사실 주제는 주어진 명제의 사실 여부를 묻는 주제로, 아래와 같은 주제들이다. 여기에서는 주제의 내용이 사실인지 아닌지를 묻고 있다.

- 63빌딩은 63층이다
- 독도는 한국 땅이다
- 미국 정부는 테러와의 전쟁에서 지고 있다

사실 주제는 어떻게 입증할까? 가장 간단한 방법은 '확인'해보는 것이다. 예를 들어 '63빌딩은 63층이다'라는 주제는 층수를 세어서 확인할 수 있다. 이런 주제는 당연히 디베이트 주제로서 적절하지 않다. 63빌딩이 63층인지 아닌지에 대해 디베이트를 해봐야 뭘 더 알 수가 있을까? 그래서 사실 주제는 디베이트에서 잘 쓰지 않는다.

물론 디베이트에서 사실 주제가 쓰일 때도 있다. 예를 들어, 〈독도는 한국 땅이다〉라는 주제로 일본과 디베이트한다고 가정해보자. 일본 사람들은 자신들의 입장을 옹호하는 각종 증거자료를 찾아서 독도가 일본 땅이라는 사실을 입증하기 위해 노력할 것이다. 반대로 한국 사람들은 독도가 한국 땅인 각종 증거자료를 찾아 입증하려고 노력할 것이다. 〈미국 정부는 테러와의 전쟁에서 지고 있다〉라는 주제라면? 찬성측은 각종 증거자료와 증언을 들어 이를 입증하기 위해 노력할 것이며, 반대측도 이를 부인하는 증거자료와 증언을 찾기 위해 노력할 것이다. 이처럼 사실 주제가 디베이트 주제로 쓰이기도 한다.

사실 주제는 디베이트 형식 중 퍼블릭 포럼 디베이트, 의회식 디베이트에서 쓰일 수 있다. 하지만 링컨 더글러스 디베이트나 팔리시 디베이트에서는 쓰이지 않는다.

● 가치 주제

다음은 가치 주제다. 가치 주제는 무엇에 대한 판단과 평가를 시도한다. 즉, 대상에 대한 판단 여부를 묻는 주제다. 크게 두 가지 형태가 있다. 첫 번째 유형은 단독 대상에 대한 판단을 묻는 주제로, 아래와 같은 것들이다.

- 동물실험은 정당하다
- 사형제도는 정당하다
- 안락사는 정당하다

이상의 주제들은 각각 동물실험, 사형제도, 안락사와 같은 단독 대상에 대한 판단을 묻고 있다. 두 번째 유형은 두 가지를 서로 비교하여 판단하는 주제다. 아래와 같은 것들이다.

- 영어 과목이 수학 과목보다 중요하다
- 여자가 남자보다 강하다
- 엄마의 역할이 아빠의 역할보다 중요하다

이 주제들은 각각 영어 과목과 수학 과목, 여자와 남자, 엄마의 역할과 아빠의 역할을 비교하는 판단을 묻고 있다.

가치 주제는 디베이트 형식 중 퍼블릭 포럼 디베이트, 의회식 디베이트, 링컨 더글러스 디베이트에서 다룬다. 그런데 입증 방법이 다르다.

퍼블릭 포럼 디베이트에서 가치 주제를 입증할 때는 3~4가지 적절한 근거를 들어 자신의 입장을 '옹호'하거나 '변호'하면 된다. 그러므로 같은 가치 주제를 다루더라도 퍼블릭 포럼 디베이트가 훨씬 부담이 적다.

의회식 디베이트에서 가치 주제를 다룰 때도 부담은 적다. 즉석에서 주제를 부여하기 때문이다. 의회식 디베이트에서는 현장에서 즉석 주제를 주고 15~25분 정도 준비시간을 준 다음 바로 디베이트한다. 이 짧은 시간에 방대한 리서치를 하는 것은 불가능하므로, 결국 참가 학생들은 입증할 때 추론과 논증에 강조점을 두고 진행한다.

아예 '가치 디베이트'라는 별명을 지닌 링컨 더글러스 디베이트에서는 가치 주제를 전문적으로 다룬다. 그런데 이를 입증하기 위해서 '가치 구조'란 독특한 방법을 쓴다. 간단히 말하자면, 주어진 주제의 판단을 위한 가치의 전제와 가치의 기준을 설정하고 이에 따라 입증한다. 이는 링컨 더글러스 디베이트를 철학적이고 사색적으로 만드는 특징이기도 하다.

● 정책 주제

마지막으로 정책 주제는 국가나 지방자치단체, 주요한 단체의 정책에 대한 찬반을 묻는 주제다. 아래와 같은 것들이다.

- 한국은 대통령 중임제를 실시해야 한다
- 경상남도는 무상급식을 전면화해야 한다
- 강남구는 여름철 수해예방 대책을 강화해야 한다

정책 주제는 퍼블릭 포럼 디베이트와 의회식 디베이트 그리고 팔리시 디베이트에서 쓰인다. 이 중에서도 정책 주제를 가장 전문적으로 다루는 디베이트는 팔리시 디베이트다. 앞서 말했듯이 퍼블릭 포럼 디베이트에서 정책 주제를 입증할 때는 적절한 근거 3~4가지를 들어 자신의 입장을 '옹호'하거나 '변호'하면 된다. 그러므로 같은 정책 주제를 다루더라도 퍼블릭 포럼 디베이트가 훨씬 부담이 적다.

역시 앞서 말했듯이 의회식 디베이트에서 정책 주제를 다룰 때도 부담은 적다. 즉석에서 주제를 제시하기 때문이다. 의회식 디베이트에서는 현장에서 즉석 주제를 주고 15~25분 정도 준비시간을 준 다음 바로 디베이트한다. 이 짧은 시간에 방대한 리서치를 하는 것은 불가능하므로, 결국 참가 학생들은 입증할 때 추론과 논증에 강조점을 두고 진행한다. 이에 비해 팔리시 디베이트의 핵심과제는 '해결책과 대안(=Plan과 Count Plan)'을 제시하는 것이다. 이는 주어진 주제가 던지는 문제의 해결방법을 제시하는 것이 필수라는 말과도 통한다. 결국 팔리시 디베이트는 방대한 리서치를 수반한다.

예를 들어 〈강남구는 여름철 수해예방 대책을 세워야 한다〉를 주제로 팔리시 디베이트를 한다고 하자. 찬성측에서는 실제로 이를 어떻게 할 것인지 구체적인 해결책을 세워야 한다. 하수구를 더 굵은 것으로 교체할 것인지, 강남 땅 밑에 큰 저수조를 건설할 것인지, 한강으로 통하는 대형 펌프를 설치할 것인지 등에 대한 해결책을 제시해야 한다. 그런데 반대측 입장에서는 찬성측이 어떤 해결책을 제시할지 모르므로 모든 가능성에 대비하여 반박의 논리를 준비해두어야 한다. 결과적으로 리서치 부담이 커진다. 즉, 입증 부담이 큰 것이다. 그래서 미국에서는 팔리시 디베이트 주제를 1년에 하나만 제시한다. 같은 주제로 1년 내내 디베이트하면서 그 사안에 대해 정통해지는 것이 팔리시 디베이트의 목표다.

참고로 설명한다. 같은 키워드라도 사실 주제, 가치 주제, 정책 주제로 표현할 수 있다. 예를 들어 '사형제도'를 키워드로 주제를 만든다고 하자. 사실 주제로는 〈한국은 사형제도를 실시하고 있다〉라는 주제가 가능하다. 가치 주제로는 〈사형제도는 정당하다〉가 되겠다. 정책 주제로는 〈한국은 사형제도를 폐지해야 한다〉가 되겠다. 또 한 가지 예로, '여름철 온도'를 키워드로 주제를 만든다고 하자. 사실 주제로는 〈한국의 여름철 한낮 평균 온도는 27도다〉가 가능하겠다. 가치 주제로는 〈한국의 여름철 온도는 뜨겁다〉가 되겠다. 정책 주제로는 〈한국의 학교는 여름철 에어컨 제한 온도를 낮춰야 한다〉가 되겠다.

한편, 어떤 주제가 사실 주제인지, 가치 주제인지, 정책 주제인지를 쉽게 알아보려면 주어와 술어와의 관계를 보면 된다. 사실 주제에서 주어와 술어는 '='의 관계에 있다. 예를 들어 〈독도는 한국 땅이다〉라는 사실 주제에서 '독도(주어)=한국 땅(술어)'의 관계가 성립한다. 가치 주제에서는 주어가 술어의 평가

대상이다. 예를 들어 〈사형제도는 정당하다〉라는 가치 주제에서 '사형제도(주
어)'는 '정당하다(술어)'의 평가 대상이다. 정책 주제에서 주어는 술어의 행위 주
체가 된다. 예를 들어 〈한국은 대통령 중임제를 실시해야 한다〉라는 주제에서
'한국(주어)'은 '실시해야 한다(술어)'의 행위 주체가 된다.

　이제 마무리한다. 결국 (1) 디베이트 주제가 사실 주제인지, 가치 주제인지, 정
책 주제인지에 따라 (2) 디베이트 형식이 퍼블릭 포럼 디베이트인지, 의회식 디베
이트인지, 링컨 더글러스 디베이트인지, 팔리시 디베이트인지에 따라 각각 입증
방법은 다르게 나타난다. 이를 정확히 구별해야 정확한 디베이트 진행이 가능하
다. 아직은 좀 어려울까? 이후 설명과 동영상을 보면 쉽게 이해할 수 있을 것이다.

6 질문 방법과 참가 인원

디베이트에는 중간중간 질문하는 순서가 있다. 이러한 순서는 (1) 디베이트 참가자들이 좀 더 철저히 자신의 논리를 준비하고, (2) 좀 더 상대방의 이야기를 경청하며, (3) 이 과정에서 순발력 있는 논리 감각을 키울 수 있도록 하기 위해서 필요하다. 그런데 디베이트 형식마다 이 질문/답변 방법이 다르다. 따라서 이를 정확히 이해해야 그 디베이트 형식을 구현할 수 있다. 질문 방법은 교차조사(Cross Examination), 보충질의(Point of Information), 교차질의(Cross Fire)의 세 가지다.

● 교차조사

교차조사는 입안 발언이 끝난 직후 상대방이 그 입안 발언에 대해 바로 질문하는 것이다. 질문권은 상대방에게만 있고, 입안자는 답변만 할 수 있다. 상대방은 방금 입안한 내용에 대해 확인하거나 공격하는 질문을 함으로써 심판과 청중들 앞에서 입안자의 발언 내용을 뒤흔들려고 한다. 거꾸로 입안자는 이에 대해 충실하게 답변함으로써 자신의 입안 내용이 타당함을 고수하고자 한다. 결국 상대방이 공격하면 입안자는 방어하는 모양새다. 상대방은 질문 시간이 길게 주어지기를 바라고, 입안자는 가급적 이 시간을 빨리 끝내고 싶어 한다. 질문이 일방적이라는 점이 가장 큰 특징이다. 그래서 입안이 끝나자마자 바로 뒤이어 붙는다. 링컨 더글러스 디베이트와 팔리시 디베이트에서 쓰는 질문 방법이다.

● 보충질의

보충질의의 가장 큰 특징은 입안하는 발언 중간에 질문하는 것이다. 질문/답변 시간이 별도로 마련되어 있는 교차조사나 교차질의와는 다르다. 원래 입안 시간은 입안자의 것이다. 따라서 이 질문을 받을지 말지, 답변을 할지 말지는 모두 입안자의 판단에 따른다. 즉, 상대방이 질문을 신청하더라도 입안자가 거부할 수 있다. 질문 내용이 적절하지 않다면 입안자는 답변하지 않아도 된다. 또 입안을 시작한 지 1분 이내에 그리고 종료를 앞둔 1분 내에는 질문할 수 없다. 이 질문 방법은 의회식 디베이트에서 쓴다.

● 교차질의

교차질의의 가장 큰 특징은 서로 질문하고 답변하는 것이다. 이는 질문이 일방적으로 이뤄지는 교차조사와의 가장 큰 차이점이다. 교차조사에서는 입안이 끝나자마자 질문하는데, 교차질의에서는 서로 질문하고 답변해야 하므로 서로의 입안이 끝난 다음에 진행된다. 또 입안 단계에만 붙는 교차조사, 보충질의와는 달리 반박과 요약 다음에도 붙는다. 이 질문 방법은 퍼블릭 포럼 디베이트에서 쓴다.

이상을 표로 정리하면 다음과 같다.

	교차조사	보충질의	교차질의
질문의 방향	일방적	일방적	쌍방적
질문/답변의 주도권	질문자	입안자	쌍방
가능 시간	별도	입안 내	별도
질문이 붙는 순서	각자 입안 직후	입안 내	입안, 반박, 요약 후

▲ 디베이트 질문 방법의 특징

자, 이제 디베이트의 참가 인원에 대해 알아보자.

디베이트의 참가 인원은 대개 2:2다. 이는 찬성과 반대 각각 두 명씩 디베이트에 참가한다는 뜻이다. 퍼블릭 포럼 디베이트, 의회식 디베이트, 팔리시 디베이트가 이에 해당된다. 반면에 링컨 더글러스 디베이트는 1:1로 진행된다. 링컨 더글러스 디베이트는 선거를 모델로 한 것이어서 그렇다. 선거 때 정당별로 1명씩 나와 경쟁하는 것을 생각해보면 쉽게 이해된다. 결국 찬성과 반대가 각각 1명이어서 혼자 모든 전투를 감당해야 한다는 부담이 있다.

참가 인원과 관련하여 두 가지 추가 설명을 덧붙인다.

첫째, 지금 소개하는 참가 인원은 디베이트를 정식으로 진행할 때의 경우다. 실제 교육현장에서 평상시에 디베이트를 진행할 때는 형식을 조금 바꾸기도 한다. 주로 참가 인원을 늘리기 위해서다. 예를 들어, 교실에서 퍼블릭 포럼 디베이트를 진행할 때는 4:4로 진행하기도 한다. 각 순서별로 학생 한 명이 책임지는 구조다. 학생이 많아서 가급적 많은 수를 참가시키고 싶을 때 이렇게 변형해서 운영한다. 또 한 가지 예를 들면, 링컨 더글러스 디베이트를 7명의 학생을 참가시킨 가운데 진행하는 경우도 있다. 찬성측에 4명, 반대측에 3명을 배치하여 모든 순서를 나눠서 담당하게 하는 것이다. 역시 목적은 가급적 많은 학생을 참여시키기 위해서다. 그러나 대회처럼 정식으로 진행할 때는 원래 구도대로 진행하는 것이 좋다.

둘째, 앞서 말한 것처럼 의회식 디베이트는 영국에서 유래하여 세계 각지로 퍼지면서 형식이 달라졌다. 그래서 3:3으로 진행하는 의회식 디베이트도 있다. 한국에서 주로 하는 영어 디베이트를 이렇게 한다. 이 책에서는 미국을 기준으로 하므로 2:2라고 했다.

이번 장에서는 각기 다른 디베이트 형식을 구별하는 다양한 기준을 설명했다. 처음에는 이해하기가 좀 어려울 것이다. 그래도 최소한 '디베이트 형식은 이렇게 여러 가지 기준으로 나눠 살펴봐야 하는구나' 하는 정도는 이해해야 한다.

참고로, 이 책에는 동영상 DVD가 들어 있다. 학생들이 다양한 형식별로 실제 디베이트하는 모습을 동영상으로 촬영한 것이다. 실제로 디베이트하는 동영상을 보는 것은 디베이트 형식을 익히는 데 있어서 무척 효과적이다. 이 책에는 각 디베이트 동영상에 관한 설명과 함께 디베이트가 끝날 때마다 심사평을 실어놓았다. 심사평을 참고하며 디베이트 동영상을 다시 돌려본다면 해당 디베이트 형식의 이해가 훨씬 깊어질 것이다.

자, 이제부터 동영상과 함께 디베이트 형식별로 구체적인 진행 과정을 살펴보자.

02

퍼블릭 포럼 디베이트의 진행

Public Forum Debate

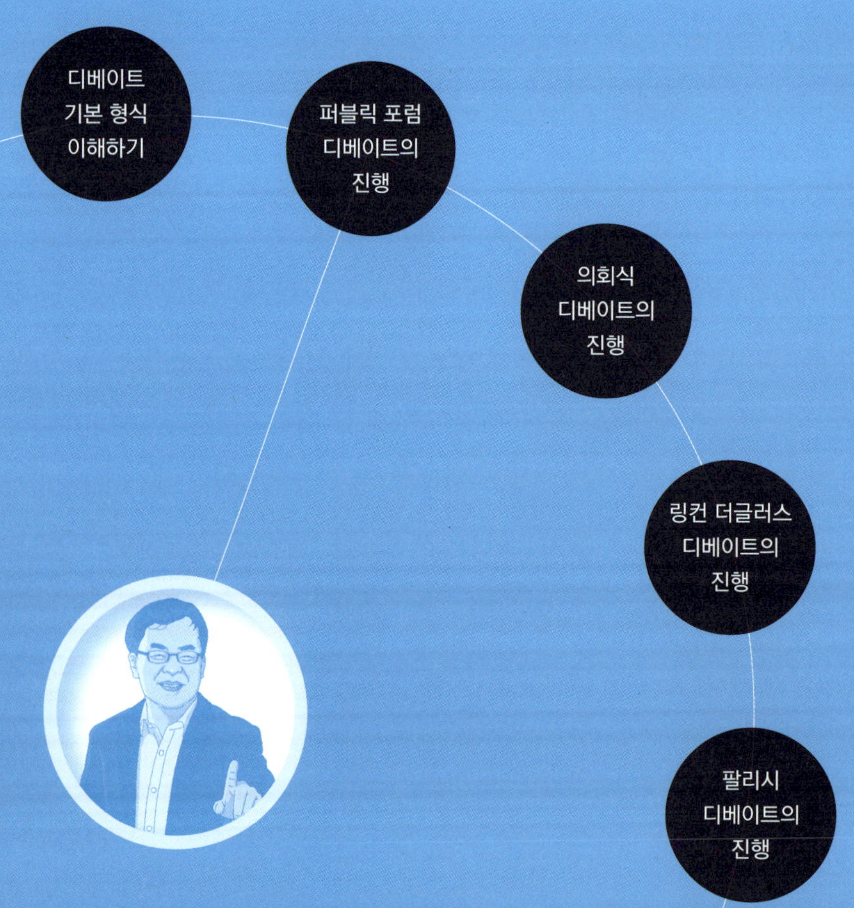

퍼블릭 포럼 디베이트는 가장 최근에 개발된 디베이트 형식이다. 좀 더 저학년 학생들도 디베이트를 즐길 수 있도록 만든 것이다. 그동안 지적된 여러 가지 문제점들을 개선한, 가장 현대적인 디베이트 형식이기도 하다. 초등학생도, 대학생도, 처음 시작한다면 퍼블릭 포럼 디베이트 형식부터 시도해보자. 이는 현재 한국에서 제일 많이 활용되는 디베이트 형식이기도 하다.

1 　퍼블릭 포럼 디베이트의 개괄

2 　퍼블릭 포럼 디베이트의 진행 순서와 특징

3 　동영상으로 보는 퍼블릭 포럼 디베이트의 실제 진행 ❶

4 　동영상으로 보는 퍼블릭 포럼 디베이트의 실제 진행 ❷

5 　퍼블릭 포럼 디베이트 Q & A

1 퍼블릭 포럼 디베이트의 개괄

우선 퍼블릭 포럼 디베이트의 역사적 연원을 알아보자. 퍼블릭 포럼 디베이트는 가장 최근에 고안된 형식이다. 2002년에 고안되었으니까 생긴 지 고작 14년 정도가 지났을 뿐이다. 이렇게 새로운 디베이트 형식을 개발한 목적은 '디베이트를 좀 더 저학년 학생들도 즐길 수 있도록 하기 위해서'였다.

퍼블릭 포럼 디베이트는 미국에서 제일 큰 고등학생 디베이트 조직인 NSDA(=National Speech & Debate Association)의 리더 중 한 사람이자, 사우스다코타 주 워터타운 고등학교의 디베이트 코치인 도너스 로버츠(Donus Roberts)의 아이디어에서 처음 출발했다. 역시 NSDA의 리더 중 한 사람인 제임스 코플랜드(James Copeland), 콜로라도 주 멀렌 고등학교의 디베이트 코치인 프랭크 스페라(Frank Sferra), 일리노이 주 글렌브룩 고등학교의 디베이트 코치인 테드 벨치(Ted Belch) 등이 이후 이 디베이트 형식의 구조와 각종 규칙을 정리했다고 한다.

이 디베이트의 원래 이름은 '논쟁(Controversy)'이었다. 그런데 곧 '테드 터너 디베이트(Ted Turner Debate)'란 이름으로 바뀌었다. 이 디베이트 형식이 CNN 프로그램인 〈크로스파이어(Crossfire)〉를 닮아서, CNN 창설자인 테드 터너의 이름을 붙여 부르기 시작한 것이다. 2003년 11월, NSDA는 이 새로운 디베이트 형식의 이름을 '퍼블릭 포럼 디베이트'로 최종 확정했다.

이 외에도 퍼블릭 포럼 디베이트는 여러 가지 이름으로 불린다. 특징적 순서인 교차질의(Cross Fire)를 따서 '교차질의 디베이트(Cross Fire Debate)'라고 부르기도 한다. 간단하게 이니셜 혹은 발음을 따서 PF Debate, PFD, Pub4, Puff,

〈크로스파이어〉는 1982년부터 2005년까지 CNN에서 방영된 프로그램이다. 정해진 사안에 대해 서로 다른 입장에 선 두 사람이 출연해서 디베이트를 벌이는 식으로 진행됐다.

PoFo, Pufo라고 부르기도 한다.

그런데 최근 미국에서는 여러 디베이트 형식 중에서도 퍼블릭 포럼 디베이트가 가장 빠르게 확산되고 있다. 그 이유는 퍼블릭 포럼 디베이트가 가진 장점에서 찾을 수 있다. 어떤 장점들이 있는지 하나하나 살펴보자.

● 일반인을 염두에 둔 청중

퍼블릭 포럼 디베이트에서 상상하는 청중은 이 주제에 대해 전문적인 지식이 없는 일반 청중이다. 따라서 전문 용어를 구사하기보다는 일반인도 쉽게 알 수 있는 용어로 토론해야 한다. 일반 청중을 대상으로 적절한 근거와 논리로 자신의 편을 '옹호' 혹은 '변호'하면 되므로 그만큼 디베이트 참가자들이 느끼는 부담이 적다.

● 낮은 입증 부담

앞에서 언급한 것처럼 퍼블릭 포럼 디베이트에서 요구하는 입증 부담은 (1) 적절한 근거의 제시와 조리 있는 논리로, (2) 자신의 입장을 '옹호'하거나 '변호'하는 것이다. 간단히 말해서 디베이트 참가자들에게 요구하는 입증 부담의 수준이 비교적 낮다. 다른 디베이트 형식과 비교해보면 더욱 분명해진다. 예를 들어, 팔리시 디베이트는 토론 주제에 대해 '준전문가 수준'에서 해결책을 제시하기를 요구하고, 링컨 더글러스 디베이트는 토론 주제의 '가치 구조'를 제시하기를 요구한다. 결과적으로 이 두 가지 디베이트는 입증 부담이 커서 저학년들이 도전하기가 쉽지 않다. 반면에 퍼블릭 포럼 디베이트는 저학년도 도전해볼 수 있을 만큼 입증 부담이 비교적 낮다.

● 형식의 다양한 구성

퍼블릭 포럼 디베이트 형식에는 입안, 교차질의, 반박, 요약, 마지막 초점 등 다양한 순서가 마련되어 있어서 학생들의 지적 호기심을 자극한다. 종래의 디베이트는 '입안 – 교차조사 – 반박'의 단순하고 간단한 구성으로 구조가 명료하지 않았다. 그러나 퍼블릭 포럼 디베이트 단계에 와서 디베이트 형식은 더욱 다이내믹해지고, 구조도 명료해졌다.

● 다양한 주제

퍼블릭 포럼 디베이트는 학생들의 일상에서부터 국제적인 이슈에 이르기까지 다양한 주제를 제시하여 학생들의 관심을 자극한다. 이러한 주제는 참가 학생들에게 학교와 가정을 뛰어넘어 사회 전반을 이해할 수 있는 계기를 제공한다. 나아가 사실적인 논제, 가치적인 논제, 정책적인 논제 모두가 퍼블릭 포럼 디베이트의 주제가 될 수 있다. 실례로 미국 NSDA에서 제시한 기존 퍼블릭 포럼 디베이트의 주제로는 다음과 같은 것들이 있었다.

- 미국은 쿠바와의 관계를 정상화해야 한다
- 어떤 사회든 구성원의 건강을 책임지고 돌봐야 한다
- 소셜 네트워킹 미디어는 사회를 긍정적으로 발전시킨다
- 에너지 확보를 위해 원자력 발전을 좀 더 확대해야 한다
- 미국의 대통령과 부대통령은 직접 투표에 의해 선출되어야 한다
- 이란 핵문제 해결을 위해 미국이 군사적으로 개입하는 것은 정당하다
- 러시아의 부상은 미국에 위협이 된다
- 총기 소지는 금지되어야 한다

이상과 같은 이유로 퍼블릭 포럼 디베이트는 미국 NSDA에서 채택하고 있는 디베이트 형식 가운데 가장 재미있고 도전적인 것으로 알려져 미국 학생들 사이에서 널리 확산되고 있다. 같은 이유에서 한국의 초중고 학생들 그리고 처음 디베이트를 접하는 성인이라면 우선 퍼블릭 포럼 디베이트에 익숙해지는 것이 좋다. 그런 다음 좀 더 어려운 디베이트에 차례로 도전해보자.

2 퍼블릭 포럼 디베이트의 진행 순서와 특징

퍼블릭 포럼 디베이트의 진행 순서를 알아보자. NSDA가 2009년 10월 개정한 가장 최근의 형식은 아래 표와 같다.

먼저 발언팀	나중 발언팀
입안 4분	입안 4분
교차질의 3분	
반박 4분	반박 4분
교차질의 3분	
요약 2분	요약 2분
전원 교차질의 3분	
마지막 초점 2분	마지막 초점 2분
* 준비시간(Prep Time) - 팀당 2분	

▲ 퍼블릭 포럼 디베이트의 형식

퍼블릭 포럼 디베이트 중 각 팀은 총 2분에 해당하는 준비시간을 이용할 수 있다. 준비시간은 다운타임(Downtime) 또는 프렙 타임(Prep Time)이라고도 부른다. 심판 혹은 타이머는 이 시간을 측정하여, 합산한 시간이 팀당 2분이 넘지 않도록 한다. 찬성팀과 반대팀 모두 2분씩 준비시간을 썼다면, 이상의 퍼블릭 포럼 디베이트를 한 번 치르는 데는 총 37분이 걸린다(실제 디베이트 시간 33분 + 준비시간 4분).

　퍼블릭 포럼 디베이트 형식은 의회식 디베이트, 링컨 더글러스 디베이트, 팔리시 디베이트와 비교할 때 그 형식적 특징이 잘 드러난다. 우선 의회식 디베이트, 링컨 더글러스 디베이트, 팔리시 디베이트의 꺾쇠그림을 살펴보자.

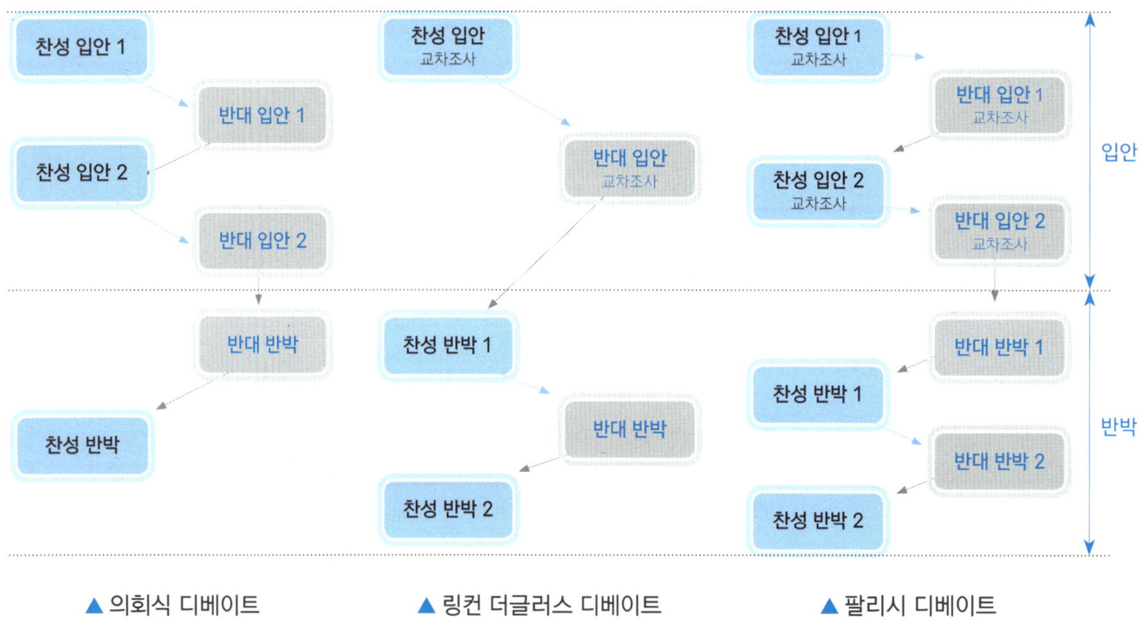

▲ 의회식 디베이트　　　▲ 링컨 더글러스 디베이트　　　▲ 팔리시 디베이트

　위 꺾쇠그림에서 보듯 의회식 디베이트, 링컨 더글러스 디베이트, 팔리시 디베이트에는 세 가지 공통점이 있다. (1) 찬성에서 시작해서 찬성으로 끝난다는 점, (2) 크게 봐서 입안과 반박의 순서로 나뉘어 있다는 점, (3) 입안 순서에는 교차조사(의회식은 입안 시간 안에서 진행되는 보충질의)가 붙어 있다는 점이다.

　이를 기준으로 다시 한 번 퍼블릭 포럼 디베이트의 순서를 살펴보자. 앞서 말한 디베이트들과 크게 세 가지가 다르다. 어떤 점이 다른지 살펴보자.

먼저 발언팀	나중 발언팀
입안 4분	입안 4분
교차질의 3분	
반박 4분	반박 4분
교차질의 3분	
요약 2분	요약 2분
전원 교차질의 3분	
마지막 초점 2분	마지막 초점 2분

* 준비시간(Prep Time) - 팀당 2분

▲ 퍼블릭 포럼 디베이트의 형식

첫째, 퍼블릭 포럼 디베이트에서는 반대도 먼저 말할 수 있는 기회를 최초로 열어놓았다. 그 결과 역사상 처음으로 완벽한 대칭형의 디베이트 구조가 탄생하여 보다 공정한 모양새를 갖추게 되었다. 이 책의 부록에 나오는 칼 포퍼 디베이트도 구조는 대칭형 구조이지만, 찬성이 먼저 발언한다는 규정은 기존 디베이트들과 같다.

둘째, 퍼블릭 포럼 디베이트에서는 요약과 마지막 초점 순서가 입안과 반박 순서 수준으로 독립하였다. 이전 디베이트에도 반박 순서에 요약 혹은 마지막 초점의 기능이 있었다. 하지만 혼재된 형태였다. 그런데 퍼블릭 포럼 디베이트에서는 이를 분리 독립시켜 구조가 더욱 명료해졌고, 각 순서를 통해 학생들에게 요구하는 바도 더욱 명확해졌다.

셋째, 퍼블릭 포럼 디베이트에서는 교차조사가 교차질의로 바뀌었다. 그리고 교차질의가 반박, 요약 순서 다음에도 배치되어 훨씬 더 다이내믹해졌다.

디베이트를 처음 시작하는 학생이라면 퍼블릭 포럼 디베이트로 시작하는 것이 좋다. 쉽고, 가장 최근에 개발된 것이어서 각 순서에서 요구하는 바가 가장 명료하게 정리되어 있기 때문이다. 따라서 디베이트 초보자라면 초등학생도,

고등학생도, 대학생도, 일반인도 우선 이 형식을 충분히 훈련하고, 이후 기량이 쌓이면 다른 디베이트 형식에 도전해보자.

미국에서는 퍼블릭 포럼 디베이트를 시작하기 한 달 전에(한국에서는 1주일 전이나 2주일 전에) 주제를 알려준다. 주제가 발표되면 학생들은 이를 리서치한다. 그런데 디베이트를 처음 하는 학생들이 이런 리서치를 바로 잘해내리라고 기대해서는 곤란하다. 이를 배우고 또 익히는 데는 시간이 필요하다. 그래서 초기에는 디베이트 코치가 관련 자료들 중에서 몇 가지를 골라 제시하는 것도 좋다. 이런 과정을 거쳐 학생이 디베이트에 익숙해진 후 직접 리서치하게 하는 것이 바람직하다. 어느 정도 리서치가 되면 정식으로 리서치 워크숍을 실시한다. 리서치 워크숍에서는 디베이트를 정식으로 하기 위한 리서치 방법론을 알려준다. 이는 주제 분석에서 시작하여 예상되는 쟁점의 정리, 쟁점별 리서치라는 방법으로 진행된다. 처음 디베이트를 접한 학생들을 대상으로 리서치 워크숍을 진행하면 어려워할 수도 있다. 따라서 리서치 워크숍은 학생들이 어느 정도 디베이트에 익숙해진 상태에서 진행하는 것이 좋다.

자, 실제 디베이트 진행 순서를 알아보자.

학생들이 모두 모이면 동전 던지기로 시작한다. 동전 던지기로 찬반을 정하고, 발언 순서를 정한다. 그러고는 바로 시작한다. 하지만 일상에서 디베이트를 연습할 때는 꼭 그럴 필요가 없다. 아직은 배우는 단계이기 때문이다. 그래서 많은 코치들이 일상적인 디베이트에서는 동전 던지기로 편과 순서를 정한 후, 20~30분 정도 분반활동 시간을 준다. 서로 논리를 확인하고 전략을 짤 시간을 주는 것이다. 물론 실제 대회에서는 이런 시간을 주지 않는다.

동전 던지기를 할 때는 먼저 팀별로 동전의 한 면을 선택하게 한다. 예를 들어 100원짜리라면 100이라는 숫자를 선택할 것인지, 인물을 택할 것인지 선택하게 한다. 동전을 던져 나온 윗면을 선택한 팀이 이긴 팀이 된다. 이긴 팀은 두 가지 중 하나를 먼저 선택할 수 있다. 찬성이든 반대든 지지하고자 하는 쪽을 선택하거나, 발언 순서에서 시작이나 끝을 선택한다. 동전 던지기에서 이긴 팀이 먼저 선택하면 진 팀은 나머지 선택을 하게 된다. 예를 들어, 이긴 팀이 찬반을 선택하고 이 중에서 찬성을 선택하면, 진 팀은 자연스럽게 반대를 맡는 대신 발언 순서를 먼저 선택할 수 있다.

자, 이런 절차의 의미는 무엇일까.

첫째, 디베이트 직전에 동전 던지기를 한다는 것은 그때까지 자신이 찬성팀에 서게 될지 반대팀에 서게 될지 모른다는 것을 뜻한다. 즉, 디베이트에 임하는 학생들은 사전에 찬성과 반대 모두에 대해 준비해야 한다.

둘째, 디베이트의 찬성과 반대는 자신의 기호와 상관없이 정해진다. 하지만 아무리 그렇다 해도 참가자 입장에서는 좀 더 유리해 보이거나, 또는 자신의 팀이 훨씬 더 공들여 준비해 온 편이 있게 마련이다. 반대로 상대팀에게 유리하거나 약한 편이 있을 수도 있다. 이럴 때 동전 던지기에서 이긴다면 자기팀에게 유리한 편을 선택할 수 있는 것이다. 진 편에도 기회가 있다. 발언 순서를 선택할 수 있기 때문이다. 반대팀을 맡게 되었지만 먼저 이야기하는 편이 유리하다고 판단하면 먼저 발언을 선택할 수 있다. 결국 동전 던지기는 참가 학생들이 디베이트 전략을 결정하는 계기가 된다.

학생들은 디베이트에 익숙해지면 동전 던지기가 아주 중요한 순서라는 것을 알게 된다. 대개 동전 던지기에서 이긴 팀은 찬반과 선후 중 찬반을 고른다. 찬반을 정하는 것이 디베이트 승부에 더 큰 영향을 주기 때문이다. 결과적으로 동전 던지기에서 진 팀은 대개 선후를 고르게 된다. 이때 후를 고르는 경우가 많다. 역시 선보다는 후가 더 유리하다고 판단하기 때문이다.

동전 던지기 이후 자리에 앉을 때는 규칙이 있다. 연단의 오른쪽, 그러니까 심판이 볼 때 왼쪽에 먼저 발언팀이 앉고, 건너편에 나중 발언팀이 앉는다. 그림으로 그리면 다음과 같다.

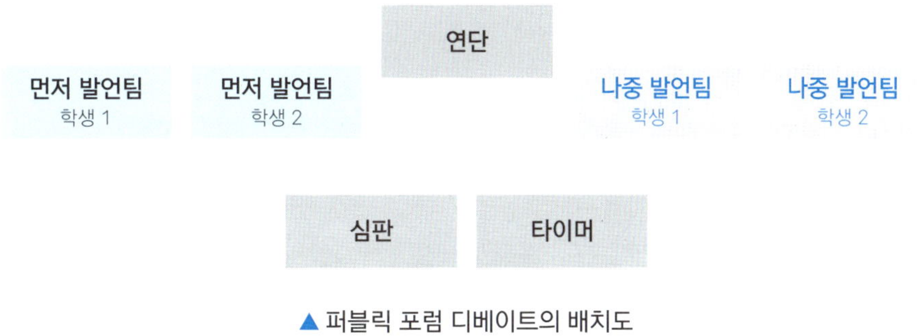

▲ 퍼블릭 포럼 디베이트의 배치도

3 동영상으로 보는 퍼블릭 포럼 디베이트의 실제 진행 ①

|주제| **노후생활에 대한 책임은 개인에게 있다**

이번 디베이트에 참여한 학생들은 김다인(사동중3), 고담윤(낙원중2), 임지윤(낙원중2), 박수연(사동중2) 학생이다.

먼저 현장에 모인 학생들에게 주제를 알려 주고, 동전 던지기로 찬성과 반대를 결정한다.

참여 학생들은 아래 사진처럼 앉는다. 동전 던지기로 김다인과 고담윤 학생이 먼저 발언팀(반대)으로, 임지윤과 박수연 학생이 나중 발언팀(찬성)으로 결정된다.

동전 던지기로 찬성/반대, 먼저/나중이 결정된다. 심판이 볼 때 왼쪽에 먼저 발언팀(반대)이, 오른쪽에 나중 발언팀(찬성)이 앉는다. 왼쪽부터 김다인(사동중3), 고담윤(낙원중2), 임지윤(낙원중2), 박수연(사동중2) 학생이다.

김다인 | 반대 2　　　고담윤 | 반대 1　　　임지윤 | 찬성 1　　　박수연 | 찬성 2

• 먼저 발언팀(반대) 1의 **입안** │4분│

퍼블릭 포럼 디베이트의 첫 번째 순서인 입안(Constructive Speech)이다. 각 팀에서 첫 번째 발언자가 차례로 한 명씩 나와 해당 주제에 대한 찬성 혹은 반대의 입장을 밝힌다. 앞서 말했듯 퍼블릭 포럼 디베이트에서는 동전 던지기에 따라 반대가 먼저 발언할 수도 있음에 유의한다. 입안은 찬반 각각 4분간 진행한다. 우선 입안 순서에 대해 간단히 설명한다.

입안은 퍼블릭 포럼 디베이트에서 첫 번째 순서다. 그런 만큼 심판이나 청중에게 인상적인 메시지를 주는 것이 중요하다. 첫 발언이니만큼 모두들 관심을 갖고 들으려 하기 때문이다. 이럴 때 논리를 정확하고도 조리 있게 전달하면 좋은 인상을 줄 수 있다. 입안에서는 대개 서론 – 본론 – 결론의 구조로 발언한다.

서론에서는 유인적 요소 – 주제 배경 – 용어정의 – 주제 해석 – 우리팀의 구체적인 입장 – 핵심어 예고의 순서로 발언하는 것이 좋다.

본론에서 논거를 제시할 때는 3~4가지로 요약해서 말하는 것이 바람직하다. 의욕이 지나쳐 너무 여러 가지를 나열식으로 주장하면 오히려 역효과가 난다. 사람의 머리는 한꺼번에 그렇게 많은 정보를 처리할 수 없기 때문이다. 자기 주장의 핵심을 3~4가지로 정리해서 말하는 것이 가장 효과적이다. 그래야 발언자도 명확히 정리된 상태에서 발언할 수 있고, 심판이나 청중도 또렷이 알아들을 수 있다.

결론에서는 본론에서 제시한 논거들을 다시 한 번 요약하고 우리팀의 입장을 천명한다. 더불어 마무리 효과문을 더하는 것이 좋다. 마지막으로 심판과 청중의 지지를 끌어오기 위함이다.

입안은 퍼블릭 포럼 디베이트의 여러 순서 중에서 유일하게 '사전 준비'가 가능하다는 특징이 있다. 사전에 찬반 두 가지 입안을 모두 준비했다가 필요한 내용을 발언할 수 있다. 하지만 아무리 준비해도 이후의 반박이나 요약, 마지막 초점 순서는 상대편의 논리에 대응하는 과정에서 조금씩 수정될 수밖에 없다. 하지만 이 입안 순서만큼은 자신이 준비한 그대로 발언할 수 있어서 학생들이 제일 쉬워하는 순서이기도 하다.

이 순서에서 심판이 주의해야 할 점은 다음과 같다.

- 발언자가 주제를 잘 이해하고 있는가?
- 자기가 찬성과 반대 중 어느 편인지 잘 알고 있는가?
- 입안이 갖춰야 할 구조대로 잘 발언하는가?
- 적절한 논거로 자기팀의 입장을 옹호하고 있는가?

먼저 발언팀(반대) 1의 입안을 맡은 고담윤 학생이 나와 발언을 시작한다.

먼저 발언팀(반대) 1의 입안을 맡은 고담윤 학생이 입안 발언을 하고 있다. 발언 제한 시간은 4분이다.

김다인 | 반대 2　　　고담윤 | 반대 1　　　임지윤 | 찬성 1　　　박수연 | 찬성 2

다음은 고담윤 학생의 반대팀 입안 발언 요지다.

"안녕하십니까? 〈노후생활에 대한 책임은 개인에게 있다〉의 반대측 입안을 맡은 고담윤입니다. '올해로 국민연금제도 시행 25년입니다. 국민연금제도 시행 초기에는 국민의 이해나 홍보부족으로 다소 어려움도 있었습니다. 하지만 제도 시행 25년째 되는 지금 국민연금제도는 양적·질적으로 우리나라의 중추적인 소득보장제도로서 자리매김하고 있습니다.' 이것은 2012년 국민연금제도 설립 25주년을 맞이하여 국민연금공단 의정부지사장인 양광호 씨가 한 말입니다.

퍼블릭 포럼 디베이트의 첫 번째 순서인 입안(Constructive Speech)은 해당 주제에 대한 우리팀의 입장이 왜 옳은지 3~4가지의 논거를 들어 설명하는 순서다. 첫 번째 순서인 만큼 심판이나 청중에게 인상적인 메시지를 주는 것이 중요하다. 대개 서론 - 본론 - 결론의 구조로 발언하는데, 본론에서 3~4가지의 논거를 제시한다.

국민연금은 모두가 알고 있듯이 국가에서 운영하는 기관입니다. 또 나라에서는 저소득층 노인들에게 지원금을 주기도 합니다. 그런데 최근 저출산·고령화 사회가 진행되면서 이런 식의 지원은 향후 불가능해질 것이라고 합니다. 그래서 최근 〈노후생활에 대한 책임은 개인에게 있다〉라는 주장이 제기되면서 논란이 되고 있습니다.

이번 주제에서 '책임'이란 어떤 일에 대한 의무 또는 약간의 지원도 책임이라고 정의하겠습니다. 또 '개인'이란 국가나 다른 단체의 개입이 없는, 즉 자기 자신이라 정의하겠습니다. 저희는 이번 주제를 '노후생활을 국가나 다른 단체의 도움 없이 자기 스스로가 책임져야 한다.'라고 이해합니다.

저희는 이번 주제에 반대하는 이유로 첫째 비현실성, 둘째 헌법적 규정, 셋째 불평등 완화라는 세 가지 논점을 들겠습니다.

첫째, 비현실성. 개인이 노후생활을 책임을 진다는 것은 현실적으로 불가능합니다. 상대방께서는 노후생활에 대한 책임은 개인이 져야 한다고 주장하실 것입니다. 하지만 이것은 불가능한 일이라고 말씀드리고 싶습니다. 앞에서도 말했듯이 우리나라 사람들은 모두 국민연금에 들고 있습니다. 국민연금 사이트의 한 설문조사에 따르면 우리나라의 경우 국민연금에서 약 25~35%, 퇴직연금에서 약 15~25% 정도의 연금을 받게 된다고 합니다. 이렇게 되면 소득 대체율이 약 40~60% 정도가 됩니다. 이것을 보면 우리나라 국민들이 얼마나 연금에 의지하고 있는지를 알 수 있습니다. 이런 상황에서 개인이 노후생활을 책임진다라는 것은 현실적으로 불가능한 일임을 잘 알아주셨으면 좋겠습니다.

둘째, 헌법적 규정. 헌법에서도 이에 대해 국가의 책임이 있음을 규정하고 있습니다. 헌법 제10조 '모든 국민은 인간으로서의 존엄과 가치를 가지며 행복을 추구할 권리를 가진다. 국가는 개인이 가지는 불가침의 기본적 인권을 확인하고 이를 보장할 의무를 진다.' 헌법 제34조 4항 '국가는 노인과 청소년의 복지향상을 위한 정책을 실시할 의무를 진다.' 이처럼 대한민국의 헌법에서는 국가는 노후생활을 책임져야 할 의무를 가지고 있다고 말하고 있습니다.

셋째, 불평등 완화. 국가, 기관 등의 도움으로 사회의 불평등을 완화할 수 있습니다. 소득 재분배란 빈부격차를 줄이기 위한 방법으로, 연금에서의 소득 재분배란 평균 소득보다 소득이 높은 사람들에게는 이자를 적게 주고 낮은 사람들에게는 이자율을 높여서 주는 것입니다. 그러면 저소득층 같은 경우 국민연금으로 노후생활에 대한 대비를 할 수 있습니다. 만약 이런 제도가 없어진다면, 노후생활을 자신 혼자서 책임져야 한다면, 돈이 많은 사람은 가능할지 모르겠지만 평균 소득이 적은 사람들에게는 불가능한 일이 됩니다. 결국 저희팀이 하고 싶은 말은 노후생활을 개인이 책임지게 되면 사회에 큰 혼란이 오게 될 것이라는 말입니다. 저희팀은 노후생활을 개인이 책임을 진다는 것은 이기적이며 불가능하고, 결국에는 사회에 큰 혼란을 오게 할 수 있는 일임을 다시 한 번 강조드리겠습니다.

이상으로 저희는 이번 주제에 대하여 현실적으로 불가능하고, 헌법적으로 국가의 의무임을 명기하고 있으며, 연금제도를 통해 소득재분배 효과를 낼 수 있다고 말씀드리며 입안을 마치겠습니다. 감사합니다."

●● 고담윤 학생의 목소리는 디베이트하기에 좋은 목소리다. 게다가 발언을 들어보면 오늘의 주제를 잘 이해하고, 퍼블릭 포럼 디베이트의 입안 순서에서 요구하는 구조를 잘 따라서 하고 있다. 옥에 티라면……

첫 번째로, 유인적 요소에서 관련된 인사의 발언을 인용한 것은 좋았다. 하지만 그 인사의 직함은 의정부지사장이다. 오늘 주제는 의정부에 국한된 것이 아니다. 그러므로 전국을 대표하는 인사의 발언을 찾아보았다면 더 좋지 않았을까?

두 번째로, 노후생활에 대한 책임을 개인에게 지울 수 없는 첫 번째 논거로 비현실성을 들었다. 즉, 개인에게 노후생활에 대한 책임을 지우는 것은 비현실적이며 불가능한 발상이라는 것이다. 그렇다면 개인이 노후생활에 대한 책임을 지는 것은 불가능하다는 것에서 그 근거를 찾아야 한다. 예를 들어, 절대빈곤 노인인구의 비율과 그 증가 추세가 더 직접적인 근거가 될 수 있을 듯하다.

세 번째로, 결론에서 본론의 내용을 간단히 정리한 것은 좋았다. 그러나 그 뒤에 마무리 효과문을 추가하였다면 더 좋았을 듯하다.

이어서 나중 발언팀(찬성) 1의 입안 순서다. 임지윤 학생이 연단에 서서 입안을 시작한다.

나중 발언팀(찬성) 1의 임지윤 학생이 입안 발언을 하고 있다. 발언 제한 시간은 4분이다.

김다인 | 반대 2　　　고담윤 | 반대 1　　　임지윤 | 찬성 1　　　박수연 | 찬성 2

다음은 임지윤 학생의 찬성팀 입안 발언 요지다.

"안녕하십니까? 〈노후생활에 대한 책임은 개인에게 있다〉의 찬성측 입안을 맡은 임지윤입니다. 우리나라가 현재 고령화 사회라는 것을 아시나요? 2005년 기준으로 생산가능인구 7.9명당 노인 1명을 부양했으나, 2020년에는 4.6명, 2050년에는 1.4명이 노인 1명을 부양해야 한다고 합니다. 결국 국민연금이 지속되려면 소득이 있는 청장년층의 희생이 불가피합니다. 노인과 청장년층의 비율이 이처럼 빠르게 변화하는 가운데 국가가 개인의 노후생활을 책임질 수 있겠습니까?

1950년 이래 미국에서 노인들의 기대 수명은 고작 3.45세 높아졌을 뿐입니다. 하지만 이는 연금비용에 큰 영향을 끼쳤습니다. 독일에서는 20세기 중반 이후 50세 연령층의 기대 수명 증가로 공공연금제도의 총비용이 3분의 1 증가했습니다. 때문에 노후에 경제적인 어려움이 예상되기 시작했고, 우리나라는 2060년경에 연금이 고갈된다고 전망했습니다.

'노후생활에 대한 책임'이란 경제능력을 상실한 이후에 생계 혹은 여가나 문화 생활을 위해 요구되는 비용이라고 정의하며, 개인을 국가의 상대 개념으로 가족까지도 포함시켜서 정의하는 바입니다. 저희팀은 오늘의 주제를 '노후생활에 대한 책임을 공공 부분에서 지는 것이 아니라, 개인이나 가족이 져야 한다.'라는 뜻으로 이해합니다.

현재의 추세로 볼 때 국가가 개인의 노후생활을 책임지는 것은 불가능하기 때문에 저희는 위 주제에 찬성하는 바입니다. 저희팀은 비현실성, 경제적 악화, 문제의 본질을 들어 위 주제에 찬성하겠습니다.

첫째, 비현실성이 있습니다. 국가가 책임지는 노후생활은 현실성이 떨어집니다. 말했듯이 저출산·고령화로 인해 어려움을 겪는 사회에서 국가가 개인을 책임진다는 것은 비현실적입니다. 국민연금을 유지하려면 현재 소득 수준의 9%를 30% 이상으로 늘려야 연금 지급이 가능합니다. 연금기금 고갈을 막기 위해 지금보다 '더 내고, 덜 받는' 구조로 개혁이 필요하지만, 사실상 이는 부실을 피하기 어려운 상황입니다. 여러 대책이나 이론이 존재하지만 요지는 사회 구조가 이론 그대로 실현될 수는 없다는 것입니다. 모순과 비리가 존재한다는 전제하에, 저희팀은 다시 한 번 노후 보장제도를 유지한다는 것은 사실상 비현실적이라는 것을 강조하는 바입니다.

둘째, 경제적 악화가 있겠습니다. 무리하게 진행할 경우 경제적인 악화를 불러옵니다. 저출산과 고령화가 전 세계적인 문제로 부상하는 가운데, 베를린 리포트에 따르면 독일 납세자 연합회는 '지금도 800억 유로의 세금이 연금으로 들어가고 있고, 이는 1년 연방 예산의 25%에 해당되는 돈'이라며 '나중 세대에게 비싼 값을 치르게 하는 잘못된 결정'이라고 밝혔습니다. 나라의 재정 운영에 따라 돈의 가치가 계속 변화하는 상황에서 경제적인 한계에 직면하게 되는 것입니다. 이러한 상황을 고려하지 않고 무리하게 한쪽 측면만 보려 든다면 결국에는 경제적인 악화를 피할 수 없을 것입니다.

세 번째로는 문제의 본질이 있겠습니다. 결국 개인의 문제를 책임지는 최종적인 책임자는 개인이라는 것입니다. 우리는 국가 혹은 공공기관과 개인의 관계를 정확히 이해할 필요가 있습니다. 자신의 노후는 자신이 책임지는 것이 당연합니다. 국가는 이에 대해 지원하거나 혹은 용이하도록 하기 위해 일정 책임을 덜어줄 수는 있습니다. 그러나 중요한 것은 최종적인 책임은 자신에게 있다는 것입니다. 국가에는 조건에 따른 적절한 지원의 의무만 있을 뿐입니다. 부산, 울산, 경남지역에 근무하는 공무원 중 30대 및 40대를 대상으로 731명을 조사한 결과, 노후생활에 대한 1차적 책임은 자신 혹은 배우자에게 있다는 응답이 83.9%였습니다. 국민들도 그 책임을 의식하고 있고 어느 정도 자각하고 있다는 것을 알 수 있습니다. 그러므로 다시 한 번 국가와 개인의 관계에서 개인의 책임은 개인이 져야 한다고 주장하는 바입니다.

이상으로 비현실성, 경제적 악화, 문제의 본질을 들어 찬성하였습니다.

여러분, 마가렛 대처 수상은 말했습니다. '우리가 아는 사회는 없다.' 이 말은 조금 과한 부분이 있으나, 개인이 책임져야 할 일을 공공부문에서 책임져야 한다면 오히려 우리 사회는 불평과 불만이 가득한 사회가 될 것입니다. 현실적으로 국가가 책임지는 것이 불가능한 상황에서 개인이 미리 준비한다면 오히려 우리는 밝은 미래를 기대할 수 있을 것입니다. 감사합니다."

●● 임지윤 학생의 입안문은 우수하다. 퍼블릭 포럼 디베이트에서 요구하는 입안문의 요소를 잘 갖추고 있다. 옥에 티라면……

첫 번째로 스피치의 형식적인 측면, 특히 목소리를 더 키웠으면 좋겠다. 좀 더 크고, 자신 있고, 당당한 목소리면 아주 좋겠다. 두 번째로 리서치를 열심히 한 흔적이 여기저기 보이는데, 출처를 제시하지 않은 경우가 있다. 이러면 리서치한 노력이 반감된다. 항상 출처를 명확히 밝히도록 하자.

• 교차질의 |3분|

입안 다음 순서는 교차질의(Cross Fire)다. 교차질의는 직전에 발언한 두 입안 발언자끼리의 대결이다. 퍼블릭 포럼 디베이트에서는 이 순서가 가장 다이내믹하다. 상대방의 발언을 들은 직후, 이에 대한 내용 확인 혹은 논리적 허점을 순발력 있게 짧은 질문으로 짚어 내야 하기 때문이다.

규칙은 한 가지인데, 먼저 발언팀의 입안자가 나중 발언팀의 입안자에게 첫 번째로 질문한다는 것이다. 나중 발언팀의 입안자가 답변한 이후부터는 어느 편이든 자유롭게 서로 질문하고 답할 수 있다. 교차질의는 3분간 진행한다. 이 순서에서 토론자는 단상을 중심으로 양옆에 서 있어야 한다. 아래 그림에서 동그라미로 표시된 위치다.

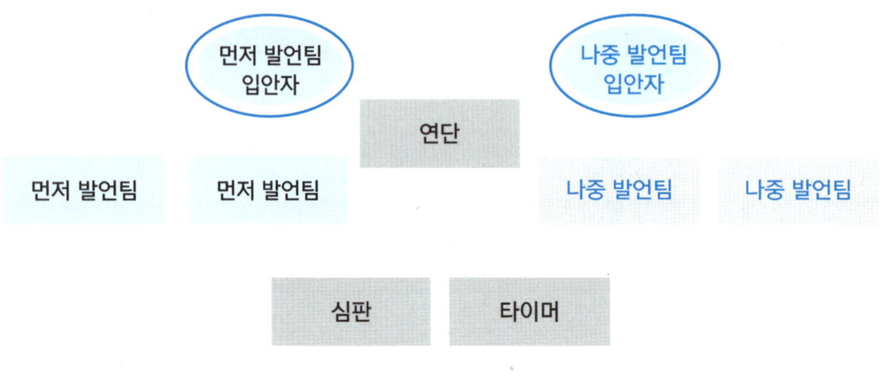

▲ 퍼블릭 포럼 디베이트의 교차질의 배치도

여기에서 잠깐, 교차질의와 반박을 구별하기 힘들다는 질문이 많아서 구별해본다.

첫 번째, 목적의 측면. 교차질의의 목적은 내용 확인과 상대방 논리 공격이다. 반박의 목적은 상대방 논리 공격이다. 즉, 교차질의에는 '내용 확인'이라는 목적이 추가된다. 예를 들어 교차질의 순서에서는 "아까 두 번째 논거에 대한 주장을 명확히 듣지 못했는데, 다시 한 번 말씀해 주시겠습니까?"라는 질문이 가능하다.

두 번째, 방법의 측면. 둘 다 상대방 논리에 대한 공격의 기능을 한다는 점에서는 같지만, 방법에서 차이가 있다. 교차질의는 직전에 발언한 두 발언자 모두에게 발언권이 있어서, 같은 시간에 서로 질문과 답변을 교환하면서 진행한다. 그래서 교차(Cross)질의(Fire)가 된다. 이에 비해 반박은 온전히 해당 발언자만 발언할 수 있다.

교차질의 순서에서의 질문은 상대방 논리가 불분명한 지점, 즉 상대방 논리의 허점에 집중하는 것이 좋다. 질문하는 순서라고 해서 자기가 모르는 것을 물어보는 순서로 이해해서는 곤란하다. 예를 들어, 사형 제도를 옹호하는 발언을 끝낸 발언자에게 "사형과 무기징역은 어떻게 다르냐?"라는 식으로 질문하거나, 경제 부흥을 위해 이자율을 낮춰야 한다고 발언한 발언자에게 "이자율이 무엇이냐?"라는 식으로 질문하면 안 된다. 토론 현장에서 이런 질문들은 심판과 청중을 어리둥절하게 만든다.

결국 교차질의 순서에서 좋은 점수를 받는 요령은 간결하고 요점 있게 질문과 대답을 하는 것이다. 한 디베이트 현장에서 교차질의 시간에 질문 하나를 하는 데 1분 40초를 쓰는 학생을 봤다. 이건 연설이지 질문이 아니다. 이런 경우 질문 내용과 상관없이 심판에게 좋지 않은 인상을 준다. 답변도 마찬가지다. 좋은 점수를 받고 싶다면 간략하고 요점이 분명한 질문, 효과적이고 설득력 있는 답변을 간명하게 하는 것이 좋다.

교차질의가 과열되면 서로 상대방 발언을 무시하며 발언하는 모습이 나타나기도 한다. 이를 '바벨탑 현상'이라고도 부른다. 성경의 바벨탑 이야기에서는 서로 다른 언어를 사용하게 된 사람들이 중구난방으로 서로 떠드는 모습을 보여준다. 교차질의에서도 서로 발언하는 데 열을 올리다가 상대방 말과 겹쳐 중구난방이 되는 모습을 보일 때가 있다. 이는 디베이트 초보자들이 간혹 범하는 오류다.

디베이트는 상대방 존중의 정신을 배우는 과정이다. 이를 위해서 경청하는 태도는 필수다. 교차질의에서 무례하게 굴면 심판은 점수를 깎는다. 또 교차질의 순서에서 발언 시간을 많이 차지하면 좋은 점수를 받을 것이라고 오해해서는 곤란하다. 발언의 양보다는 질이 우선시되기 때문이다.

결국 교차질의에서 무지한 질문, 지루한 발언, 무례한 질문, 요점 없는 질문, 상대방을 방해하는 발언, 비난하는 발언은 모두 감점 대상이다. 그러니 많이 발언하기 위해 노력하기보다는 간결하게, 요점을 발언하는 데 역점을 두어야 한다.

이 순서에서 심판이 주의해야 할 점은 다음과 같다.

- 질문자가 상대팀의 주장을 잘 이해하고 있는가?
- 자기팀의 입장과 비교했을 때 어떤 차이점이 있는지 이해하고 있는가?
- 자기팀의 입장에서 상대팀의 논리를 적절하게 공격하고 있는가?
- 상대팀의 질문에 대해 적절하게 답하는가?

동영상 시연으로 돌아간다. 고담윤 학생과 임지윤 학생이 입안을 마친다. 이제 교차질의를 시작해야 한다.

이때 반대팀에서 첫 번째 준비시간 30초를 신청한다. 다시 언급하지만, 퍼블릭 포럼 디베이트에서는 각 팀당 2분씩의 준비시간(Prep Time)이 주어진다. 각 팀은 자신들의 필요에 따라 이 시간을 잘라 쓸 수 있다. 대개는 30초나 1분 단위로 사용한다. 누군가가 발언하고 있을 때는 이 시간을 신청할 수 없다. 발언이 끝난 뒤, 이후 발언 직전에 신청해서 쓴다.

이렇게 준비시간을 선택제로 두는 데는 이유가 있다. 경기의 흐름을 잘 파악하고, 또 우리팀의 준비 상황을 잘 체크해서 전략적으로 임하라는 것이다. 마치 농구 감독이 적재적소에서 타임을 부르듯, 그런 훈련을 하라는 의미에서 선택제로 두는 것이다.

간혹 준비시간을 고정해두는 디베이트 대회도 있는데, 선택제로 바꾸는 것이 좋다. 준비시간을 다 쓴다고 해서 감점하지는 않는다. 그러니 모두 쓰는 것이 좋다.

반대팀의 준비시간 30초 신청에 따라, 두 팀 모두 서로 상의하고 있다. 상대팀이 신청한 준비시간에 우리팀도 상의할 수 있다.

김다인 | 반대 2 　고담윤 | 반대 1 　임지윤 | 찬성 1 　박수연 | 찬성 2

준비시간이 끝나고, 고담윤 학생과 임지윤 학생이 교차질의를 위해 연단 옆에 서서 질문과 답변을 시작한다.

김다인 | 반대 2   고담윤 | 반대 1   임지윤 | 찬성 1   박수연 | 찬성 2

퍼블릭 포럼 디베이트에서 교차질의(Cross Fire) 순서는 가장 다이내믹한 순서다. 상대방의 발언을 들은 직후, 이에 대한 내용 확인 혹은 논리적 허점을 순발력 있게 짧은 질문으로 짚어 내야 하기 때문이다.

규칙은 한 가지다. 먼저 발언팀의 발언자가 첫 번째로 질문한다는 것이다. 이에 대해 나중 발언팀의 발언자가 답변한 이후부터는 어느 편이든 서로 질문하고 답할 수 있다. 교차질의는 3분간 진행한다.

다음은 고담윤 학생과 임지윤 학생의 교차질의 발언 요지다.

• **고담윤 학생**: 상대방께서 두 번째 논점에서 경제적 악화를 드시면서 독일에서 세금으로 800억 유로가 든다고 말씀하셨는데, 결국에 독일은 연금제도를 폐지했습니까?

• **임지윤 학생**: 아니요.

• **고담윤 학생**: 그럼 이렇게 세금이 든다고 해도 그만큼 가치가 있기 때문에 중단하지 않았다고 이해할 수 있지 않습니까?

• **임지윤 학생**: 저희는 조금 다른 측면으로 이해합니다. 상황이 바뀌기 때문에……. 지금 독일에서는 800억 유로의 세금을 연금으로 쓰고 있지만, 그러나 아직까지는 나라의 상황으로서는 세금을 폐지하지 못한다고 생각하고, 저희는 오히려 이러한 추세에 따라서 상황이 변한다면 연금을 폐지하는 쪽으로 이해하고 있습니다.

• **고담윤 학생**: 하지만 저희가 입안에서 말씀드렸듯이, 연금을 폐지하는 것은 저소득층이나 가난한 사람들에게는 자신이 생활을 책임지는 것을 불가능하게 만드는 것이라고 말씀드리고 싶습니다.

• **임지윤 학생**: 저희 첫 번째 논거에서 말씀드렸듯이, 국가에서 경제적으로 세금을 들이는 것은 현실적으로 불가능합니다. 이러한 숫자가 천문학적인 숫자

이니만큼 비현실성이 크다고 저희는 주장합니다.

- **고담윤 학생**: 하지만 지금 연금고갈 시점이 2033년이었는데, 다른 개정안을 통해 2060년으로 늘린 사례가 있었습니다. 이런 사례들을, 개정안을 거듭하면서 결국 연금고갈 시점을 늦출 수 있다고, 저희는 충분히 제안점이 있다고 말씀드리고 싶습니다.

- **임지윤 학생**: 저희가 강조하는 것은 사회 구조가 이미 이를 시행할 수 없다는 것입니다. 모순과 비리가 존재하고 투명하게 운영하지 않는 이상, 이러한 개정안들이 정말로 실현될지는 아무도 모르는 일 아닙니까?

- **고담윤 학생**: 상대방께서 입안에서 모순과 비리가 존재한다는 말씀을 하셨는데, 이것은 성급한 일반화의 오류인 것 같습니다.

- **임지윤 학생**: 어떻게 그렇게 생각하십니까?

- **고담윤 학생**: 상대방께서 모순과 비리가 존재한다는 말씀을 한 것은 이런 것이 꼭 존재한다는 말씀이신데, 그런 근거는 없지 않습니까?

- **임지윤 학생**: 모순과 비리가 존재한다는 것은 알고 있지 않습니까? 현재 우리나라는 국민연금에 대한 일을 투명하게 운영하지 않고 있지 않습니까? 상대방은 그러한 근거가 있으십니까?

- **고담윤 학생**: 없습니다.

- **임지윤 학생**: 예. 그러면 저희가 질문드리도록 하겠습니다. 상대방은 용어정의에서 개인의 책임에서 약간의 지원도 포함한다고 하셨는데, 이는 이기적인 발언 아닙니까?

- **고담윤 학생**: 어째서 그렇습니까?

- **임지윤 학생**: 약간의 지원도 포함한다는 말은, 즉 개인이 노후생활에 대한 책임을 지기 위해 약간의 노력이나 발돋움을 한다는 것인데, 그것도 일정 정도 책임을 진다고 이야기할 수 있지 않겠습니까?

- **고담윤 학생**: 그러나 저희가 말씀드리는 것은 국가가 조금이라도 지원을 해주는 것을 일정 부분 책임진다고 말씀드린 것입니다.

- **임지윤 학생**: 일정 부분 책임을 지는 것에는 저희도 동의합니다. 하지만 그것을 책임이라고 불러야 할까요? 일정 지원을 용이하게 하기 위한 도움이라고 볼 수 있지 않을까요?

- **고담윤 학생**: 그 도움을 주는 것 자체를 저희는 책임이라고 정의한 바 있습니다.
- **임지윤 학생**: 도움이 책임이라고 하면 개인이 자신의 노후생활을 위해 힘쓰는 것을 오히려 책임이라고 부를 수 있는 것 아닙니까? 그렇다면 오늘의 주제에 대해서 상대팀은 저희의 근거에 찬성하는 바가 아니십니까?
- **고담윤 학생**: 다시 한 번 말씀해주시겠습니까?

이 대목에서 시간이 종료된다. 두 학생은 자리로 돌아간다.

●● 두 학생의 공방이 오간 지점은 (1) 독일의 경우를 찬성측에게 유리하게 이해하느냐, 반대측에게 유리하게 이해하느냐의 여부, (2) 제도 개선을 통해 국가가 노후생활에 대해 책임지는 것이 현실적으로 가능하냐의 여부, (3) 지원을 책임이라고 이해해야 하는지, 아니면 단지 도움에 불과한 것으로 이해해야 하는지의 여부에 관한 것이다. 질문 내용과 답변을 들어보면 두 학생은 오늘의 주제가 던지는 문제의식을 잘 이해하고, 또 상대팀과 우리팀의 의견 차이가 어디서 벌어지는지 잘 이해하고 있다.

두 학생은 교차질의 시간인 3분 동안 모두 21번의 질문과 답변을 했다. 이 학생들처럼 교차질의 시간 3분 동안 질문과 답변이 20번 이상 오가는 것이 좋다. 즉, 포인트만 말하라는 것이다.

• 먼저 발언팀(반대) 2의 반박 │4분│

이어서 반박(Rebuttal) 순서가 시작된다. 이제 두 번째 발언자가 나온다. 두 번째 발언자는 첫 번째 발언자보다 부담이 크다. 첫 번째 발언자는 준비한 입안 그대로 찬성과 반대를 나누어 발언하면 된다. 그런데 두 번째 발언자는 상대팀의 첫 번째 발언자가 발언한 내용을 분석해서, 이를 반박해야 한다. 또 교차질의에서 제기된 공격에 대해 효과적으로 방어해야만 한다. 그러면서 만약 새롭게 제시할 주장이 있다면 이 단계에서 발표해야 한다. 그래서 반박 순서는 입안 순서보다 어렵다.

하지만 이 순서를 즐기는 학생도 많다. 특히 남학생의 경우에 그렇다. 이유를 물어보면 "논리를 통해 상대방을 공격하는 것이 재미있어요."라고 말한다.

반박은 찬반 각각 4분씩 진행한다.

반박 순서 역시 서론 – 본론 – 결론의 구조로 말하는 것이 좋다. 서론에서는 상대측 입안을 요약한다. 이어서 본론에서는 상대측 입안을 조목조목 반박한다. 이때 상대방 입안에서 주장한 논거를 반박하지 않고 생략하면, 심판과 청중은 그 논거에 대해서는 상대방과 같은 의견인 것으로 간주한다. 그러니 빠짐없이 반박하는 것이 좋다. 이어서 결론에서는 반박 내용을 요약하거나 혹은 우리팀의 보충설명을 추가한다.

이 순서에서 심판이 주의해야 할 점은 다음과 같다.

- 발언자가 상대팀 입안의 내용을 잘 이해하고 있는가?
- 각각의 논거에 대해 합리적인 이유를 들어 잘 반박하고 있는가?

먼저 발언팀(반대) 2의 반박을 맡은 김다인 학생이 나와서 발언을 시작한다.

김다인 학생이 연단에 서서 반대팀 2의 반박 발언을 하고 있다. 발언 제한 시간은 4분이다.

김다인 | 반대 2　　　고담윤 | 반대 1　　　임지윤 | 찬성 1　　　박수연 | 찬성 2

다음은 김다인 학생의 반대팀 반박 발언 요지다.

"안녕하십니까? 〈노후생활에 대한 책임은 개인에게 있다〉의 반대측 반박을 맡은 김다인입니다. 먼저 찬성측 입안 내용을 정리해드리겠습니다. 찬성측께서는

세 번째 순서인 반박(Rebuttal)에서는 상대팀의 입안에서 발표한 논거를 반박한다. 그러면서 만약 새롭게 제시할 주장이 있다면 발표한다. 순서 역시 서론 - 본론 - 결론의 구조로 말하는 것이 좋다.

비현실성, 경제적 악화, 문제의 본질이라는 세 가지 논거를 들어 이번 주제에 찬성해주셨습니다. 하지만 저희 반대팀은 이 세 가지 논거에 모두 반대하는 바입니다.

먼저 첫 번째로 상대측께서는 연금이 고갈될 것이고 비리와 모순이 존재한다는 전제하에, 국가가 책임지는 노후생활은 현실성이 떨어진다고 주장하셨습니다. 하지만 우리나라는 이미 여러 가지 개혁안을 통해 연금고갈 시점을 2033년에서 2060년 이후로 늦춰놓은 상태입니다. 1988년 연금을 평균소득 70% 지급에서 소득대체율 60%로 낮추고, 연금 받는 연령을 2033년까지 65세로 단계적으로 올리는 개혁안을 마련하여 연금고갈 시점을 2033년에서 2047년까지 늦춰놓았습니다. 또한 2007년 연금을 60%에서 50%로 낮추고, 매년 0.5%씩 지급액을 줄여 2028년에는 40%로 낮추는 내용의 개정안이 국회를 통과하였고, 이로써 국민연금고갈 시점은 2060년으로 연장되었습니다. 그렇기 때문에 미래에 더 나은 개정안이 나와 연금고갈 시점을 더 늦출 수 있을 것이라고 저희는 예측하는 바입니다.

또한 상대측께서는 비현실성의 논거를 들어 반대하셨지만, 저희팀에서 주장하는 비현실성이 더 고려할 만하다고 생각합니다. 상대측께서 주장하는 비현실성은 충분히 발전시켜 극복할 수 있는 문제이지만, 저희측의 비현실성은 당장 노인들의 생활과 관련된 문제이기 때문에 저희측의 주장을 더 고려해주셔야 한다고 생각합니다.

두 번째로 상대측께서는 경제적 악화라는 논거를 들며 독일 납세자 연합회의 말을 인용하여, 경제적인 한계에 직면하게 되어 결국 경제적인 악화를 불러올 것이라고 주장하셨습니다. 독일 혹은 스웨덴 같은 몇몇 유럽 국가는 전 세계가 인정하는 복지국가입니다. 스웨덴은 세계 3위 안에 드는 초고령 사회로 2008년 기준 65세 이상 노인인구가 전체 인구의 약 18%입니다. 이렇게 많은 노인들이 현재 국가의 지원에 의존하고 있는 상태에서 노후생활의 책임을 개인에게 돌린다면 노인들의 생활은 누가 책임져줄까요?

또한 우리나라의 노인빈곤율은 전체 노인인구의 45% 수준으로 OECD 회원국 평균보다 3배 높은 수준인데, 많은 노인들이 국민연금 또는 국가의 지원에 의존하고 있습니다. 이러한 상황에서 노후생활에 대한 책임을 개인에게 돌린다면 노인들의 버팀목이 되어주었던 국가의 지원이 끊기게 되고, 결국 상대측께서 주장하시는 경제 악화라는 부작용보다 더 큰 파장을 노인들의 생활에 불러올 것이라고 생각합니다.

마지막으로 상대측께서는 문제의 본질이라는 논거를 들며, 우리나라의 노후생활에 대한 인식에서도 노후의 일차적인 책임이 본인 혹은 배우자에게 있다는 응답이 높은 수치로 나온 것을 이야기하며, 결국 개인의 문제를 책임지는 최종적인 책임자는 개인이라고 하셨습니다. 결과적으로 자신의 인생에 대한 책임은 개인이 지는 것이라는 점에 대해 동의합니다. 하지만 과연 그러한 간단한 결론을 얻기 위해 오늘 토론이 이루어진 것일까요?

주제배경에서도 설명했듯이 오늘 주제의 문제의식은 저출산·고령화로 인해 노후생활에 대한 기존의 대책들이 의문시되는 과정에서 과연 그 책임을 누가 지느냐에 대한 것입니다. 특히 저출산·고령화 문제가 사실은 경제 양극화에서 비롯되었다는 것을 생각할 때 이 단계에서 개인에게만 책임을 지운다면 그 결과는 개인뿐만 아니라 공동체에까지도 파장을 일으킬 것입니다. 이런 상황에서 '결국에는 개인의 책임'이라는 말이 설득력을 가질지 의문입니다. 오히려 이기적이라는 평을 받지 않을까요?

그렇기 때문에 저희 반대팀은 상대팀께서 주장하시는 비현실성, 경제적 악화, 문제의 본질이라는 세 가지 논거에 대해 반대하며, 다시 한 번 〈노후생활에 대한 책임은 개인에게 있다〉라는 주제에 대하여 반대하는 바입니다. 감사합니다.”

●● 김다인 학생의 반박은 우수하다. 첫째, 퍼블릭 포럼 디베이트에서 요구하는 반박의 구조를 잘 구현하고 있다. 둘째, 상대팀의 의견을 잘 이해하고 있고, 우리팀과 어느 지점에서 의견을 달리하는지 잘 이해하고 있다. 옥에 티라면……

첫 번째로, 반박의 결론 부분의 양이 조금 적다. 우리팀의 보충설명 등을 통해 서론 – 본론 – 결론의 분량이 균형을 이룰 수 있도록 하면 더 좋겠다. 두 번째로, 리서치를 열심히 한 흔적이 여기저기 보이는데 출처를 제시하지 않은 경우가 있다. 이러면 리서치한 노력이 반감된다. 항상 출처를 명확히 밝히도록 하자.

• 나중 발언팀(찬성) 2의 **반박** ｜4분｜

이어서 나중 발언팀(찬성) 2의 반박이다. 찬성팀 반박을 맡은 박수연 학생이 연단에 서서 발언을 시작한다.

김다인 ｜ 반대 2　　　고담윤 ｜ 반대 1　　　임지윤 ｜ 찬성 1　　　박수연 ｜ 찬성 2

다음은 박수연 학생의 찬성팀 반박 발언 요지다.

반박에서는 논거에 대한 반박 외에도 상대방 입안의 주제배경, 용어정의, 주제해석 등에 대해서도 문제를 제기할 수 있다.

"안녕하십니까? 〈노후생활에 대한 책임은 개인에게 있다〉의 찬성팀 반박을 맡은 박수연입니다. 우선 상대팀의 논거에 대한 반박에 앞서 상대팀의 용어정의를 다시 한 번 짚고 넘어가겠습니다. 상대팀은 책임에 약간의 지원도 포함된다고 말씀하셨는데요. 만약에 이렇게 용어정의를 하게 된다면, 개인도 약간 책임을 진다는 점을 상대팀도 의식하고 있는 것으로 볼 수 있습니다. 그래서 〈노후생활에 대한 책임은 개인에게 있다〉라는 주제에서 저희팀에게 더 유리한 용어정의가 된다고 해석할 수 있습니다.

상대팀의 논거를 다시 한 번 짚고 넘어가자면, 첫 번째로 비현실성. 국민연금 사이트의 설문조사에 따르면 우리나라의 경우 국민연금에서 약 25~35%, 퇴직연금에서 약 15~25% 정도의 연금을 받게 된다고 하며, 소득대체율이 약 40~60%이므로, 우리나라의 국민들이 국민연금에 의지하고 있다고 말씀해주셨습니다. 그리고 두 번째로 헌법에서도 위 주제에 대하여 국가에 책임이 있음을 규정하고 있다고 말씀해주셨습니다. 그리고 세 번째로 불평등 완화의 효과가 있다, 연금에서의 소득재분배를 통해 사회의 불평등을 완화할 수 있다고 말씀해주셨습니다. 저희팀은 위 세 가지 논거에 대해 다 반대하는 바입니다.

우선 첫 번째로 상대팀은 국민연금 사이트의 설문조사를 예로 들어주셨는데요. 한 신문의 기사에 따르면, 한국은 노인의 근로사업 소득 비중이 49.9%로 절반에 달했습니다. 그러므로 상대팀이 주장하셨던 우리나라 국민들이 국민연금에 의지하고 있다는 것은 틀린 말이란 것을 알 수 있습니다. 게다가 2050년에는 노인인구 비율이 39%에 달하고 2100년에는 한반도 인구가 절반으로 준다고 합니다. 이로써 우리나라가 점점 노후생활을 책임지기 어렵게 되고 있다는 것을 알 수 있습니다. 이는 국민연금 재정추계위원회 자료를 통해서도 알 수 있습니다. 국민연금 재정추계위원회에 따르면 현재의 저출산·고령화 속도로 가면 2060년에 국민연금기금이 모두 고갈된다고 합니다. 따라서 현재 소득 대비 9% 수준인 생산가능인구의 국민연금 납입금을 30% 이상으로 늘려야 하는데, 사실상 이는 불가능합니다. 따라서 저희팀은 상대팀이 주장하는 비현실성보다 저희팀이 주장하는 비현실성이 더 심각한 문제라고 주장하는 바입니다.

그리고 두 번째로 헌법적 규정. 헌법에서도 이에 대한 국가의 책임을 규정하고 있다고 말씀해주시면서, 헌법 제10조 그리고 헌법 제34조 4항을 들어 주셨습니다. 하지만 이는 저희팀의 세 번째 논거로 반박할 수 있습니다. 결국 개인의 문제를 책임지는 최종적인 책임자는 개인이라는 것입니다. 그러므로 국가에는 조건에 따른 적절한 지원의 의무만이 있지 책임질 의무는 없습니다. 무엇인가 개인이 책임져야 할 부분을 공공부문에서 책임을 져야 한다면 오히려 우리 사회는 불평과 불만이 가득한 사회가 될 것입니다. 현실적으로 국가가 책임지는 것이 불가능한 상태에서 개인이 미리 준비한다면 오히려 밝은 미래가 가능할 것이라고 예상됩니다.

그리고 세 번째로 소득재분배 효과가 나타난다고 말씀해주셨는데요. 한 논문에 따르면 소득이 높을수록 미래세대로부터의 무료 보조금이라고 할 수 있는 순연금소득을 받는 혜택이 크다고 합니다. 따라서 보험료가 수지균형보험료에 가까운 수준으로 인상되기 전까지는 어떤 소득계층도 기여한 것보다 많은 것을 받을 수 있기 때문에 고소득계층에서 저소득계층으로, 근로자에서 자영자에게로 소득이전이 일어나는 것은 아니라고 합니다. 한마디로 연금을 통해 소득재분배의 효과를 기대하기는 어렵다는 것입니다.

그래서 저희팀은 상대팀의 비현실성, 헌법적 규정, 불평등 완화란 논거에 대해 (1) 우리팀의 비현실적인 측면이 훨씬 더 중요하다, (2) 지원의 의무만 있지 책임질 의무는 없다, (3) 실제로 소득재분배 효과가 나타나지 않는다는 이유를 들어 위 주제에 대해 다시 한 번 찬성하는 바입니다. 감사합니다.”

●● 박수연 학생의 반박은 우수하다. 첫째, 용어정의에서 지원과 책임의 문제가 오늘 주제를 이해하는 데 중요한 요소가 될 수 있다고 생각하여, 이 점을 반박 모두에서 명기하고 있다. 둘째, 상대방의 의견을 잘 이해하고 있고, 우리팀과 어느 지점에서 의견을 달리하는지 잘 이해하고 있다. 옥에 티라면…… .

역시 반박의 결론 부분의 양이 조금 적다. 우리팀의 보충설명 등을 통해 서론 – 본론 – 결론의 분량이 균형을 이룰 수 있도록 하면 좋겠다.

• 교차질의 │3분│

반박에 이어서 두 번째 교차질의가 진행된다. 두 번째 교차질의 역시 직전에 발언했던 두 사람, 즉 반박을 담당했던 발언자들이 참가한다. 이번에도 양팀의 발언자 두 사람은 교차질의를 진행하는 동안에 단상을 중심으로 양옆에 서 있어야 한다. 요령은 첫 번째 교차질의와 같다. 하지만 이미 한 차례 교차질의와 반박을 거친 상태이기 때문에, 질의응답도 이를 감안한 것이어야 한다. 주로 상대방 반박에 대한 교차질의가 이뤄진다. 이 교차질의 역시 3분간 진행한다.

이 순서에서 심판이 주의해야 할 것은 다음과 같다.

- 질문자가 상대팀의 주장을 잘 이해하고 있는가?
- 상대팀 반박의 허점을 잘 이해하고 있는가?
- 자기팀의 입장에서 상대팀의 반박에 대해 적절하게 재반박하고 있는가?
- 상대팀의 질문에 잘 대응하고 있는가?

교차질의에 앞서 반대팀에서 두 번째 준비시간 30초를 신청했다. 지금까지 쓴 준비시간을 포함하면 합계 1분이다.

반대팀의 준비시간 30초 신청에 따라, 두 팀 모두 서로 상의하고 있다.

김다인 | 반대 2　　　고담윤 | 반대 1　　　임지윤 | 찬성 1　　　박수연 | 찬성 2

준비시간이 끝나자, 김다인 학생과 박수연 학생이 연단에 나와 두 번째 교차질의를 시작한다.

김다인 학생과 박수연 학생이 교차질의를 하고 있다.

김다인 | 반대 2　　　　　　　　박수연 | 찬성 2

다음은 김다인 학생과 박수연 학생의 교차질의 발언 요지다.

교차질의는 항상 먼저 발언팀에서 첫 번째로 질문한다.

- **김다인 학생**: 상대측께서는 상대측이 주장한 비현실성이 더 크다고 하셨는데, 저희가 조사한 바에 따르면 OECD 사회통계지표에서 2000년대 중반을 기준으로 우리나라 65세 이상 노인들의 빈곤율이 45.1%로 거의 절반에 해당했습니다. 이는 복지가 잘 실천되고 있는 스웨덴의 6.1%와는 비교조차 되지 않는 수치인데요. 어찌해서 상대측의 비현실성이 더 고려할 만한 것이라고 생각하는지 말씀해주십시오.
- **박수연 학생**: 상대팀이 주장한 바에 따르면, 연금의 소득대체율이 40~60%라고 말씀하셨습니다. 맞습니까?
- **김다인 학생**: 예. 맞습니다.
- **박수연 학생**: 그럼 현재 노인들이 연금에 의지한다고 말씀해주셨는데, 이 자료에 따르면 연금의 소득대체율이 40~60%임에도 불구하고 노인의 빈곤율이 높다는 것인데 이는 연금의 문제점이 드러난 것이 아닙니까?
- **김다인 학생**: 그래서 저희가 주장하는 것은 40~60%가 되는데도 노인의 빈곤율이 이 정도라면, 현재 상대측에서 주장하시는 대로 노후생활에 대한 책임을 개인에게 돌린다면 이 연금마저 끊어지게 되어 노인의 빈곤율이 더 높아지게 될 것이라고 예측합니다.
- **박수연 학생**: 노인의 근로사업소득 비중이 거의 50%로 절반에 달합니다. 그리고 이와 같이 점점 노인의 일자리를 마련해간다면 이 정도의 수치는 가능할 것이라고 예상되고, 만약 연금에 사용되는 그 정도의 경제적인 측면을 다른 곳에 사용한다면 더 좋은 효과를 불러일으킬 수 있다고 생각합니다.
- **김다인 학생**: 하지만 상대측께서 연금의 소득대체율이 40~60%임에도 불구하고 우리나라 노인빈곤율이 세계적으로 높은 것을 본다면, 결국 노인들이 하는 근로사업 같은 것이 큰돈을 벌 수 있는 것이 아니라 소득이 매우 적은, 노후생활에 필요한 것을 충분히 충족시키지 못하는 일이라는 것을 의미한다고 생각합니다.
- **박수연 학생**: 소득대체율이 40~60%로 거의 절반이고요, 노인의 근로사업 비중도 거의 절반에 달합니다. 이는 둘이 거의 비슷한 것으로 노인의 근로소득

이 적다고는 말할 수 없다고 생각합니다. 다음 질문으로 넘어가겠습니다. 상대
팀께서 책임을 정의하실 때 약간의 지원도 포함한다고 하셨는데요. 이렇게 되
면 개인도 약간의 책임을 지므로 노후생활에 대한 책임은 개인에게 있다는 것
을 찬성하는 입장 아닙니까?

　• **김다인 학생**: 저희가 말씀드리고 싶은 것은 개인도 약간의 책임을 지긴 합니
다. 자신의 노후생활을 위해서 국가가 모든 것을 지원해줄 수는 없습니다. 하
지만 국가가 일부 지원해주는 것도 국가가 책임을 지는 것이라고 저희팀은 생
각합니다.

　• **박수연 학생**: 국가는 책임을 조금 지지만 어쨌든 결국 노후생활에 대한 근본
적인 책임자는 개인이라는 것에 동의하시는 것 아닙니까?

　• **김다인 학생**: 아니요. 저희는 궁극적으로 자신의 생활을 개인이 책임지는 것
은 옳다고 생각합니다. 저희도 동의하는 바입니다. 하지만 현재 고령화·저출산
의 문제는 경제 양극화에서 비롯된 것인데, 그것도 결국에는 개인이 책임지는
것에서 비롯된 것이라고 저희는 생각합니다."

이 대목에서 시간이 종료된다. 두 학생은 자리로 돌아간다.

　●● 두 학생의 공방이 오간 지점은 (1) 두 팀 모두 제기한 비현실성 중 어느
것이 더 중시되어야 하는지, (2) 국민연금의 소득대체율을 어떻게 해석해야 하
는지, (3) 지원을 책임이라고 이해해야 하는지, 아니면 단지 도움에 불과한 것
으로 이해해야 하는지에 관한 것이다. 질문 내용과 답변을 들어보면 두 학생은
오늘의 주제가 던지고 있는 문제의식을 잘 이해하고, 또 상대팀과 우리팀의 의
견 차이가 어디에서 벌어지는지 잘 이해하고 있다.

• 먼저 발언팀(반대) 1의 요약 │ 2분 │

이어서 퍼블릭 포럼 디베이트의 요약 발언(Summary Speeches) 순서다. 첫 번
째 입안을 담당했던 발언자가 다시 나와 이 순서를 진행한다. 발언 제한 시간
은 2분이다.

요약 순서에서 해야 할 발언 내용은 무엇일까? 우선 이 단계를 요약(Summar

y)이라고 부르는 것에 주목하자.

첫째, 이 단계부터는 새로운 논쟁거리를 제시하는 것이 금지된다. 이전에 제시한 주장에 대한 상대방 반박을 재반박하는 과정에서 새로운 증거나 사실, 의견을 말하는 것은 허용된다. 하지만 새로운 주장을 제시하는 것은 허용되지 않는다.

둘째, 요약을 단순한 반복이라고 생각해서는 안 된다. 요약 순서에는 시간이 단지 2분만 주어진다. 결국 이 순서를 통해 발언자는 오늘 진행된 디베이트를 입체적으로 이해하여, 주요한 쟁점을 중심으로 요약해서 정리하고, 불리한 점은 방어해야 한다. 그러면서 상대방의 약점을 효과적으로 드러내야 한다. 그러자면 토론 전반에 대한 요약도, 핵심쟁점 정리도 간략해야 한다.

학생들은 이 요약 순서를 제일 어려워한다. '디베이트를 입체적으로 이해하여 주요한 쟁점을 중심으로 정리해낸다.'라는 과제를 머리로는 쉽게 이해해도, 실제로는 따라 하기 힘들기 때문이다. 그래서 초보 디베이트 참가자들은 이 시간을 자신의 입안을 요약하든가, 자신의 반박을 요약하는 순서로 때운다. 하지만 이런 능력을 요구하는 순서라면 요약 순서를 따로 둘 필요가 없다. 이미 심판이나 디베이트 참가자들이나 요약 이전의 상황을 이해하고 있기 때문이다. 요약은 (1) 오늘 진행된 디베이트 전체를 대상으로, (2) 입체적으로 이해하여, (3) 주요한 쟁점을 중심으로 정리하는 순서라는 점을 기억하자.

똑똑한 학생도 이 요약 순서를 제대로 수행하려면 3개월 정도 시간이 걸리는 것 같다. 즉, 요약은 오르기 힘든 산과 같다. 하지만 이 산을 넘으면 광명이 펼쳐진다. 어떤 책을 읽더라도, 또 어떤 말을 듣더라도 이를 재빨리 입체적으로 정리해내는 능력이 생기기 때문이다. 간단히 말해 머리가 좋아진다. 이렇게 해서 좋아진 머리로 공부한다면 훨씬 빨리, 잘할 수 있을 것이다. 그러니 그 달콤한 결과를 기대하며 열심히 노력해보자.

이 순서에서 심판이 주의해야 할 것은 다음과 같다.

- 발언자가 오늘의 주요한 디베이트 쟁점을 제대로 파악하고 있는가?
- 주요한 쟁점을 중심으로 상대팀의 약점을 효과적으로 부각시키고, 자기팀의 장점을 강조하고 있는가?

동영상 시연으로 돌아간다. 먼저 발언팀(반대) 1의 요약을 맡은 고담윤 학생이 나와 발언을 시작한다.

고담윤 학생이 연단에 서서 반대팀 1의 요약 발언을 하고 있다. 발언 제한 시간은 2분이다.

김다인 | 반대 2　　　고담윤 | 반대 1　　　임지윤 | 찬성 1　　　박수연 | 찬성 2

다음은 고담윤 학생의 반대팀 요약 발언 요지다.

"안녕하십니까? 〈노후생활에 대한 책임은 개인에게 있다〉의 반대측 요약을 맡은 고담윤입니다. 먼저 이번 디베이트의 쟁점에는 총 두 가지가 있었습니다. 첫 번째 지원과 책임, 두 번째 비현실성에 관한 이야기입니다.

첫째, 지원과 책임입니다. 상대방께서는 약간의 지원도 책임이 아니라고 말씀해주셨습니다. 하지만 저희가 용어정의에서 말씀드렸듯이 어떤 일에 대한 의무 또는 지원도 책임에 포함된다고 정의한 바 있습니다. 헌법 제34조 4항 '국가는 노인과 청소년의 복지 향상을 위한 정책을 실시할 의무를 진다.' 여기서도 볼 수 있듯이 헌법에서도 노후생활을 국가가 책임질 의무가 있다고 말하고 있습니다. 이것은 지원도 곧 책임에 포함된다는 뜻이라고 말할 수 있습니다.

둘째, 비현실성입니다. 상대방은 연금이 고갈될 것이라고 말씀해주시면서 이런 연금제도는 비현실적이라고 말씀하셨습니다. 하지만 이에 대해서는 충분한 대안책이 있습니다. 1988년 연금을 평균소득의 70%에서 60%로 낮추고, 또 60세에서 65세로 올리는 등 많은 개혁안들이 제시되어 결국 고갈시점을 2060

퍼블릭 포럼 디베이트의 다섯 번째 순서인 요약(Summary)은 첫 번째 토론자가 발언한다. (1)오늘 진행된 디베이트 내용 전체를 대상으로, (2)입체적으로 이해하여, (3)주요한 쟁점을 중심으로 정리하는 순서다.
요약에서는 오늘의 쟁점을 소개하면서 우리팀이 왜 더 옳은지를 설명한다.

년으로 늘렸습니다. 이런 개혁안들을 계속 반복한다면 이런 연금제도의 문제
는 충분히 해결가능하다고 말씀드리고 싶습니다. 또 상대방의 주장은 저희측
비현실성을 전혀 고려하지 않은 것입니다. 지금의 연금의 소득대체율은 40%
에서 많게는 60%라고 합니다. 하지만 연금이 사라지게 된다면 더 큰 부작용이
생길 것입니다. 상대팀의 자료인 베를린 리포트에서 독일에서는 연금 때문에
세금 800억 유로가 든다고 하셨습니다. 하지만 아직 연금제도를 폐지하지 않
는 것을 보면 이런 연금제도가 얼마나 가치 있는 것인지 알 수 있어 저희측의
근거가 될 수 있다고 생각합니다. 감사합니다.”

●● 고담윤 학생의 요약은 우수하다. 그 이유는 첫째, 오늘 디베이트에서의
쟁점을 찾아내려고 노력했을뿐더러 둘째, 그 쟁점별로 상대방의 허점과 우리
팀의 장점을 효과적으로 드러내려고 애썼기 때문이다. 고담윤 학생은 오늘의
쟁점을 (1) 지원과 책임이라는 용어정의의 문제, (2) 같은 비현실성끼리 충돌
했을 때 어느 것을 우선시해야 할 것인지로 파악하고 있다.

• 나중 발언팀(찬성) 1의 요약 ｜2분｜

찬성팀의 요약에 앞서 찬성팀에서 첫 번째 준비시간을 1분 신청한다.

찬성팀의 준비시간 1분 신청에 따라, 두 팀 모두 서로 상의하고 있다.

김다인 ｜ 반대 2　　고담윤 ｜ 반대 1　　임지윤 ｜ 찬성 1　　박수연 ｜ 찬성 2

준비시간이 종료된다. 찬성팀 1의 요약 발언을 맡은 임지윤 학생이 연단에 나와 발언을 시작한다.

임지윤 학생이 연단에 서서 찬성팀 1의 요약 발언을 하고 있다. 발언 제한 시간은 2분이다.

김다인 | 반대 2   고담윤 | 반대 1   임지윤 | 찬성 1   박수연 | 찬성 2

다음은 임지윤 학생의 찬성팀 요약 발언 요지다.

"안녕하십니까? 〈노후생활에 대한 책임은 개인에게 있다〉의 찬성측 요약을 맡은 임지윤입니다. 먼저 양쪽 논거를 짚고 넘어가도록 하겠습니다. 상대팀께서는 비현실성, 헌법적 규정, 불평등 완화의 세 가지를 논거로 들었고, 저희팀에서는 비현실성, 경제적 악화, 문제의 본질의 세 가지를 들어 찬성하였습니다. 저희팀은 오늘 디베이트의 쟁점을 비현실성과 지원과 책임의 차이라고 생각합니다. 비현실성에 대해 각 팀은 첫 번째 논거로 들었고, 중요성을 강조했습니다. 상대팀께서는 노인들이 노후생활을 책임질 경우 일어나는 부작용과 비현실성에 대해 말씀하셨고, 저희팀에서는 국가가 노후생활을 책임질 경우 생기는 비현실성을 강조하였습니다. 그러나 이에 대해서는 저희팀이 첫 번째 논거에서 충분히 말씀드린 바가 있습니다. 상대팀께서는 여러 대책과 이론을 들어 충분히 극복할 수 있는 문제라고 말씀하셨지만, 그 구체적 근거가 없었을뿐더러 저희는 이미 비리를 강조한 바가 있습니다. 나라의 경제적 측면을 봐야 합니다. 이론과 대책이 모두 채택되지 않는다는 것을 상대팀께서는 전혀 고려하지 못하고 계십니다. 상대팀께서는 사회의 상황을 수용하지 못하고 경제적인 측면을 바라보지 않아서 이번 논제에 대해서 일반화의 오류를 갖고 있다고 생각합니다.

두 번째로 상대팀께서는 일부 지원도 책임이라고 하시면서 국가가 일부를 지원한다면 이는 책임이라는 그런 논리를 펼치셨는데요. 그렇다면 이런 논리를 국가에만 적용해야 할까요? 그건 아닙니다. 이러한 논리를 개인에게 적용한다면 개인이 자신의 노후를 위해 준비하고 충분히 저축한 바가 오히려 책임이 될 수 있는 것 아닙니까? 이러한 논거는 오히려 저희팀의 논거로 쓸 수 있으며, 이런 것들을 통해서 저희팀의 우수성을 강조하는 바입니다. 감사합니다."

●● 임지윤 학생의 요약 역시 우수하다. 그 이유는 첫째, 오늘 디베이트에서의 쟁점을 찾아내려고 노력했을뿐더러, 둘째, 그 쟁점별로 상대팀의 허점과 우리팀의 장점을 효과적으로 드러내려고 애썼기 때문이다. 임지윤 학생은 오늘의 쟁점을 (1) 같은 비현실성끼리 충돌했을 때 어느 것을 우선시해야 할 것인지, (2) 지원과 책임이라는 용어정의의 문제로 파악하고 있다. 그러니까 반대팀이나 찬성팀이나 오늘의 쟁점을 유사하게 파악하고 있다.

• 전원 교차질의 |3분|

요약 다음 순서는 전원 교차질의(Grand Cross Fire)다. 교차질의 앞에 전원이란 말이 붙었다. 이 순서에서는 네 명의 토론자가 모두 질의응답의 발언권을 가진다. 참가한 디베이트 참가자 모두가 서서 교차질의하면 심판과 청중이 보기에 번잡할 것이다. 그래서 전원 교차질의는 이전의 교차질의와는 달리, 착석한 상태에서 심판과 청중을 향하여 발언한다. 전원 교차질의도 3분간 진행한다.

이 순서에서도 역시 먼저 발언팀 중의 한 명이 상대팀에게 첫 질문을 한다. 그 후, 모든 토론자가 서로 질문하고 답한다. 이 순서를 통해 양팀은 서로 동의하는 부분과 논쟁이 되는 쟁점을 찾기 위해 노력한다. 다음 순서인 마지막 초점을 염두에 두면서 상대팀의 가장 큰 허점을, 우리팀의 가장 큰 장점을 드러내기 위해 노력한다.

이 순서에서 심판이 주의해야 할 것은 다음과 같다.

- 참가자들이 오늘의 주요 쟁점을 잘 파악하고 있는가?

- 상대팀의 약점을 효과적으로 드러내고 있는가?

- 자기팀의 강점을 효과적으로 드러내고 있는가?

- 오늘 디베이트 주제의 핵심쟁점에 근접하고 있는가?

전원 교차질의에 앞서 반대팀에서 세 번째 준비시간 1분을 신청한다. 이로써 위에서 반대팀은 준비시간 2분을 모두 썼다.

반대팀의 준비시간 1분 신청에 따라, 두 팀 모두 서로 상의하고 있다.

김다인 | 반대 2　　고담윤 | 반대 1　　임지윤 | 찬성 1　　박수연 | 찬성 2

준비시간이 종료된다. 참가 학생들이 전원 교차질의를 시작한다.

참가 학생 모두 자리에 앉아 전원 교차질의에 참여하고 있다.

김다인 | 반대 2　　고담윤 | 반대 1　　임지윤 | 찬성 1　　박수연 | 찬성 2

다음은 전원 교차질의 발언 요지다.

• **김다인 학생**: 상대측께서는 연금이 운영되는 과정에서 모두 이러한 이론들이 적용되지 않고 투명하지 않기 때문에 모순과 비리가 존재할 수 있다고 하셨는데, 이것은 단지 몇몇 뉴스나 기사만을 보고 성급한 일반화를 내리신 것 같습니다. 만약 현재 이렇게 정책들이 많은 과정에서 투명하지 않아 비리와 모순이 존재한다고 생각하신다면, 이것을 다른 정책에도 적용한다면 모든 정책들이 모두 비리와 모순이 있다고 생각하시는 것입니까?

• **임지윤 학생**: 그럼 그에 따라서 정직하게 얼마나 연금을 썼다는 자료가 있습니까?

• **김다인 학생**: 예?

• **임지윤 학생**: 그럼 정부가 얼마나 연금을 썼다는 그런 투명한 자료가 상대팀에게 있습니까?

• **김다인 학생**: 저희는 그것을 의미하는 바가 아니고, 상대팀께서 투명하지 않기 때문에 비리와 모순이 존재할 수 있다고 하셨습니다. 맞습니까?

• **임지윤 학생**: 예.

• **김다인 학생**: 하지만 투명하지 않아서 비리와 모순이 존재할 수 있다고 생각하신다면, 다른 여러 가지 정책들도 투명하지 않은, 현재 투명하지 않은 정책들이 많은데 그런 정책들에 모두 비리와 모순이 있다고 생각하십니까?

• **박수연 학생**: 그거 외에도 여러 가지 신문에 보도되고 하는 여러 가지 비리가 존재합니다. 다른 질문 하나 하겠습니다. 상대측께서 약간의 지원이 약간의 책임을 포함한다고 하셨는데, 이는 개인도 약간의 책임을 진다는 부분도 이미 상대팀도 인정하셨고, 그럼 이런 근거에 따른다면 노후생활에 대한 책임은 개인에게 있다는 것에 대해 찬성하시는 것 아닙니까?

• **김다인 학생**: 하지만 저희 자료를 보면, 우리나라 국민연금에서 약 25~35%, 퇴직연금에서 약 15~25% 정도 연금을 받는다고 가정한다면, 소득대체율이 40~60% 정도가 됩니다. 하지만 그렇기 때문에 우리나라 국민연금에서 지원해주는 정도가 너무 크고 개인이 저축하거나 또 퇴직연금을 받는 비율보다 우리나라 국민연금에서 지원해주는 것이 더 크기 때문에 국가가 책임을 져주는

부분이 더 크다고 생각합니다.

• **임지윤 학생**: 그것을 물어보는 것이 아니라, 용어정의에서 일정 지원을 하는 것만으로 책임이라고 하셨습니다. 그런데 어째서 이를 국가에만 적용하시는지 저희는 그것이 궁금합니다. 그러한 이론이 국가에만 적용되는 것이 아니라, 개인에게도 적용된다면 충분히 이 주제에 저희가 찬성한다고 하는 것에 동의하시는 것 아닙니까?

• **고담윤 학생**: 하지만 그것은 반대로 생각한다면 국가의…….

• **임지윤 학생**: 저희는 상대팀의 용어정의에 반박하는 것이고, 저희는 용어정의를 다르게 했기 때문에 저희팀 반대를 역반박할 수 없다고 생각합니다.

• **김다인 학생**: 하지만 상대팀께서 저희팀의 용어정의에 반박하는 말을 다시 한 번 이야기해주시겠습니까?

• **임지윤 학생**: 상대팀께서는 일정 지원을 받는 것만으로도 충분히 책임이라고 정의하셨습니다. 맞습니까?

• **김다인 학생, 고담윤 학생**: 예.

• **임지윤 학생**: 하지만 그 논리가 꼭 국가에만 적용되라는 법이 없지 않습니까?

• **김다인 학생**: 하지만 전체적으로 본다면 물론 개인도 일정 정도 책임을 져야 하긴 합니다. 그렇기 때문에 개인이 자신이 퇴직연금을 받은 것도 사용하고, 그렇게 하고 있는 것인데, 국가가 더 많은…….

이 대목에서 시간이 종료된다.

●● 오늘 전원 교차질의에서 양팀의 공방이 오간 지점은 (1) 국민연금의 투명성 이슈, (2) 지원을 책임이라고 이해해야 하는지, 아니면 단지 도움에 불과한 것으로 이해해야 하는지에 관한 것이었다.

• 먼저 발언팀(반대) 2의 마지막 초점 │2분│

이제 퍼블릭 포럼 디베이트의 마지막 순서인 마지막 초점(Final Focus)이다. 이 순서는 두 번째 발언자가 진행한다.

여기에서 마지막이라고 하는 것은, 이 순서가 끝난 뒤 심판의 채점이 이뤄지기 때문이다. 그러니까 이 순서는 심판이 채점하기 직전 마지막으로 자기팀의 강조점을 설명할 수 있는 자리다. 결국 핵심이 되는 쟁점에 집중할 수밖에 없다. 그 쟁점과 관련하여 자기팀이 명확히 우위에 있고 상대팀이 허약함을 드러내야 한다. 또 그 쟁점이 오늘의 토론에서 가장 중요한 판단 기준이 되어야 함을 주장한다. 이런 훈련을 여러 차례 거듭하면서 참가 학생들은 어떠한 사안에서 가장 관건이 되는 이슈와 부차적인 이슈를 구별하는 안목을 기르게 된다. 판단을 할 때 가장 중시해야 하는 요인을 찾아내는 훈련을 하게 되는 것이다.

이 순서에서 심판이 주의해야 할 것은 다음과 같다.

- 발언자가 오늘의 핵심쟁점을 잘 이해하고 있는가?
- 자기팀의 핵심전략을 잘 이해하고 있는가?
- 이를 효과적으로 설명하고 있는가?

반대팀 2를 맡은 김다인 학생이 연단에 나와 마지막 초점 발언을 시작한다.

김다인 학생이 연단에 서서 반대팀 마지막 초점 발언을 하고 있다. 발언 제한 시간은 2분이다.

김다인 | 반대 2　　　고담윤 | 반대 1　　　임지윤 | 찬성 1　　　박수연 | 찬성 2

다음은 김다인 학생의 반대팀 마지막 초점 발언 요지다.

"안녕하십니까? 〈노후생활에 대한 책임은 개인에게 있다〉의 반대측 마지막 초점을 맡은 김다인입니다.

농촌 노인 중 상당수는 자식 키우느라 논밭을 다 팔고 외지인이 소유한 농지를 빌려 소작을 합니다. 기껏 한 해 농사를 지어도 소작료 떼고 식량으로 쓰고, 조금 남는 것들을 팔아봐야 쓸 돈이 별로 없습니다. 그래서 농촌 노인들 중에는 정부가 매달 지급하는 기초노령연금이 생활비의 전부인 사람이 많습니다. 단독가구 기준 9만 6,800원으로 생계를 꾸리는 것입니다. 운문 1리라는 한 농촌 마을에는 주민 209명 중 65세 이상 노인이 52명인데, 이 중 90% 이상이 노령연금 외에 뚜렷한 수입이 없습니다. 가끔 품앗이를 다닌다는 운문 1리의 이원교 씨는 '노인연금이 없으면 한 달에 5만 원 정도 들어가는 약값을 낼 방법이 없다.'라고 하셨습니다.

이 이야기는 제정임 엮음의 《황혼길 서러워라》라는 책의 한 부분입니다. 이 이야기에서 알 수 있듯이 국가의 연금 또는 여러 복지지원에 크게 의존하는 노인들이 많습니다. 이러한 상황에서 노후생활에 대한 책임을 개인에게 돌린다면 노인들의 생활에 큰 파장을 불러올 것입니다. 노인들은 경제능력이 현저히 떨어질 뿐만 아니라 건강상태도 허약하여 스스로 자립할 능력이 거의 없습니다. 노후생활이 개인의 책임이라고 한다면 현재 국가에 크게 의존하고 있는 거의 대부분의 노인들은 어떻게 해야 할까요? 여러분이 나중에 노인이 되어서 국가로부터 아무런 지원도 받지 못하고, 힘든 노후생활을 보내게 된다고 해도 이번 주제에 대해 찬성하시겠습니까? 그렇기 때문에 저희팀은 이번 디베이트에서만큼은 청중들과 심판관님들께서 저희팀의 손을 들어 주실 것이라고 확신하며 비현실성, 헌법적 규정, 불평등 완화라는 세 가지 논거를 들어 〈노후생활에 대한 책임은 개인에게 있다〉라는 주제에 대하여 다시 한 번 반대하는 바입니다. 감사합니다."

●● 예상했던 대로 김다인 학생은 노후생활을 개인이 책임지는 것의 '비현실성'을 가장 중요한 논거로 제시했다. 적절하다. 핵심주장을 하기에 앞서 유인적 요소를 제기한 것도 설득력 있다.

• 나중 발언팀(찬성) 2의 **마지막 초점** │2분│

이어서 찬성팀의 마지막 초점 순서다. 이때 찬성팀에서 두 번째 준비시간 1분을 신청한다.

김다인 │ 반대 2　　　고담윤 │ 반대 1　　　　　임지윤 │ 찬성 1　　　박수연 │ 찬성 2

준비시간이 끝나고, 찬성팀 2의 마지막 초점 순서를 맡은 박수연 학생이 연단에 나와 발언을 시작한다.

김다인 │ 반대 2　　　고담윤 │ 반대 1　　　　　임지윤 │ 찬성 1　　　박수연 │ 찬성 2

다음은 박수연 학생의 찬성팀 마지막 초점 발언 요지다.

"안녕하십니까? 〈노후생활에 대한 책임은 개인에게 있다〉의 마지막 초점을 맡은 찬성팀 박수연입니다.

우선 만약에 저희가 삶을 만들 재료가 없는데, 삶을 만들 것인가 아닌가 하는 문제가 과연 필요할까요? 당연히 만들지 못하는 것이 아니겠습니까? 이처럼 노후생활을 책임질 여건이 없는데 국가가 노후생활을 책임질 것인가 말 것인가는 문제가 아니라고 생각합니다. 당연히 책임지지 못합니다. 국민연금 재정 추이에 의하면 현재의 저출산·고령화 속도로 가면 2060년에 국민연금기금이 모두 고갈된다고 합니다. 게다가 이는 연금 지급연령을 60세에서 65세로 늦추고, 2030년 이후 출산율을 지금보다 높은 2.18로 잡은 수치입니다. 2005년 기준으로 생산가능인구 7.9명당 노인 1명을 부양했으나, 2020년에는 4.6명, 2050년에는 1.4명이 노인 1명을 부양해야 합니다. 과연 이러한 상황에서 노후생활에 대한 책임이 국가에 있다는 것이 옳은 문제일까요? 기업은행의 개인연금은 2005년 12월 처음 시작해 올해 20조 원을 넘을 것으로 보이고, 주택연금은 지금까지 1,600건 정도의 가입 건수를 보였다고 합니다. 이렇듯 국민연금을 대체할 수 있는 수단은 많습니다. 꼭 굳이 국민연금을 강조해야 할 필요성이 있을까요? 저희팀은 완전한 연금의 폐지를 바라는 것이 아닙니다. 그저 국가에는 노후생활에 대한 책임이 있지 않고 노후생활에 대한 책임은 개인에게 있으니, 연금에 드는 비용을 줄이고 국민연금으로 사용되는 여러 가지 비용들을 줄이자는 것입니다. 이렇게 되면 노후생활에 대한 책임을 개인에게 묻는다고 해서 국가가 아예 지원을 하지 않는다고 너무 극단적으로 생각하지 않았으면 좋겠다고 생각합니다.

저희팀은 다시 한 번 비현실성, 경제적 악화, 본질적인 문제, 즉 어쨌든 개인의 문제는 개인이 책임져야 한다는 논거를 통해서 위 주제에 찬성하는 바입니다. 감사합니다."

●● 역시 예상했던 대로 박수연 학생은 노후생활을 국가가 책임지는 것의 '비현실성'을 가장 중요한 논거로 제시했다. 적절하다.

이제 모든 디베이트가 끝났다. 디베이트 참가자들은 서로 악수를 하고, 심판의 판정과 강평을 기다리게 된다. 심판은 누구의 손을 들어 줄 것인가?

이번 디베이트에서 한 가지 아쉬운 점이 있다면, 학생들이 이번 주제를 지나치게 한국에 국한해서 디베이트를 진행했다는 점이다. 정확히 따지고 보면 이번 주제에는 '한국에서는'이라는 제한이 없다. 즉, 세계적 차원에서의 문제로 다뤄야 했다는 뜻이다. 적어도 주제 해석 부분에서 이 부분이 거론되어야 했다.

4 동영상으로 보는 퍼블릭 포럼 디베이트의 실제 진행 ②

|주제| 장유유서는 현대에도 지켜야 할 덕목이다

이번 디베이트에 참여한 학생은 전혜린(역삼중2), 박상호(아현중2), 남유정(대청중2), 이지수(동신중2) 학생이다.

동전 던지기로 찬성/반대, 먼저/나중이 결정된다. 전혜린 학생과 박상호 학생이 먼저 발언팀(찬성), 남유정 학생과 이지수 학생이 나중 발언팀(반대)으로 결정된다. 먼저 발언팀(찬성)이 왼쪽에, 나중 발언팀(반대)이 오른쪽에 앉는다.

전혜린 | 찬성 2　　　박상호 | 찬성 1　　　남유정 | 반대 1　　　이지수 | 반대 2

• 먼저 발언팀(찬성) 1의 입안 |4분|

먼저 발언팀(찬성) 1의 입안을 맡은 박상호 학생이 나와 발언을 시작한다.

박상호 학생이 연단에 서서 찬성팀 입안 발언을 하고 있다. 발언 제한 시간은 4분이다.

전혜린 | 찬성 2   박상호 | 찬성 1   남유정 | 반대 1   이지수 | 반대 2

다음은 박상호 학생의 찬성팀 입안 발언 요지다.

퍼블릭 포럼 디베이트의 첫 번째 순서인 입안(Constructive Speech)은 해당 주제에 대한 우리팀의 입장이 왜 옳은지 3~4가지의 논거를 들어 설명하는 순서다.
입안은 퍼블릭 포럼 디베이트에서 첫 번째 순서를 차지한다. 그런 만큼 심판이나 청중에게 인상적인 메시지를 주는 것이 중요하다.
입안을 맡은 학생들은 대개 서론 - 본론 - 결론의 구조로 발언하는데, 본론에서 3~4가지의 논거를 제시한다.

"안녕하십니까? 이번 주제에 대해 찬성팀 입안을 맡은 박상호입니다. 조선시대의 시대적 배경이 가장 잘 드러난다고 알려진 《허생전》에는 허생이 도적들을 다시 풀어주며 자유롭게 살라고 할 때, '하루라도 먼저 난 사람을 한 숟갈이라도 더 먹이도록 해라.'라는 구절이 있습니다. 하루라도 먼저 난 사람을 한 숟갈이라도 더 먹이도록 하라는 이 구절은 장유유서가 유교가 국교였던 조선시대부터 우선되는 원칙이었다는 것을 뚜렷하게 보여줍니다.

유교의 삼강오륜 중 하나인 장유유서는 어른과 아이 사이, 그러니까 나이에 따라 나이가 더 많은 사람을 존중하자는 취지에서 만들어진 것입니다. 실제 사례에서는 대학에서의 N수생, 직장 연하 상사와의 대립 등이 있겠습니다. 노인생활이 논란이 되는 요즘, 장유유서의 개념은 고령화 사회에서의 65세 이상 노인의 직업, 노후생활 복지, 실버산업 등으로 확장되기도 합니다. 그런데 최근 이러한 장유유서가 글로벌화된 현대에는 적당치 않다고 하여 논란이 되고 있습니다.

저희는 장유유서를 '어른과 어린이 사이에는 차례와 질서가 있어야 하고, 나이나 그 사람의 덕에 의한 차이를 존중해야 할 필요가 있는 도덕적 당위'라 받아들이겠습니다. 추후에 중점적으로 말씀드리고 싶은 것은 여기서 '어른'이라는 단어와 '어린이'라는 단어에 관한 것입니다. 저희는 이번 주제를 '현대에도 나이 차에 따른 서열은 존중되어야 한다.'로 해석하겠습니다. 따라서 저희 찬성 측은 '나이 차이와 나이에 따른, 예로부터 지켜져온 연령적 질서는 존중되어야 한다.'라는 입장을 내세우겠습니다.

저희측은 도덕적 당위, 사회발전에 기여, 가족 간 우애 신장의 세 가지 근거를 들어 오늘의 주제에 찬성하는 바입니다.

첫째로, 도덕적 당위를 들 수 있습니다. 장유유서는 새로운 법을 제정하거나 제도를 만든다는 관점에서 나온 것이 아닙니다. 장유유서는 불문법입니다. 즉, 법적으로 규정되어 있는 것이 아니라 우리의 생활 습관에 배어 있는 것을 '장유유서'라 정의한 것입니다. 한국의 사회적 구조는 장유유서에 기초해, 더 나이 많은 사람이 더 많은 경력자일 것이라는 전제하에 이루어졌습니다. 회사 임금 구조, 사업, 승진에서도 밑바탕이 된 장유유서를 중요시 여기지 않게 된다면 대한민국 전체에 분란이 일어날 것입니다.

둘째로, 사회발전에 기여합니다. 장유유서란 어른과 어린이 사이의 차례와 질서를 뜻합니다. 경향신문의 오피니언 여성학 교수 정희진 씨는 단순한 숫자에 불과한 나이순이 아니라, '진짜 어른'이 누구인지 밝혀내는 덕순이라고 언급하셨습니다. 흔히 언급하는 '어른'의 사전적 정의는 나이상으로 미성년자를 넘어선 단계부터의 남성 지식인을 뜻합니다. 여기서 흔히 범죄자 등 사회구성원과 동등하지 못한 이들은 어른이라는 정의에서 제외되기 마련입니다. 또한 '어른'의 정의에서, '어른'이 되기 위해 정치나 위선의 가면을 쓰는 사람들 또한 제외됩니다. 이에서 알 수 있듯이 장유유서에서 존중받는 동시에 타인들이 따라야 하는 어른은, 나이가 미성년자가 아닌 동시에 성숙한 개인으로서 역할을 할 수 있는 사람입니다.

마지막으로 가족 간의 우애 신장을 들 수 있습니다. 요즘 가족들은 대부분이 여러 세대를 거쳐서 이루어진 가족입니다. 가족이란 가장 기본적인 사회단체로, 그 구성원들 역시 의도하지 않게 형성된 하나의 단체입니다. 그들의 모임에서 연장자급의 사람들은, 아예 자신을 존중해주는 느낌에 의해 기쁨을 느낀다고도 합니다.

장유유서는 사람들 사이의 서열을 기준으로 서로의 직급을 정하는 것과는 별개입니다. 단지 나이에 따른 신체적, 정신적 차이를 존중하고 서로를 이해하는 개념에서 생긴 것입니다. 가족에서 자신을 낳아주셨을뿐더러, 나이 차이도 많이 나는 부모님께 함부로 대하는 것 또한 장유유서의 가치를 중요시하지 않는 것입니다. 다른 나라, 문명화된 전 세계에서는 장유유서를 지킵니다. 이로 인해 세계의 일반적 질서와 가족 간의 믿음이 이루어질 수 있다고 생각합니다.

따라서 저희 찬성측은 〈장유유서는 현대에도 지켜야 할 덕목이다〉라는 주제에 대해 장유유서의 도덕적 당위, 사회발전에 기여, 가족 간 우애 신장의 세 가지 근거를 들어서 찬성합니다. 다시 한 번 상기드리고 싶은 점은 '진정한 어른', 즉 존경받을 만한 어른들 그리고 그보다 나이가 어린 사람들. 이들이 서로를 존중하며 이해하는 장유유서의 덕목은 현대에서 매우 중시되어야 한다는 점입니다. 감사합니다."

●● 박상호 학생의 입안문은 우수하다. 오늘의 주제를 잘 이해하고, 퍼블릭 포럼 디베이트 입안 순서에서 요구하는 구조를 잘 따라서 하고 있다. 결론에서는 마무리 효과문도 잘 쓰고 있다. 박상호 학생은 (1) 장유유서는 우리 생활 습관에 배어 있는 도덕적 당위다, (2) 장유유서는 사회발전에 기여한다, (3) 장유유서를 통해 가족 간의 우애가 신장된다는 점을 들어 찬성했다.

• 나중 발언팀(반대) 1의 입안 │4분│

이어 반대팀 1의 입안 순서다. 남유정 학생이 연단에 나와 발언을 시작한다.

남유정 학생이 연단에 서서 반대팀 입안 발언을 하고 있다. 발언 제한 시간은 4분이다.

전혜린 │찬성 2   박상호 │찬성 1   남유정 │반대 1   이지수 │반대 2

다음은 남유정 학생의 반대팀 입안 발언 요지다.

"안녕하십니까? 〈장유유서는 현대에도 지켜야 할 덕목이다〉의 반대측 입안을 맡은 남유정입니다.

10월 9일 오후 7시, 서울 종로에서 경기 의정부시로 향하는 노약자석이 가득 찬 상태인 지하철 1호선 열차였습니다. 한 노인이 일반석에 앉은 20대 남성의 머리를 우산으로 내리치는 사건이 발생하였습니다. 경찰 조사에서 이 씨는 '자리를 양보 안 하는 젊은 것이 싸가지가 없어 때렸다.'라고 진술했습니다. 경찰에 따르면 이 씨는 '지하철에 어른이 서 있으면 자리를 양보해야지.'라고 고함치다 최 씨가 쳐다보자 '뭘 째려보느냐?'라며 우산으로 때렸다고 합니다.

이렇게 나이가 많다는 이유만으로 아랫사람을 무시하는 경우가 종종 있습니다. 장유유서가 제1의 가치가 아니라 21세기 '매너 노인' 교육을 받아 요즘 시대에 따라 변하는 예의범절을 지켜야 한다는 말도 많이 나오고 있습니다. 장유유서가 현대에도 필요한 덕목인지 논란이 되고 있는 배경입니다.

장유유서란 2000년 전부터 내려온 유교의 기본 윤리로 오륜의 한 조목입니다. 그리고 연령적 질서를 확립하며, 사회적 관계에서는 어른을 공경하고 젊은이를 사랑하는 관계를 기본적으로 한 규범입니다. 이에 따라 저희팀은 이번 주제를 '장유유서는 변화한 약 2000년 후인 요즘 시대에도 지켜야 할 덕목이다.'라고 해석을 하였습니다.

하지만 저희팀은 약 2000년이 지난 지금, 장유유서를 사회적 덕목으로 유지하지 않아도 된다고 주장하면서 이에 반대합니다. 이에 대해 저희팀은 시대의 변화, 대안 가능성, 악용 가능성의 세 가지 논거를 들어 이번 주제에 반대하는 바입니다.

첫째, 시대의 변화입니다. 글로벌 시대라 부르는 21세기에는 과거의 윤리인 장유유서가 통하지 않습니다. 현재 우리나라는 고령 사회로 노인문제 해결과 복지실현이 중요해지면서 장유유서가 논란이 되기도 합니다. 고령사회로 진입함에 따라 실버산업도 중요해지고, 이로 인해 젊은 세대 간의 소통이 중요해지고 있습니다. 하지만 노인들이 일을 배우거나 다시 시작하는 과정에서 생소한 물건들, 예를 들어 첨단 기술이나 전자 기기들을 빈번히 사용하게 된 것입니다. 이에 익숙한 젊은이들에 반해 노인들은 어려움을 겪는데, 이 과정에서 자신의 위치와 아랫사람이 자신의 상사라는 인식 때문에 세대 간의 소통이 어려워지고 있습니다. 이것은 장유유서가 악용되어서이기도 하지만, 기본적인 이념이 연령적 질서를 확립한다는 장유유서의 의미 때문이기도 합니다. 그러므로 장유유서는 요즘 사회에서 여러 가지 어려움을 발생시키므로 현대에도 적용되기에는 무리가 있습니다.

둘째, 대안 가능성, 즉 장유유서를 대체할 수 있는 윤리의 가능성입니다. 원불교 대사전을 보면 장유유서의 목적 중 하나는 연령적 질서와 사회적 질서를 확립하기 위한 것임을 알 수 있습니다. 서양을 보면 유교윤리가 존재하지 않아도 사회적 질서가 잘 유지되고 있습니다. 저희팀은 윗사람과 아랫사람 사이에 차례가 존재한다는 것은 인정합니다. 그리고 장유유서의 본질도 필요하다고 생각합니다. 하지만 노인들을 공경하고 사회적 질서를 유지하기 위해서 현대에 꼭 장유유서라는 단어가 있어야 된다고 생각하지는 않습니다. 이를 대체할 수 있는 윤리가 존재한다는 것입니다.

셋째, 악용 가능성, 즉 장유유서를 악용할 가능성이 있습니다. 장유유서 등의 오륜을 좋게 보자면 예의범절을 지키고 사회적 질서를 유지하는 좋은 덕목들이라고 생각할 수 있습니다. 그러나 유교의 겉치레만이 강조되는 요즘 사회에서 아이들의 잘못을 막을 방법은 있어도, 어른들의 잘못은 막을 방법이 없는 현상이 일어날 가능성이 크다는 견해도 많이 나오고 있습니다. 처음 입안에서 말했던 사례에서도 볼 수 있듯이 어른들이 자신이 더 나이가 많다는 이유만으로 더 좋은 대우를 요구하고 아랫사람들을 무시하는 경우가 많이 발생하고 있습니다. 이러한 사회적 현상을 보아도 장유유서는 현대와 적합하지 않은 이념이라 볼 수 있습니다.

그러므로 저희팀은 위와 같이 시대의 변화, 장유유서의 대체 그리고 악용 사례의 세 가지의 논거로 이번 주제에 반대하는 바입니다. 여러분, 저희는 장유유서가 나쁘다고 주장하는 것이 아닙니다. 새로운 시대에는 새로운 윤리가 필요하다는 의미입니다. 경청해주셔서 감사합니다.”

●● 남유정 학생의 입안문은 우수하다. 오늘의 주제를 잘 이해하고, 퍼블릭 포럼 디베이트 입안 순서에서 요구하는 구조를 잘 따라서 하고 있다. 결론에서

는 마무리 효과문도 잘 쓰고 있다. 한 가지 특징적인 것은, '어른'에 대한 규정을 '존중받을 가치가 있는 성인'에 제한하고 있다는 점이다. 이는 상대팀과의 토론 과정에서 쟁점으로 부상할 가능성이 높다.

• 교차질의 │3분│

양팀의 입안이 끝났다. 입안 발언을 맡은 두 학생이 나와 교차질의를 시작한다.

박상호 학생과 남유정 학생이 나와서 교차질의를 하고 있다. 발언 제한 시간은 3분이다.

전혜린│찬성 2   박상호│찬성 1   남유정│반대 1   이지수│반대 2

다음은 박상호 학생과 남유정 학생의 교차질의 발언 요지다.

• **박상호 학생**: 우선 첫째로 상대측이 10월 9일 오후 7시 서울 종로에서 경기 의정부시로 향하는 노약자석에서 노인이 한 젊은이의 머리를 내리친 사건을 언급하신 것이 맞습니까?

• **남유정 학생**: 맞습니다.

• **박상호 학생**: 지하철에서 노인이 자리를 양보하지 않았다는 이유로 우산으로 내리친 사건의 출처와 연도가 궁금하고, 이런 것을 쓴 기자의 주관적인 요소가 충분히 들어갔을 가능성이 있다고 생각합니다.

• **남유정 학생**: 먼저 이 뉴스의 출처는 동아일보에서 2015년에 발생한 사건이고,

퍼블릭 포럼 디베이트에서 교차질의 순서는 가장 다이내믹한 순서다. 상대방의 발언을 들은 직후, 이에 대한 내용 확인 혹은 논리적 허점을 순발력 있게 짧은 질문으로 짚어 내야 하기 때문이다.

규칙은 한 가지다. 먼저 발언 팀의 발언자가 첫 번째로 질문한다는 것이다. 이에 대해 나중 발언 팀의 발언자가 답변한 이후부터는 어느 편이든 서로 질문하고 답할 수 있다. 교차질의는 3분간 진행한다.

이 사실은 모두 객관적인 사실로 주관적 의견이 들어가지 않았다고 생각합니다.

• **박상호 학생**: 다음 질문으로 넘어가겠습니다. 반대측에서 첫 번째 주장으로 시대의 변화를 든 것이 맞습니까?

• **남유정 학생**: 맞습니다.

• **박상호 학생**: 물론 시대의 변화에서 정보화 시대에 들어서서 젊은이들도 간접 경험이나 기기들을 통해서 충분히 정보가 많다는 것을 인정하지만, 노인들도 직접 경험이 많고 그에 따라서 순발력과 상황 대처 능력이 많을 수 있다고 생각합니다.

• **남유정 학생**: 저희가 말씀드리는 것은 국민들이 다시 일을 시작할 때 자신보다 어린 사람들이 자신보다 높은 위치에 있거나 자신의 상사가 될 수 있는데, 그렇게 되면 서로 간의 소통이 없어지고 불편한 것이 장유유서의 문제라고 생각하는 것입니다. 이제 저희측 질문하도록 하겠습니다. 상대측께서 세 번째 논거로 장유유서를 지키게 되면 가족 간의 관계가 좋아지고 서로 존중해주고 행복을 느낀다고 하셨습니다. 맞습니까?

• **박상호 학생**: 예.

• **남유정 학생**: 하지만 장유유서가 없는 서양에서도 가족 간의 관계가 좋고 나이 많은 사람들에 대해 무시하지 않습니다. 이에 대해 어떻게 생각하십니까?

• **박상호 학생**: 물론 서양에 장유유서란 단어가 없지만 그런 단어만 없을 뿐, 그런 생각과 사상은 이미 예전부터 내려오는 기본적인 덕목이고, 실제로 아프리카 속담 중에서도 노인 하나가 죽으면 도서관 하나가 사라진다는 속담이 있을 정도로 노인들의 경험이나 지식 같은 것을 도서관 하나에 비유하는데, 아프리카의 속담이기 때문에 서양에서도 충분히 적용될 수 있다고 생각합니다.

• **남유정 학생**: 하지만 서양에서 장유유서와 다른 것이 없고, 그런 기초적인 것은 어른 공경이지 장유유서가 아니라고 생각합니다.

• **박상호 학생**: 어른 공경이라는 말도 결국에는 장유유서의 기본적인 사상 중의 하나이기 때문에 충분히 장유유서의 한 부분이라고 볼 수 있을 것 같습니다.

• **남유정 학생**: 그리고 상대측에서 장유유서의 기본적인 뿌리가 지금 지켜지고 있다고 하셨는데, 장유유서의 기본적인 뿌리의 의미가 무엇입니까?

• **박상호 학생**: 장유유서는 기본적으로 연하자가 연장자를 존중하고 공경하는

것입니다.

- **남유정 학생**: 현대에서 어떻게 지켜지고 있습니까?

- **박상호 학생**: 저희 두 번째와 세 번째 논거에서 볼 수 있듯이, 여러 가지 가족 간의 우애를 지켜준다든가 그러한 것에서 볼 수 있다고 생각합니다.

이 대목에서 시간이 종료된다. 두 학생은 자리로 돌아간다.

●● 두 학생의 공방이 오간 지점은 (1) 유인적 요소에서 제시된 사건의 객관성/사실성 여부, (2) 시대의 변화가 장유유서에 영향을 미칠 수 있는지의 여부, (3) 어른 공경과 장유유서의 관계 등이다. 질문 내용과 답변을 들어보면 두 학생은 오늘의 주제가 던지는 문제의식을 잘 이해하고, 또 상대팀과 우리팀의 의견 차이가 어디서 벌어지는지 잘 이해를 하고 있다. 다만, 첫 번째 논란이 된 기사의 객관성/사실성 여부는 무리라는 판단이다.

• 먼저 발언팀(찬성) 2의 반박 |4분|

이어서 찬성팀의 반박이 시작된다. 찬성팀 2의 반박을 맡은 전혜린 학생이 연단에 나와 반박 발언을 시작한다.

전혜린 학생이 연단에 서서 찬성팀 2의 반박 발언을 하고 있다. 발언 제한 시간은 4분이다.

전혜린 | 찬성 2   박상호 | 찬성 1   남유정 | 반대 1   이지수 | 반대 2

다음은 전혜린 학생의 찬성팀 반박 발언 요지다.

"시작하겠습니다. 안녕하십니까? 〈장유유서는 현대에도 지켜야 할 덕목이다〉라는 주제에서 찬성팀 반박을 맡은 전혜린입니다.

상대측께서는 '장유유서는 변화한 약 2000년 후인 요즘 시대에도 지켜야 할 덕목이다.'라는 주제로 해석하셨고 이에 대해 상대측에서는 반대하며, 약 2000년이 지난 지금 장유유서를 사회적 덕목으로 유지하지 않아도 된다고 주장하셨습니다. 이에 따라 상대측께서는 세 가지 논거를 드셨는데, 저희는 이 세 가지 논거에 모두 동의할 수 없습니다.

첫 번째로 상대측께서는 첫 번째 논거에서 시대의 변화에 대해 언급하셨습니다. 상대측께서는 현재는 21세기이며, 유교가 맨 처음 시작되었던 조선시대와는 확연히 다르다는 점을 강조하셨습니다. 상대측께서는 노인들이 일을 배우거나 다시 시작하는 과정에서 생소한 물건들이 많이 생길 수 있다는 점 역시 강조하시며, 노인들은 일에서 많은 어려움을 겪는다고 하시면서, 상대적으로 노인보다 현재 태어나고 현재 더 그런 것들을 많이 접하고 있는 청춘들이 그런 것에는 더 익숙하다는 점을 강조했습니다.

저희는 이에 대해 상대측께서 전체적인 문제의 핵심을 파악하지 못하고 계신다는 점을 부각하고 싶습니다. 노인들이 다른 사람들보다 정말 알고 있는, 삶을 사는 데 정말 중요하고 그리고 많이 활용이 되는 그런 깨달음 같은 것에서는 더 오래 산 노인들을 다른 청춘, 그런 사람들이 따라갈 수 없다는 점을 강조드리고 싶습니다. 사람들이 살아오면서 각 상황을 어떻게 모면해야 되는지, 이런 상황에서는 어떻게 행동하는 것이 가장 자연스러운지 그런 것들을 잘 아는 것이 바로 노인들인데 이런 점을 간과한 것 같습니다. 또한 첫 번째 근거에서 상대측께서는 세대 간의 소통이 어려워지는 것이 장유유서가 악용되었기 때문이라며, 자신의 위치보다 높은 위치에 자신보다 어린 사람이 있는 것은 역시 사회 발전을 늦출 수 있다고 하셨는데, 이는 장유유서의 악용이라기보다는 장유유서의 오용이라는 것이 조금 더 어울리는 말이 아닐까 싶습니다.

또한, 두 번째로 상대측께서는 두 번째 논거에서 장유유서가 여러 방안으로 대체될 수 있다는 점을 강조하셨습니다. 상대측께서는 서양을 보면 유교윤리 자체가 존재하지 않음에도 불구하고 사회적 질서가 잘 유지되고 있으며, 사회 분위기 역시 장유유서가 따로 존재하지 않지만 순탄히 흘러가고 있다는 점을 말씀하셨습니다. 이에 대해 상대측께서 제대로 파악하지 못하고 있다고 저희팀이 생각하는 점은, 물론 유교에서는 오륜이 일부입니다. 유교에서 오륜이 비롯되었으며 그 오륜의 일부에 장유유서가 있습니다. 거기까지는 인정하겠습니다. 하지만 우리나라는 지금 유교를 지키고 있지 않고, 오히려 어떤 종교도 특별히 장려하고 있는 상태가 아닙니다. 이에 따라 말씀드리고 싶은 점은 장유유서가 유교의 일부라기보다는 유교가 장유유서의 일부라는 점입니다. 서양에는 유교가 지켜지고 있지 않지만 장유유서의 본질은 명확히 어느 사회에서든 드러나 있습니다. 앞에서 입안자까지 말씀하셨듯이 여러 나라에도 나이가 더 많은 사람을 존중해야 한다는 속담이 있듯이 모든 문화에서는 자신보다 나이가 많은 사람을 존중하고 나이 차이에 따른 서열을 존중하는 그런 문화들이 있습니다. 이런 면에서 상대측의 두 번째 논거는 적절하지 않다고 생각합니다.

마지막 세 번째, 세 번째 논거에서 상대측은 장유유서의 악용 사례가 지나치게 심하다고 하셨습니다. 특히 이 중에서 아이들이 잘못한 것을 막을 방법은 있어도 어른들의 잘못은 막을 방법이 없다는 현상이 일어날 가능성이 크다고 말씀하셨습니다. 이 내용은 특정한 출처가 정해지지 않은 곳에서 따온 것으로 보이며, 어른들의 잘못 역시 잘못으로 인정되는 것은 아무리 장유유서를 따르더라도 피할 수 없다는 점을 강조드리고 싶습니다. 왜 장유유서를 지킨다고 해서 어른들의 잘못은 제대로 부각되지 않는다고, 이렇게 불공평하게 이르는 것인지, 이것은 장유유서를 지나치게 부정적으로 바라보기 때문인 것 같은 생각이 듭니다. 또한 마지막으로 상대측께서는 장유유서를 현대와 적합하지 않은 이념이라고 말씀하셨는데, 이 말과 세 번째 악용사례는 큰 연관성이 없다는 것을 말씀드리고 싶습니다.

저희측은 다시 한 번 장유유서는 현대에도 지켜야 하는 덕목이라는 점을 강조드리고 싶습니다. 저희측은 시대의 변화, 장유유서의 대체, 악용 사례의 세 가지가 모두 부적절하다는 점을 강조드리고 싶습니다. 감사합니다.”

● ● 전혜린 학생의 반박은 우수하다. 첫째, 퍼블릭 포럼 디베이트에서 요구

세 번째 반박:
장유유서의 오용 가능성은 현실을 과장한 이해에서 비롯된 것이다.

하는 반박 순서의 구조를 잘 구현하고 있다. 둘째, 상대팀의 의견을 잘 이해하고 있고, 우리팀과 어느 지점에서 의견을 달리하는지 잘 이해하고 있다. 옥에 티라면······.

첫 번째로, 서론 부분에서 상대팀의 논거를 핵심어를 중심으로 정리해주는 것이 좋다. 두 번째로, 말을 할 때나 글을 쓸 때 중문과 복문 대신 단문을 쓰는 것이 좋다. 중문과 복문이 반복되면 청중 혹은 독자의 집중도가 떨어지고, 전달력도 약해진다.

• 나중 발언팀(반대) 2의 반박 │7분│

이어서 반대팀 2의 반박 순서다. 이때 반대팀에서 처음으로 준비시간 1분을 요청한다.

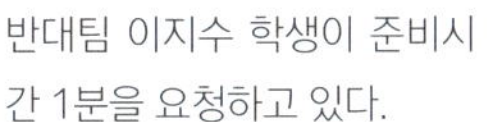

반대팀 이지수 학생이 준비시간 1분을 요청하고 있다.

전혜린 │ 찬성 2   박상호 │ 찬성 1   남유정 │ 반대 1   이지수 │ 반대 2

준비시간이 끝나고, 이지수 학생이 연단에 나와 반대팀 반박 발언을 시작한다.

이지수 학생이 연단에 서서 반대팀 2의 반박 발언을 하고 있다. 발언 제한 시간은 4분이다.

전혜린 | 찬성 2   박상호 | 찬성 1   남유정 | 반대 1   이지수 | 반대 2

다음은 이지수 학생의 반대팀 반박 발언 요지다.

"안녕하십니까? 〈장유유서는 현대에도 지켜야 할 덕목이다〉의 반대측 반박을 맡은 이지수라고 합니다.

우선 상대측께서는 유인적 요소로 조선시대 《허생전》을 예로 드셨습니다. 그리고 장유유서는 도덕적 당위이며 '어른'은 나이로 판단하는 것이 아닌 성숙한 개인으로서 역할을 할 수 있는 사람이라고 정의하셨습니다. 또한 장유유서는 사회발전을 이끌어왔으며, 가족 간의 우애를 지키기 위해서는 장유유서가 필요하다고 발언하셨습니다. 하지만 저희팀은 상대측의 주장에 모두 동의할 수 없습니다.

우선 《허생전》은 100년 전의 이야기이고 '하루라도 먼저 난 사람을 한 숟갈이라도 더 먹여라.'라는 이 구절은 노인 공경의 예로 받아들일 수도 있지만, 아랫사람을 무시하는 행위라고 생각할 수도 있습니다. 그러므로 이 유인적 요소는 저희팀에게 더 유리하게 작용될 수 있다고 생각합니다.

첫 번째 근거로, 장유유서는 도덕적 당위라고 말씀하셨습니다. 그리고 장유유서를 중요시 여기지 않게 된다면 사회가 혼란해진다고 하셨습니다. 하지만 장유유서를 대체할 수 있는 요소들은 많습니다. 노인 공경도 장유유서의 범위 안에 속하지만 의미가 다릅니다. 장유유서는 연령적 질서를 확립하는 것이지만,

첫 번째 반박:
장유유서를 대체할 윤리가 존재한다.

노인 공경은 노인을 보살펴주고 양로원을 설립하여 보호하며, 평생교육을 통해 노인들 스스로 자립을 할 수 있게 도와주는 것입니다. 이처럼 장유유서를 대체할 수 있는 유교윤리가 존재합니다. 또한 서양을 보면 유교윤리가 존재하지 않아도 사회적 질서가 잘 유지되고 있습니다. 그러므로 첫 번째 근거는 이번 주제에 부적절한 논리라고 볼 수 있습니다.

두 번째 근거로 장유유서는 사회발전을 이끌어왔다고 말씀해주셨습니다. 그리고 '어른'이라는 단어를 미성년자가 아니면서 올바른 판단을 할 수 있는 성숙한 개인이라고 정의하셨습니다. 이런 상대측의 주장은 어른이라는 범주를 축소시키고 현실을 무시한 발언이라고 볼 수 있습니다. 그리고 옛날에는 정보의 양이 한정되어 있었기 때문에 지혜와 덕, 생존을 위한 지식을 노인이 많이 알고 있었습니다. 하지만 현대에는 책을 읽어서 지혜와 지식을 얻을 수 있기 때문에 어른의 의미를 한정 짓는 것은 현대를 무시한 발언이라고 볼 수 있습니다. 그리고 성숙한 개인으로서의 어른은 올바른 판단을 할 수 있는 사람이므로 이런 사람의 의견을 따르면 사회발전을 가져올 수 있다고 하셨습니다. 하지만 경험만으로 우대하는 것은 젊은이들을 무시하는 행위라고 볼 수 있습니다. 그러므로 장유유서와 사회발전은 서로 관련이 없다고 볼 수 있겠습니다.

마지막으로 장유유서는 기본적인 사회단체인 가족 간의 유대감 형성과 유지에 필요하다고 하셨습니다. 앞에서 말씀드렸다시피 외국의 경우에는 장유유서가 없이도 가족과 사회유지가 잘된다는 것을 다시 한 번 강조드리고 싶습니다. 저희팀은 장유유서가 아예 없어져야 된다고 생각하진 않습니다. 장유유서의 본질은 어느 정도 필요하다고 생각하고, 그 어느 정도의 본질은 장유유서의 의미 중 하나인 노인 공경이라고 생각합니다. 하지만 나이 차이에 따른 질서와 서열이 존재한다는 것은 현대사회의 발전과 고령화로 인한 실버산업이 중요시되는 현대에서는 적합하지 않은 의미임을 알 수 있습니다.

악용 사례와 반대로 긍정적인 영향도 있다는 것은 저희도 압니다. 저희팀이 사례로 제시한 지하철 사건도 극단적인 사건이라고 볼 수도 있지만, 하지만 이런 문제는 밖으로 드러나 보이기 때문에 극단적인 사례로 보이는 것입니다. 장유유서는 젊은이뿐만 아니라 어른에게도 불편합니다. 2015년 '경기일보'에 따르면 노인들은 나이가 많다는 이유로 많은 책임을 져야 하고, 젊은 사람들이 자신을 어려워하는 현상 때문에 부담을 느낀다고 합니다. 나이가 많으면 젊은 사람들 입장에서는 한없이 어려운 존재입니다. 그런 인식 때문에 현대사회에서는 장유유서가 노인들에게도 피해를 준다고 볼 수 있습니다.

그러므로 장유유서는 21세기인 글로벌 시대에서는 통하지 않으며 장유유서를 대체할 수 있는 유교윤리가 존재하고, 악용 가능성, 악용 사례로 인하여 이번 주제에 반대하는 바입니다. 감사합니다.”

●● 이지수 학생의 반박은 우수하다. 첫째, 퍼블릭 포럼 디베이트에서 요구하는 반박의 구조를 잘 구현하고 있다. 둘째, 상대팀의 의견을 잘 이해하고 있고, 우리팀과 어느 지점에서 의견을 달리하는지 잘 이해하고 있다. 옥에 티라면…….

첫 번째로, 서론 부분에서 상대팀의 논거를 핵심어를 중심으로 정리해주는 것이 좋다. 두 번째로, 《허생전》에 대한 반박은 무리라는 판단이다.

• 교차질의 ┃3분┃

양팀의 반박이 끝나고 교차질의가 시작된다. 전혜린 학생과 이지수 학생이 연단에 나와 교차질의를 시작한다.

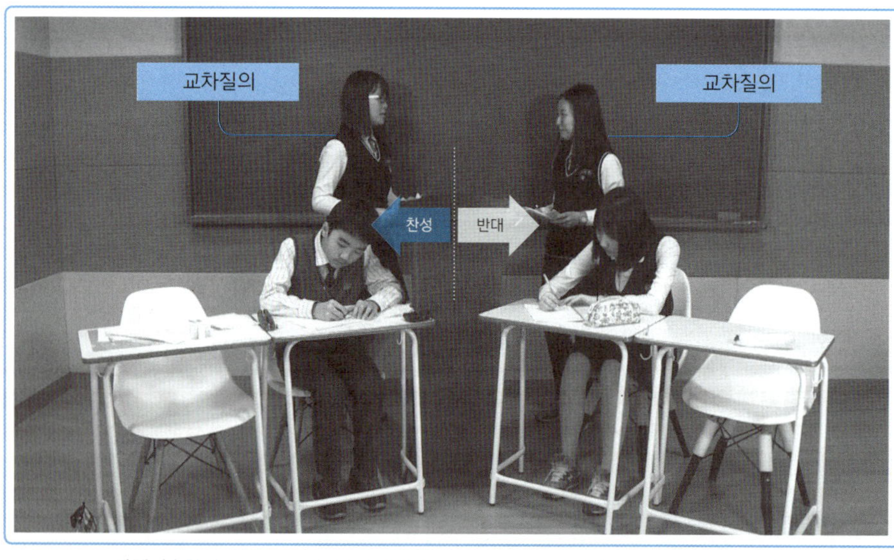

전혜린 학생과 이지수 학생이 나와서 교차질의를 하고 있다. 발언 제한 시간은 3분이다.

전혜린 ┃ 찬성 2   박상호 ┃ 찬성 1   남유정 ┃ 반대 1   이지수 ┃ 반대 2

다음은 전혜린 학생과 이지수 학생의 교차질의 발언 요지다.

- **전혜린 학생**: 시작하겠습니다. 우선 첫 번째로 상대측에서는 저희가 유인적 요소로 언급했던 《허생전》 이야기에 대해 언급하시면서 《허생전》은 100년 전 이야기이기 때문에 이번 주제에 적합하지 않다고 하신 것이 맞습니까?
- **이지수 학생**: 예, 맞습니다.
- **전혜린 학생**: 하지만 저희가 유인적 요소에서 여러분들께 더욱 부각시키고 싶었던 것은 예전부터 《허생전》에서 알 수 있듯이, 장유유서가 어떤 취지로 사람들에게 도입되기 시작했는지와 이렇게 조선시대에도 잘 도입되고 있었다는 것을 말씀드리고 싶은 것이지, 이걸 통해서 현대에도 지켜져야 한다는 것을 알려드리고 싶었던 것은 아닙니다.
- **이지수 학생**: 아까 말씀하신 그런 취지라는 것을 좀 더 설명해주실 수 있으십니까?
- **전혜린 학생**: 어떤 취지를 말씀하시는 겁니까?
- **이지수 학생**: 저희는 그런 취지를 말씀해주시지 않아서 아까 《허생전》의 예를 드시면서 그런 예로 장유유서가 시작되었다고 하셨는데 그런 예가 무엇인지?
- **전혜린 학생**: 예를 들면 항상 밥상머리에서 밥상머리 교육, 즉 자신보다 연장자부터 순서대로 밥을 들게 하시든가 아니면 항상 연장자분들에게 여러 가르침을 얻든가, 그런 것을 말하는 것입니다.
- **이지수 학생**: 저희가 질문드려도 되겠습니까?
- **전혜린 학생**: 예, 먼저 하세요.
- **이지수 학생**: 우선 윗사람과 아랫사람의 소통이 어려워진 이유를 그냥 세대 차이라고 말씀해주셨는데 그게 맞습니까?
- **전혜린 학생**: 예.
- **이지수 학생**: 그런데 이 이유가 장유유서 때문이라고 생각하시는데, 윗사람과 아랫사람의 소통이 어려워진 것은 장유유서의 기본 개념인 나이 차이에 따른 질서와 서열이 존재하기 때문이라고 저희는 생각합니다. 이에 대해 어떻게 생각하십니까?
- **전혜린 학생**: 장유유서라는 것이 사회를 책임진다고 하지만 오히려 그런 것

을 통해서 우리나라의 질서가 더 잘 유지된다고 볼 수 있습니다. 무조건 저희가 서양을 따라가야 한다는 것은 아닌 게, 서양에서는 물론 그런 장벽이 많이 허물어지고 나이 차이가 많이 나더라도 서로 친구처럼 지낼 수 있다는 점이 부각되는 것이 사실입니다. 하지만 그만큼 우리나라 같은 경우에도 우리만의 특성인 만큼 장유유서를 통해서 사람들 사이에 장벽이 살짝 있더라도 그런 점은 크게 문제가 되지 않는다는 점을 알려드리고 싶습니다.

- **이지수 학생**: 저희 질문을 또 드려도 되겠습니까?

- **전혜린 학생**: 예, 먼저 하세요.

- **이지수 학생**: 아까 입안자께서 교차질의할 때 장유유서의 기본적인 뿌리가 지켜지고 있다고 하고 그 기본적인 뿌리가 어른 공경이라고 하셨는데, 그런 어른 공경이라고 하시는 것은 장유유서의 기본적인 의미인 연령적 질서를 무시하시는 것 아닙니까?

- **전혜린 학생**: 왜 그렇게 생각하십니까?

- **이지수 학생**: 그 장유유서의 기본적 뿌리에는 연령적 질서를 확립한다는 의미도 있습니다. 하지만 무작정 노인 공경만을 생각한다면 장유유서의 기본적인 이념을 잘못 파악하셨다고 생각합니다.

- **전혜린 학생**: 그런 점에서는 상대측에서도 말씀하실 때 장유유서를 대체할 수 있는 원리로 노인 공경을 말씀하셨는데, 그런 점에서는 상대측도 노인 공경으로 축소해석하신 것으로 판단됩니다. 저희가 질문 일단 하나만 드리겠습니다. 상대측께서는 저희가 어른에 대해 축소 해석을 하셨다고 하시면서 현실을 무시했다고 하신 게 맞습니까?

- **이지수 학생**: 예, 맞습니다.

- **전혜린 학생**: 하지만 상식적으로 저희가 설명한 어른은 범죄자, 그런 비정상적인 생활을 하는 사람들을 제외하고 우리가 본받을 만한 성향이 있는 그런 모든 사람을 포함한 것입니다. 따라서 축소 해석이 아니라고 판단했습니다.

- **이지수 학생**: 저희가 이야기하고 싶은 것으로 공자의 예를 들겠습니다 공자는 사회적 이념을…….

이 대목에서 시간이 종료된다. 두 학생은 자리로 돌아간다.

●● 두 학생의 공방이 오간 지점은 (1) 유인적 요소에서 제시된 《허생전》의 타당성 여부, (2) 어른 공경과 장유유서의 관계 등이다. 질문 내용과 답변을 들어보면 두 학생은 오늘의 주제가 던지는 문제의식을 잘 이해하고, 또 상대팀과 우리팀의 의견 차이가 어디에서 벌어지는지 잘 이해하고 있다.

• 먼저 발언팀(찬성) 1의 요약 │2분│

이어서 요약 순서다. 찬성팀 1의 요약을 맡은 박상호 학생이 연단에 나와 요약 발언을 시작한다.

박상호 학생이 연단에 서서 찬성팀 1의 요약 발언을 하고 있다. 발언 제한 시간은 2분이다.

전혜린│찬성 2　　　박상호│찬성 1　　　남유정│반대 1　　이지수│반대 2

다음은 박상호 학생의 찬성팀 요약 발언 요지다.

퍼블릭 포럼 디베이트의 다섯 번째 순서인 요약(Summary)은 첫 번째 토론자가 발언한다. (1)오늘 진행된 디베이트 내용 전체를 대상으로, (2)입체적으로 이해하여, (3)주요한 쟁점을 중심으로 정리하는 순서다. 요약에서는 오늘의 쟁점을 소개하면서 우리팀이 왜 더 옳은지 설명한다.

"안녕하십니까? 이번 주제에 대해 찬성팀 요약을 맡은 박상호입니다. 먼저 첫째로, 지금까지 토론해왔던 내용을 바탕으로 양측의 주장을 정리해보겠습니다. 찬성팀은 첫째로 기본적인 우리나라의 근간이자 당위, 둘째로 사회의 발전, 마지막으로 가족 간의 우애와 질서 유지를 들었습니다. 그리고 반대팀은 첫째로 시대의 변화, 둘째로 장유유서의 대체 유무, 마지막으로 악용 사례를 들었습니다. 그 과정에서 저희측은 두 가지의 쟁점을 찾았습니다.

첫째로 찬성측은 장유유서는 영구적으로 지속되어야 할 가치라고 한 반면, 반대측은 장유유서가 과거에 한정 지어서 지속되어야 할 가치라고 주장하였습니다. 하지만 저희는 다음의 이유로 저희측의 주장이 더 옳다고 생각하는 바입니다. 그 이유로는 아무리 정보화 시대여서 젊은 사람들도 지식이 많다고 하지만, 아무래도 직접 경험이 더 많을 수밖에 없는 노인들의 순발력과 상황 대처 능력이 뛰어날 수밖에 없습니다. 또한 서양에서는 장유유서가 있지 않음에도 불구하고 사회질서가 잘 유지되고 있다고 하셨는데, 비록 장유유서라는 단어는 존재하지 않지만 어른과 연장자를 존경하는 것은 예로부터 기본적으로 지켜져 내려온 기본적인 덕목입니다. 특히 아무런 정보기기도 없었던 예전에는 경험과 지식이 많은 연장자를 따르고 존경하는 것이 당연했을지도 모릅니다. 그리고 그에 따라서 자연스럽게 그러한 문화가 정착되었을 수 있고, 그에 따라서 지금도 앞으로도 충분히 지켜질 수 있다고 생각합니다.

그리고 두 번째 쟁점으로 찬성팀은 장유유서는 사회적 발전을 가져오고 가족 간의 질서와 우애를 가져온다고 하여 찬성한 반면, 반대팀은 장유유서가 악용된 사례가 있어서 반대하였습니다. 하지만 저희는 이 주장 역시 저희측이 옳다고 생각합니다. 그 이유로는 물론 악용된 사례가 있을 수 있지만, 그러한 사례는 극소수에 달할뿐더러, 지금이라도 우리가 점점 노력해나간다면 충분히 그러한 악용 사례들을 줄여나갈 수 있습니다. 우리가 알려주고, 우리가 전파하고, 우리가 캠페인 등의 방법을 활용해서 전파해나간다면 악용 사례는 줄이고 효과는 증폭시킬 수 있을 것이라 생각합니다.

저희는 이번 토론에서의 쟁점을 시간과 장소의 한계, 좋은 효과와 악용 가능성. 이렇게 두 개로 잡았습니다. 그리고 이러한 이유로 인해 저희는 저희측의 주장이 맞다고 생각하는 바입니다. 감사합니다."

●● 박상호 학생의 요약은 우수하다. 그 이유는 첫째, 오늘 디베이트에서의 쟁점을 찾아내려고 노력했을뿐더러 둘째, 그 쟁점별로 상대팀의 허점과 우리 팀의 장점을 효과적으로 드러내려고 애썼기 때문이다. 박상호 학생은 오늘의 쟁점을 (1) 장유유서라는 가치의 본질에 대한 이해, (2) 장유유서의 효과와 부작용 중 무엇을 우선시할 것인지에 대한 문제로 파악하고 있다.

• 나중 발언팀(반대) 1의 **요약** │2분│

이어서 반대팀 1의 요약 순서다. 남유정 학생이 나와 발언을 시작한다.

남유정 학생이 연단에 서서 반대팀 요약 발언을 하고 있다. 발언 제한 시간은 2분이다.

전혜린 │찬성 2   박상호 │찬성 1   남유정 │반대 1   이지수 │반대 2

다음은 남유정 학생의 반대팀 요약 발언 요지다.

"안녕하십니까? 저는 〈장유유서는 현대에도 지켜야 할 덕목이다〉의 반대측 요약을 맡은 남유정입니다.

먼저 저희팀은 이번 주제에 대해 반대하는 이유로 세 가지 논거, 즉 시대의 변화, 대안 가능성 그리고 악용 가능성을 제시했습니다. 시대가 변화하면서 장유유서 때문에 세대 간에 소통이 어려워지고 있으며 여러 가지 어려움이 발생되고 있습니다. 또한 장유유서는 다른 윤리로 대체할 수 있는데, 장유유서라는 개념 자체가 없는 서양에서도 사회적 질서나 윗사람과 아랫사람 간에 차례가 잘 지켜지고 있습니다. 그렇기 때문에 장유유서란 단어가 꼭 필요하진 않다고 생각합니다. 마지막으로 많은 노인들이 장유유서를 악용하여 자신이 더 나이가 많다는 이유만으로 더 좋은 대우를 요구하고 어린 사람들을 무시하고 있습니다.

반면 찬성측께서는 세 가지 논거를 들어 이번 주제에 대해 찬성하였습니다. 먼저 장유유서는 도덕적 당위이기 때문에 장유유서를 없애면 대한민국 전체에

분란이 일어난다고 하셨습니다. 둘째로는 장유유서가 사회발전에 기여한다고 하셨는데 어른은 다른 사람들에게 존중받을 만한 성숙한 개인으로서 그런 사람들을 따르면 사회가 발전한다고 했습니다. 마지막 논거로는 가족 간 우애 신장을 들었는데, 서로 존중해주고 믿음을 이루면서 가족 간의 관계가 더욱 돈독해진다고 말씀하셨습니다.

저희팀은 이번 토론에서 두 가지 쟁점을 찾아낼 수 있었습니다. 첫 번째 쟁점은 바로 어른의 기준입니다. 상대측께서는 어른이 단순히 나이가 많은 성인이 아니라 존중할 만한 가치가 있고 잘 배운 성숙한 개인이라고 하셨습니다. 그러나 이는 기준이 불분명하며 현실적으로 구분하기 어렵습니다. 그래서 저희는 어른은 그냥 사전적 의미 그대로 나이가 많은 사람이라고 생각하는 바입니다. 두 번째 쟁점은 장유유서가 사회에 미치는 영향입니다. 찬성측에서는 장유유서가 사회발전에 기여하는 긍정적 영향을 미친다고 하셨습니다. 하지만 저희 측은 글로벌 시대와 고령사회로 진입하고 있는 요즘에 장유유서는 부적합하며 부정적인 영향을 더 많이 미친다고 생각합니다. 그래서 저희는 이런 이유로 이번 주제인 〈장유유서는 현대에도 지켜야 할 덕목이다〉에 반대하는 바입니다. 경청해주셔서 감사합니다.

●● 남유정 학생의 요약 역시 우수하다. 그 이유는 첫째, 오늘 디베이트에서의 쟁점을 찾아내려고 노력했을뿐더러 둘째, 그 쟁점별로 상대방의 허점과 우리팀의 장점을 효과적으로 드러내려고 애썼기 때문이다. 남유정 학생은 오늘의 쟁점을 (1) 어른에 대한 용어정의, (2) 장유유서의 효과에 대한 판단의 문제로 파악하고 있다. 한 가지 아쉬운 점은, 상대팀과 우리팀의 입장을 다시 한 번 요약하는 데 너무 많은 시간을 쓴 것이다. 이 부분은 없어도 좋다.

• 전원 교차질의 |3분|

이어서 전원 교차질의 시간이다. 모든 학생이 전원 교차질의에 참여하여 질문하고 답변한다.

전혜린 | 찬성 2   박상호 | 찬성 1   남유정 | 반대 1   이지수 | 반대 2

다음은 전원 교차질의 발언 요지다.

퍼블릭 포럼 디베이트의 여섯 번째 순서인 전원 교차질의(Grand Cross Fire)에는 토론자 전원이 참가한다. 따라서 다른 교차질의와는 달리 앉아서 진행한다. 이 순서 역시 다이내믹한 순서다. 상대방의 발언을 들은 직후, 이에 대한 내용 확인 혹은 논리적 허점을 순발력 있게 짧은 질문으로 짚어 내야 하기 때문이다.

규칙은 한 가지다. 먼저 발언팀의 발언자가 첫 번째로 질문한다는 것이다. 이에 대해 나중 발언팀의 발언자가 답변한 이후부터는 어느 편이든 서로 질문하고 답할 수 있다. 전원 교차질의는 3분간 진행한다.

• **전혜린 학생**: 저희 찬성측에서 반대쪽에게 질문 하나 드리겠습니다. 상대측 요약자께서 마지막으로 두 번째 근거에 대해서 말씀하실 때, 서양에서는 장유유서의 개념 자체가 없다고 발언하신 것이 맞습니까?

• **남유정 학생**: 맞습니다.

• **전혜린 학생**: 하지만 서양에서 개념이 없는 것이 아니라, 말씀드렸듯이 같은 언어가 다른 나라에 가면 다른 언어로 변환될 수 있듯 우리나라에서는 장유유서로 쓰이지만, 다른 나라에서는 그 본질은 그대로 있으면서 다른 언어로 쓰이는 그런 개념입니다. 장유유서는 법이 아니라 풍습이기 때문에 모든 나라에 다 있다는 것을 말씀드리고 싶습니다. 이에 대해 어떻게 생각하십니까?

• **남유정 학생**: 저는 그 풍습이 장유유서가 아니라 단순히 나이가 많은 사람을 공경하는 어른 공경이라고 말씀드리고 싶습니다.

• **이지수 학생**: 저희가 우선 먼저 질문드리겠습니다. 아프리카 속담을 아까 예로 드셨는데 노인이 죽으면 도서관이 사라지는 것과 같다고 발언하신 것이 맞습니까?

• **박상호 학생**: 예.

• **이지수 학생**: 그런데 이것은 저희가 생각하기에는 옛날을 한정적으로 본 현

상이라고 볼 수 있습니다. 왜냐하면 현대는 책을 읽어서 지혜와 지식을 얻을 수 있다고 생각하기 때문인데, 이에 대해서는 어떻게 생각하십니까?

• **박상호 학생**: 일단은 그 아프리카에 대한 속담이 정확한 시기가 그렇게 오래된 것이 아니라고 주장되는 바이고, 그에 따라서 고대 그리스의 속담에서도 동서고금을 불문하고 충분히 가치 있는 현상이라고 생각합니다.

• **이지수 학생**: 하지만 저희가 주장하고 싶은 것은 노인이라고 다 많은 지혜와 지식을 가지고 있는 것은 아니라는 점입니다.

• **전혜린 학생**: 맨 처음에 입안자께서 정리했듯이 어른이라는 것은 충분히 존경할 만한 사람이며 그만큼 가치를 가지신 분이기 때문에, 대부분의 어른들은 상황에 적당히 대처할 만한 묘안이나 그런 것들을 청춘들보다 충분히 더 숙지하고 있을 것으로 생각하고 있습니다.

• **이지수 학생**: 하지만 그런 현상은 저희가 생각하기에는 문제점을 직시하지 않고 이상적인 것만 추구하는 현상과 비슷하다고 생각합니다. 이런 주장은 현대사회에서 모순되게 나타날 수 있고 이런 의미는 현실적으로 불가능하다는 의미를 지니고 있습니다. 그 의미는 지금 상대측에서 주장하시는 '장유유서를 현재에도 지켜야 하면 많은 사회에서 문제가 일어난다'는 의미 아닙니까?

• **전혜린 학생**: 장유유서에서 저희가 존경할 만한 어른들을 존경하는 자체는 전혀 문제가 되지 않습니다. 사람들 사이에서 적당한 나이 차를 존중하고 그에 따른 차이에 따라서 사회가 전체적으로 운영되는 게 어떻게든 악용될 수 있겠지만, 또 다른 장유유서의 개념이 이것을 덮어줄 수 있다는 점을 강조드리고 싶습니다. 질문드리겠습니다. 다른 것, 드려도 되겠습니까? 상대측께서는 가족 간의 우애에 대해 말씀하시면서 서양에서는 장유유서가 없음에도 불구하고 가족 간 우애가 지켜진다고 발언한 것이 맞습니까?

• **남유정 학생**: 맞습니다.

• **전혜린 학생**: 저희가 마지막으로 가장 짚고 지나가고 싶은 점이 가족에 대한 것이었는데, 서양 같은 경우에 서로 존댓말을 쓰고 서양에서도 먼저 가장 나이…… 가장 먼저 태어나시고…….

이 대목에서 시간이 종료된다.

●●학생들 간에 공방이 오간 지점은 (1) 장유유서와 노인 공경과의 관계, (2) 어른에 대한 정의 등이다. 질문 내용과 답변을 들어보면 학생들은 오늘의 주제가 던지고 있는 문제의식을 잘 이해하고, 또 상대팀과 우리팀의 의견 차이가 어디에서 벌어지는지 잘 이해하고 있다.

• 먼저 발언팀(찬성) 2의 마지막 초점 | 2분 |

퍼블릭 포럼 디베이트의 마지막 순서인 마지막 초점이다. 이때 찬성팀 전혜린 학생이 준비시간 30초를 요청한다.

찬성팀 전혜린 학생이 준비시간 30초를 요청하여 두 팀 모두 준비시간을 갖고 있다.

전혜린 | 찬성 2   박상호 | 찬성 1   남유정 | 반대 1   이지수 | 반대 2

준비시간이 끝나고, 전혜린 학생이 연단에 나와 찬성팀 2의 마지막 초점 발언을 시작한다.

전혜린 학생이 연단에 서서 찬성팀 2의 마지막 초점 발언을 하고 있다. 발언 제한 시간은 2분이다.

전혜린 | 찬성 2　　　박상호 | 찬성 1　　　남유정 | 반대 1　　　이지수 | 반대 2

다음은 전혜린 학생의 찬성팀 마지막 초점 발언 요지다.

"시작하겠습니다. 안녕하십니까? 〈장유유서는 현대에도 지켜야 할 덕목이다〉라는 주제에서 찬성측의 마지막 초점을 맡은 전혜린입니다.

'노인 하나가 죽으면 도서관 하나가 눈앞에서 불타 없어지는 것과 같다'라는 속담을 들어보셨나요? 이 속담은 이전에 유럽의 식민지였던 아프리카에서 유래했습니다. 또한 '집안에 노인이 안 계시면 다른 집의 노인이라도 데려와 모셔라'라는 이 속담은 고대 그리스에서 비롯된 속담입니다.

동서고금을 막론하고 장유유서는 어떤 사회 그리고 문화에서든 항상 강조되어 왔습니다. 다른 나라에서는 장유유서라고 불리지 않을 수도 있습니다. 하지만 그 장유유서의 기본적인 본질은 어떤 나라에서든 그리고 어떤 경우에서든 항상 사람의 생활에 밑바탕이 돼왔습니다.

장유유서는 법이 아니라 풍습이며 모두가 항상 지켜야 할 당위입니다. 사람들은 노인을 단순한 공경의 대상을 넘어서 경륜으로서 의식합니다. 현재 삶을 더 오래 산 사람들이 상황에 대한 대처 방법도 지혜롭습니다. 우리보다 몇 배를 더 살고 많은 일을 겪은 사람들이 확연히 우리보다 더 지혜로운 선택을 하는 것은 당연합니다.

마지막으로 디베이트를 마치면서 저의 이야기를 장유유서와 관련해서 들려드

퍼블릭 포럼 디베이트의 일곱 번째 순서이자 마지막 순서인 마지막 초점(Final Focus)은 두 번째 토론자가 발언한다. 자기팀 발언 내용 중 가장 중요한 부분(=전략)을 심판과 청중에게 호소하는 순서다.

리려고 합니다. 이는 저뿐만이 아니라 여러분도 한 번씩 겪어보실 수 있고 충분히 공감하실 만한 상황입니다. 저희 어머니께서는 아파트에서 환경 미화원 아주머니나 경비원 할아버지들을 마주칠 때마다 인사를 하는 것은 그분들에 대한 최소한의 고마움의 표시라며 항상 꼬박꼬박 인사를 하십니다. 저희 어머니는 연세가 좀 많으신 아파트 단지 직원분들 사이에서도 꽤 안면이 있으신 분입니다. 그에 따라 저 그리고 제 친구들도 항상 그분들을 뵐 때마다 매번 꼬박꼬박 인사를 하는 습관을 가지게 되었습니다.

예의를 갖춰서 그분들을 대하자 그분들은 점점 보람 있어 하시면서 퇴직하고 나서도 60이 넘는 나이까지 이런 일을 하기 잘했다는 말을 자주 하십니다. 이런 경우에도 장유유서를 실천하시는 부모님을 따라 저 역시 장유유서를 실천하며 그분들에게 예의 갖춰서 행동함으로써, 긍정적인 분위기로 아파트를 이끌어나갈 수 있었습니다.

저희는 다시 한 번 장유유서는 꼭 지켜져야 한다는 점을 강조드리고 싶습니다. 감사합니다.”

●● 전혜린 학생은 장유유서를 시대와 장소를 뛰어넘는 가치로 해석하면서 ‘따라서 현대에도 지켜야 할 덕목이다.’라고 주장하고 있다. 뒷부분에서는 개인적인 경험을 들어 마무리 효과문으로 사용했다.

• 나중 발언팀(반대) 2의 **마지막 초점** ㅣ2분ㅣ

반대팀 2의 마지막 초점 순서다. 이지수 학생이 연단에 나와 반대팀 마지막 초점 발언을 하고 있다.

이지수 학생이 연단에 서서 반대팀 2의 마지막 초점 발언을 하고 있다. 발언 제한 시간은 2분이다.

전혜린 | 찬성 2   박상호 | 찬성 1   남유정 | 반대 1   이지수 | 반대 2

다음은 이지수 학생의 반대팀 마지막 초점 발언 요지다.

"안녕하십니까? 〈장유유서는 현대에도 지켜야 할 덕목이다〉의 반대측 마지막 초점을 맡은 이지수입니다.

여러분, 영화 '인턴'을 아십니까? 이 영화에서는 인턴에 합격한 70대와 30대 CEO가 친구처럼 지내는 장면이 나옵니다. 이게 가능한 이유는 서양에 나이를 따지지 않는 문화와 유(You)라는 호칭 문화가 자리 잡고 있기 때문입니다. 30대 인턴이 70대 인턴에게 '유'라고 해도 아무렇지도 않기 때문에 이 둘은 친구 관계가 될 수 있었습니다. 이것은 나이에 상관없이 누구나 친구가 될 수 있음을 보여주고 있습니다.

하지만 이런 일이 우리나라 혹은 유교윤리를 바탕으로 한 사회에서 일어난다면 어떨까요? 아마도 어린 것이 돈 밝힌다는 등 여러 불평불만과 비난을 늘어놓았을 것입니다. 이러한 현상이 일어나는 이유는 장유유서의 기본 개념인 연령적 질서를 확립한다는 의미 때문입니다. 이 장유유서 이념이 계속된다면 21세기 글로벌 시대, 지구촌 시대에 이러한 이념은 사회발전의 걸림돌이 될 수 있습니다. 특히 고령화 사회에서는 실버산업이 활성화되어야 합니다.

하지만 장유유서는 세대 간의 소통을 힘들게 만들 수 있다고 주장하는 바입니다. 반대로 노인들은 나이가 많기 때문에 부담스럽습니다. 나이가 많으면 젊은

이들의 입장에서는 한없이 어려운 존재라는 인식 때문에 현대사회에서는 노인들이 많은 부담감을 가지는 것을 볼 수 있습니다.

저희팀은 장유유서가 아예 사라져야 된다고 생각하지는 않습니다. 하지만 다른 유교윤리가 존재하고 우리는 지금 존댓말을 사용하여 인사를 하고 있습니다. 이것은 어른 공경, 노인 공경의 예의라고 생각합니다. 하지만 변화하는 사회아래, 2000년 전의 이념인 장유유서를 현대에도 계속 지켜나간다면 앞에서 말한 어려움들을 겪을 수 있습니다. 그러므로 저희팀은 장유유서는 현대와 맞지 않는 이념이라고 생각합니다. 그래서 또한 저희팀은 이번 주제에 반대하는 바입니다. 감사합니다.”

●● 예상했던 대로 이지수 학생은 글로벌 시대에 장유유서란 부적합한 가치이고, 따라서 다른 윤리로 대체해야 한다고 주장하고 있다. 다만, 실버산업을 언급한 것은 무리라는 판단이다.

이제 모든 디베이트가 끝났다. 디베이트 참가자들은 서로 악수를 하고, 심판의 판정과 강평을 기다리게 된다. 심판은 누구의 손을 들어 줄 것인가?

> 이번 디베이트에서 한 가지 아쉬운 점이 있다면, ‘전략의 비교’다. 학생들이 이번 주제를 좀 더 전략적으로 다루었더라면 좋았을 뻔했다. 디베이트를 하다보면, 논거와 그에 대한 반박 그리고 디베이트의 각 순서가 요구하는 바에 지나치게 매몰되는 경우가 많다. 그 결과 상대팀 전략과 우리팀 전략을 비교하는 것에 소홀해진다. 다르게 말하면 나무에 집중하느라 숲을 보지 못한다. 서로의 전략을 비교했다면 훨씬 멋진 디베이트가 되었을 것이다.

5 퍼블릭 포럼 디베이트 Q & A

퍼블릭 포럼 디베이트를 진행할 때 자주 마주치는 질문과 그 답변을 소개한다.

Q 꼭 동전 던지기로 찬반 및 선후를 갈라야 하나? 가위바위보로 하면 안 되나?

A 그에 대한 강제규정은 없다. 가위바위보로 해도 된다. 하지만 이건 일종의 전통이다. 나름 문화화되어 있는 부분이니 동전 던지기로 하되, 그래도 싫은 사람은 다른 방식을 택해도 된다.

Q 디베이트할 때 각 순서를 고지해주나?

A 그렇지 않다. 참가자가 알아서 순서를 진행해야 한다. 간혹 순서가 틀리는 경우가 있는데, 이때는 심판이 정정해준다. 하지만 감점 대상이다.

Q 리서치한 자료를 보여주면서 디베이트해도 되나?

A 예를 들어 통계자료를 표로 만들어 와서 보여주면서 이야기하는 경우도 있다. 이래도 좋다. 하지만 디베이트 대회는 논리의 대결을 중시한다. 프리젠테이션 대회가 아니기 때문이다. 보조자료를 써도 되지만, 디베이트는 논리의 대결을 보고자 하는 대회라는 점을 명심해야 한다. 극단적으로 말해서, 논리는 허술하게 처리하면서 준비물만 보여주면 좋은 점수를 받지 못할 것이다.

Q 그럴듯한 설명으로 가짜 통계를 인용했다면 어떻게 되나?

A 심판이 전지전능할 수는 없다. 그래서 그 자리에서는 먹힐 수도 있다. 하지만 이상할 경우 나중에 확인해본다. 그때 가짜라는 것이 드러나면 모든 상훈을 박탈하고, 향후 디베이트 대회 참가를 금지시킨다. 디베이트에는 '정직의 의무'라는 것이 있다. 디베이트에서 제시되는 자료들은 사실이어야 한다는 규정이다.

Q 입안을 할 때 꼭 3~4가지 논거를 들어야 하나? 2가지만 들면 안 되나? 혹은 5가지 넘게 들면 안 되나?

A 2가지만 들면 심판과 청중이 뭔가 허술하다고 느낄 것이다. 5가지가 넘으면 집중도가 떨어질 것이다. 심판과 청중에게 좋은 인상을 주려면 3~4가지가 적절하다.

Q 상대팀이 입안에서 용어정의를 할 때 자의적으로 제한하거나 확대 해석하는 경우가 있다. 이럴 때는 어떻게 해야 하나?

A 디베이트에서 이기려는 욕심에 용어정의를 할 때 자의적으로 제한하거나 확대 해석하는 경우가 있다. 주제를 자기 쪽에 유리하게 해석하는 것이다. 하지만 그러면 곧바로 교차질의나 반박에서 "상대방은 오늘의 주제와 핵심어를 자의적으로 해석하고 있다."라는 공격을 받을 수 있다. 그 공격을 심판과 청중이 맞다고 인정하면 좋은 점수를 받을 수 없다. 결과적으로 디베이트를 오래 한 학생들은 주제와 핵심어를 '상식적'인 선에서 해석하게 된다.

Q 발언 중 정해진 시간을 넘겼다. 어떻게 행동해야 하나?

A 원래는 그 자리에서 바로 멈추어야 한다. 그런데 '5초 이내 등 가장 빠른 시간 내에 정리한다.'라는 규정을 두는 대회도 있다. 이를 무시하면 디베이트에서 큰 실책이 된다.

Q 정해진 시간을 못 채웠다. 어떻게 감점되나?

A 자신에게 주어진 시간을 제대로 이용하지 못했으니 감점 대상이다. 하지만 구체적으로 어떻게 감점이 이뤄지는지에 대한 규정은 대회마다 다를 수 있다. 대회 규정을 확인해야 한다.

Q 우리팀이 정해진 시간을 못 채웠다. 그 시간만큼 다음 발언 순서에 더 발언해도 되나?

A 일단 발언이 끝나면 나중에 더 사용할 수 없다. 앞 순서의 발언자가 발언 시간을 못 채우고 연단을 떠났다면, 그다음 발언자가 바로 나와야 한다.

Q 반박에서 상대팀 입안 시 제시한 논거 중 일부를 반박하지 않았다. 어떤 일이 벌어지나?

A 심판과 상대방은 그 논거에 대해서만큼은 상대방의 의견에 동의한다고 간주한다. 그러니 가급적 조목조목 반박하는 것이 좋다.

Q 디베이트 발언 중 우리팀 학생과 상의해도 되나?

A 일단 연단에 나왔으면 가능하지 않다.

Q 혼자 연단에 서서 발언할 때 시선 처리는 어떻게 하는 게 좋나?

A 상대팀을 보면 안 된다. 눈은 심판과 청중을 향해야 한다. 심판과 청중의 눈을 지그재그로 맞추며 자신 있게 발언해야 한다.

Q 원고를 읽다시피 하고 있다. 감점 대상인가?

A 디베이트는 대회의 일종이다. 원고를 낭독하는 대회가 아니다. 원고에 지나치게 의존해서 발언하면 이는 감점 대상이다. 추천하는 방법은 손바닥만 한 메모카드에 요점을 적어 이것을 가끔 보면서, 하지만 주로 심판과 청중을 주시하며 발언하는 것이다.

Q 우리팀이 너무 잘해서 격려해주고 싶다. 박수를 보내도 좋은가?

A 안 된다. 경기에 영향을 주는 일은 삼가야 한다. 손가락으로 책상 위를 두들기는 방식으로, 그러니까 경기에 영향을 주지 않는 범위 내에서 격려의 의사를 전달해야 한다.

Q 꼭 입안을 맡은 사람이 요약을 맡고, 반박을 맡은 사람이 마지막 초점을 맡아야 하는가?

A 그렇다. 규정이다.

Q 교차질의 시 상대팀이 너무 질문을 길게 한다. 어떻게 처신하는 것이 좋은가?

A 이 디베이트를 보고 있는 심판과 청중의 마음을 헤아려보는 것이 좋다. 질문이 핵심 없이 길어진다면 심판도 지루해질 것이다. 이런 경우라면 "질문의 핵심이 무엇입니까?"라고 중간에 한 번 끊어주는 것이 좋다. 그래도 길어지면 "다시 묻습니다. 질문의 핵심이 무엇입니까?"라고 또 끊어주는 것이 좋다. 그대로 또 길어지면 "상대방에게 질문할 의사가 없는 것으로 간주하고 제 질문을 하겠습니다."라고 질문해도 좋다. 요는 교차질의의 정신을 지켜나가되, 예의를 지키면서 할 말은 하는 식이 좋다. 그러나 길지 않은 질문에 끊고 들어온다면 심판과 청중은 무례하다고 판단할 것이다.

Q 교차질의 시 상대팀이 연속해서 질문한다. 어떻게 해야 하는가?

A 답변하면서 질문으로 이어가는 기술을 익히면 된다.

Q 교차질의 시 너무 과열되었다. 심판이 개입해야 하나?

A 심판은 가급적 관여하지 말고 지켜봐야 한다. 물론 주먹다짐이 일어난다면 할 수 없이 개입해야 할 것이다. 가급적 지켜보기만 하되, 지나치게 문제가 커지면 개입할 수밖에 없다.

Q 입안, 반박, 요약, 마지막 초점 단계에서 연단에서 상대팀에게 질문해도 되나?

A 발언 중 "이렇게 한다면 우리 사회가 어떻게 되겠습니까?"라는 식으로 의문형을 쓸 때가 있다. 하지만 상대방의 답변을 듣기 위한 질문은 허용되지 않는다.

Q 상대팀 발언 시 우리팀 작전을 상의하고 싶다. 서로 대화해도 되나?

A 디베이트에서 배우는 가치는 상대방 존중의 자세다. 이는 경청하는 태도에서 드러난다. 상대방이 말할 때 이를 방해해서는 안 된다는 뜻이다. 가급적 필담으로 의견을 주고받아야 한다. 중요한 것은 상대방 발언을 방해해서는 안 된다는 것이다.

Q 상대팀이 준비시간을 신청했다. 우리팀은 그 시간에 어떻게 해야 하나?

A 우리팀도 그 시간을 이용해서 준비한다. 농구에서 상대팀이 타임을 불렀을 때 우리팀도 모여 작전을 짜는 것과 같다고 생각하면 된다.

Q 발언 시 시계를 휴대해도 되나?

A 숙련된 디베이트 참가자들은 초시계를 휴대하고 이를 보면서 한다. 이때 시계에는 시계 기능만 있어야 한다. 검색 기능이 있는 스마트폰 휴대는 금지된다.

Q 디베이트 현장에 노트북 휴대가 가능한가?

A 디베이트 현장에서 노트북은 이용할 수 없다. 디베이트가 시작되기 전 노트북 등 전자기기의 전원을 끄고 가방에 넣어야 한다. 책상 위에는 노트와 자료, 필기도구만 있어야 한다.

03

의회식 디베이트의 진행

Parliamentary Debate

- 디베이트 기본 형식 이해하기
- 퍼블릭 포럼 디베이트의 진행
- 의회식 디베이트의 진행
- 링컨 더글러스 디베이트의 진행
- 팔리시 디베이트의 진행

의회식 디베이트는 가장 오래된 디베이트 형식 중 하나다. 영국 의회, 정확하게는 영국 하원의 활동을 모델로 만든 디베이트 형식이다. 의회식 디베이트 형식은 이후 세계 각지로 퍼져나갔는데, 그 과정에서 변형이 생겨 참가 인원과 순서가 조금 달라졌다. 이 책에서는 미국에서 진행되는 의회식 디베이트를 모델로 진행한다. 따라서 한국에서 진행되는 의회식 디베이트와는 차이가 있을 수 있다.

1   의회식 디베이트의 개괄

2   의회식 디베이트의 진행 순서와 특징

3   동영상으로 보는 의회식 디베이트의 실제 진행 ❶

4   동영상으로 보는 의회식 디베이트의 실제 진행 ❷

5   의회식 디베이트 Q & A

1 의회식 디베이트의 개괄

의회식 디베이트 형식은 영국 의회의 활동에 기원을 두었기 때문에 의회식 디베이트(Parliamentary Debate)라고 부른다. 특히 영국 하원이 모델이다.

원래는 의회에서 진행되던 이 디베이트가 아카데믹 디베이트의 일종으로 학교에 들어온 것은 1820년대부터로 알려져 있다. 영국의 옥스퍼드 대학과 케임브리지 대학의 학생들이 처음 시작했다고 한다. 미국에서는 1921년 미국 대학생들과 영국 대학생들이 교류하면서부터 시작되었다. 이처럼 의회식 디베이트는 주로 대학생들이 활용하던 디베이트 형식이지만, 지금은 고등학생들에게도 확산되고 있다.

의회식 디베이트는 영국을 떠나 다른 나라로 전파되는 과정에서 여러 차례 변형됐다. 그러다 보니 기존 디베이트 형식 중에서 가장 변종이 많은 디베이트이기도 하다.

의회에서의 활동을 모델로 했기 때문에, 의회식 디베이트에서의 찬성팀과 반대팀은 각각 정부팀(Government Team)과 야당팀(Opposition Team)으로 불린다. 각 팀은 두 명으로 구성되는데, 정부팀은 총리(Prime Minister, PM)와 정부 각료(Member of the Government, MG)로, 야당팀은 야당 대표(Leader of the Opposition, LO)와 야당 당원(Member of the Opposition, MO)으로 역할이 구분된다.

그동안 의회식 디베이트의 주제로 제시된 것들을 살펴봐도 의회식 디베이트의 특징이 잘 드러나 있음을 알 수 있다.

- 엘리트만이 국정을 성공적으로 운영할 수 있다(This House believes that only

the elite can truly successfully manage national affairs)

- 국가와 교회는 분리되어야 한다(This House believes in the separation of church and state)

- 평화를 위해 무력을 사용해야 한다(This House would use force to make peace)

- 베를린 장벽을 다시 세워야 한다(This House would rebuild the Berlin Wall)

위의 주제 중 영어로 된 부분을 보면 모두 This House would…… 혹은 This House believes……로 시작한다는 특징이 있다. 여기에서 This House 는 구체적으로 하원을 뜻하며, 'We in this room(=이 방에 있는 우리들은)'이라는 의미로 이해하면 된다.

의회식 디베이트의 가장 큰 특징은 주제가 대회 직전에 주어진다는 점이다. 디베이트 참가 학생들은 대회장에 도착해서야 주제를 알 수 있다. 이 특징으로 인해 여러 가지가 파생된다. 우선 이 디베이트는 사전에 주제를 알 수 없으므로 미리 준비를 할 수 없다. 결국 평소 다양한 상식과 이슈를 접해본 학생들, 디베이트를 충분히 연습해본 학생들, 순발력 있는 학생들에게 유리하다. 거꾸로 말하면, 처음 디베이트를 접하거나 세상 돌아가는 일에 관한 상식이 부족한 학생들에게는 어려운 디베이트다.

다음으로 이 디베이트는 참가 학생들의 디베이트 기량이 비교적 정확하게 드러난다는 장점이 있다. 사전에 준비가 가능한 디베이트 형식의 경우에는 디베이트 경험이 많은 코치나 선배의 도움을 받을 수 있어서, 참가 학생의 실제 기량을 파악하기 힘들 때가 있다. 하지만 이 디베이트 방식에서는 참가 학생들이 지닌 디베이트 기량이 고스란히 드러난다. 그래서 이 형식이 더욱 공정하다고 말하는 사람도 있다.

'즉석 주제'라는 특징상 준비시간이 다른 것도 특징이다. 다른 디베이트 형식은 디베이트를 하는 중간에 디베이트 참가자들이 준비시간을 선택할 수 있다. 하지만 의회식 디베이트에서는 주제를 알려주고 찬반을 정한 후, 본격적인 시작 전에 15~25분 정도 준비할 수 있는 시간을 준다. 현장에 도착해서야 알게 된 주제로 바로 디베이트를 시작하라고 하면 무리가 따른다. 그래서 찬반

즉석 주제로 디베이트를 하는 것에 다소 무리가 따른다고 해서, 어떤 의회식 디베이트 대회에서는 미리 주제를 주는 식으로 진행하기도 한다.

결정 후 디베이트 작전을 짤 수 있는 시간을 다소 길게 준다. 대신 일단 디베이트가 시작되면 다른 준비시간은 더 이상 주어지지 않는다.

이러한 즉석 주제라는 특징은 의회식 디베이트에서의 입증 의무에도 영향을 미친다. 현장에서 즉석 주제가 주어지고 15~25분 정도의 준비시간만이 주어지므로, 그 안에 방대한 리서치를 하기란 불가능하다. 결국 참가 학생들은 입증할 때 추론과 논증에 강조점을 두어 진행할 수밖에 없다.

2 의회식 디베이트의 진행 순서와 특징

의회식 디베이트의 형식을 표로 정리하면 아래와 같다.

찬성 입안 1	7분	찬성팀 대표(Prime Minister)
반대 입안 1	8분	반대팀 대표(Leader of the Opposition)
찬성 입안 2	8분	찬성팀 멤버(Member of the Government)
반대 입안 2	8분	반대팀 멤버(Member of the Opposition)
반대 반박	4분	반대팀 대표(Leader of the Opposition Rebuttal)
찬성 반박	5분	찬성팀 대표(Prime Minister Rebuttal)

▲ 의회식 디베이트의 형식

의회식 디베이트 형식의 각 순서별 특징은 다음과 같다.

- **찬성 입안 1**: 찬성팀 대표(총리)가 자신의 입장을 세 가지 정도로 정리해서 개진한다.

- **반대 입안 1**: 반대팀 대표(야당 대표)가 등장하여 찬성팀 입장에 대한 반박과 더불어 자신의 입장을 개진한다.

- **찬성 입안 2**: 찬성팀 팀원(정부 각료)이 등장하여 반대팀 입장에 대해 반박하고, 추가로 자신의 입장을 개진한다.

- **반대 입안 2**: 반대팀 팀원(야당 당원)이 등장하여 추가로 찬성팀 입장에 대해 반박하고 추가로 자신의 입장을 개진한다.

- **반대 반박 1**: 반대팀 대표(야당 대표)가 다시 나와 추가로 상대팀 입장에 대해 반박하고 자신의 입장이 옳다는 것을 강조한다. 이때 가장 중요한 점을 중심으로 강조하고, 이어서 우리팀이 왜 이겼는지 강조한다.

- **찬성 반박 1**: 찬성팀 대표(총리)가 다시 나와 추가로 반대팀 입장에 대해 반박하고 자신의 입장이 옳음을 강조한다. 이때는 가장 중요한 점을 중심으로 강조한다. 이어서 우리팀이 왜 이겼는지 강조한다.

의회식 디베이트의 순서를 꺾쇠그림으로 그리면 아래와 같다.

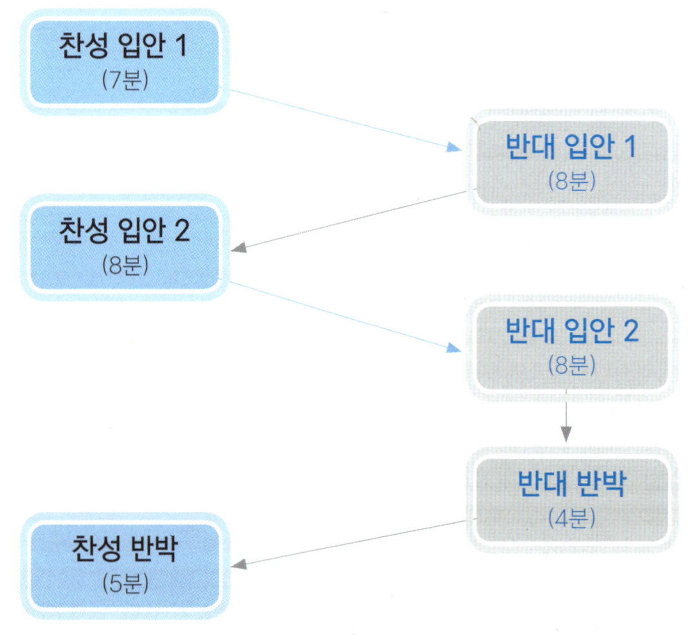

▲ 의회식 디베이트의 순서

의회식 디베이트에는 이렇게 반대팀이 연속해서 발언하는 순서가 있는 것에 유의한다.

위의 꺾쇠그림을 통해서 본 의회식 디베이트 형식의 특징은 다음과 같다.

첫째, 찬성측의 발언자가 맨 처음과 맨 나중 발언을 한다. 그 바람에 반대측이 연이어 발언하는 순서가 있다.

둘째, 크게 보면 입안 – 반박의 구조로 이루어진다.

셋째, 양팀 토론자 1에게는 발언 기회가 두 번 있다. 그런데 양팀 토론자 2에게는 발언 기회가 한 번뿐이다. 그래서 참가자 두 명 중 좀 더 역량 있는 학생이 토론자 1을 맡는다. 이는 문제가 될 수 있다. 디베이트 형식은 '공정성'을 중요한 원칙으로 여기므로 소위 '평등의 원칙'이 적용된다. 찬반 모두 그리고 발언자 모두에게 골고루 기회가 돌아가야 한다는 뜻이다. 그런데 여기에서는 발언자 모두에게 골고루 기회를 주고 있지 않기 때문에 문제의 소지가 있다고 보는 것이다.

넷째, 입안 단계에서 교차조사(Cross Examination)가 없다. 완전히 없는 것은 아니다. 앞에서 설명한 것처럼 의회식 디베이트에서는 별도의 교차조사 시간은 없지만, 상대팀 입안 단계에서 보충질의(Point of Information, POI)라는 방식으로 교차조사의 기능을 대신한다. 보충질의는 상대팀 입안 시간 중 가능한데 입안 시작 후 1분 이후부터 종료 1분 이전까지는 할 수 있다. 물론 반박 시간에는 할 수 없다. 보충질의 시간은 입안자 발언 시간에 포함된다. 따라서 보충질의를 하려면 해당 순서 입안자의 허가를 얻어야 하며, 입안자가 그만하라고 하면 그만두어야 한다. 입안자는 보충질의를 거절할 수도 있다. 다만 자신의 발언 시간 중 1~2개 정도의 상대팀 보충질의를 받아들이라는 '권고'가 있다.

의회식 디베이트 형식의 시간을 모두 합하면 40분이 된다. 각 순서는 비교적 간단하고, 또 각 순서에 할애되는 시간이 다른 디베이트 형식에 비해 비교적 길다. 이 디베이트 형식을 선호하는 학생들은 다른 디베이트에 비해 이 디베이트가 더욱 재미있다고 한다. 디베이트 형식의 구성과 시간 배분의 특성상 참가 학생들이 자유롭게 디베이트 전략을 짤 수 있기 때문이다.

의회식 디베이트가 실제로 어떻게 진행될지 머릿속으로 상상해보자. 대회가 시작되면 주제가 제시된다. 주제는 복수로 제시될 수 있다. 동전을 던져 이긴 팀에서 먼저 선호하는 주제를 택하거나 찬성과 반대를 선택한다. 진 팀에서는 나머지를 선택한다. 주제가 하나만 주어지면 찬반을 정한다. 퍼블릭 포럼 디베이트에서는 동전 던지기를 통해 발언 순서 선택할 수 있어서 반대도 먼저 발언할 수 있다. 그러나 의회식 디베이트에서는 오로지 찬성과 반대만을 선택할 수 있다. 왜냐하면 찬성팀이 연단의 오른쪽, 그러니까 맞은편의 심판이 볼 때 왼쪽에 앉아 먼저 발언하기로 이미 정해져 있기 때문이다. 즉, 의회식 디베이트에서는 연단의 오른쪽, 심판이 볼 때 왼쪽에 찬성팀이 앉고, 그 건너편에 반대팀이 앉는다. 그림으로 그리면 다음과 같다.

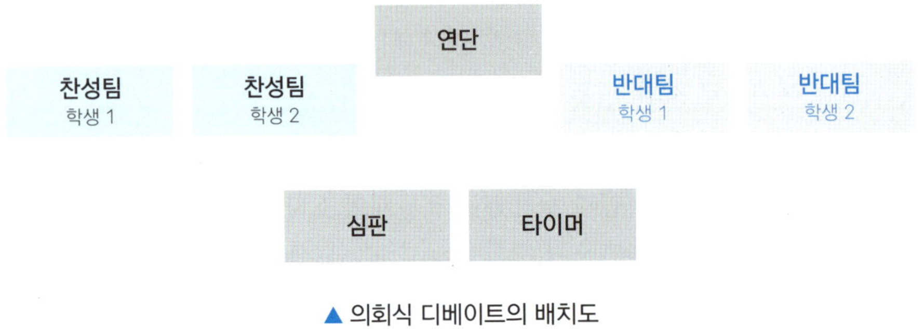

▲ 의회식 디베이트의 배치도

여기에서 학생 1, 2의 자리 순서는 큰 의미가 없어서 바꿔도 된다. 심판과 타이머의 자리도 마찬가지다.

3 동영상으로 보는 의회식 디베이트의 실제 진행 ①

| 주제 | 인간복제를 허용해야 한다

이번 디베이트에 참여한 학생들은 신호진(경기고1), 임상현(중산고1), 나혜윤(진선여고1), 이정훈(단국대 사대부고1)이다.

먼저 현장에 모인 학생들에게 주제를 알려주고, 동전 던지기로 찬성과 반대를 결정한다. 참여 학생들은 아래 사진처럼 앉는다. 동전 던지기로 신호진과 임상현 학생이 찬성팀으로, 나혜윤과 이정훈 학생이 반대팀으로 결정된다.

동전 던지기로 찬성팀과 반대팀이 결정된다. 찬성팀은 왼쪽, 반대팀은 오른쪽에 앉는다. 왼쪽부터 신호진(경기고1), 임상현(중산고1), 나혜윤(진선여고1), 이정훈(단국대 사대부고1) 학생이다.

신호진 | 찬성 2   임상현 | 찬성 1   나혜윤 | 반대 1   이정훈 | 반대 2

이어 준비시간 25분이 주어지고, 학생들은 즉석에서 주어진 주제에 대해 준비한다. 전혀 모르는 주제가 주어지면 낭패다. 결국 의회식 디베이트를 잘하려면 평소 여러 가지 이슈들에 대해 조사하고, 생각해보는 기회를 갖는 것이 좋다.

• 찬성팀 1의 입안 |7분|

준비시간 25분이 지나 이제 정식으로 디베이트가 시작된다. 먼저 찬성팀의 입안부터 시작한다.

찬성팀 1 입안을 맡은 임상현 학생이 연단에 나와 발언을 시작한다.

찬성팀 1을 맡은 임상현 학생이 첫 번째로 나와 찬성팀 입안을 시작한다. 발언 제한 시간은 7분이다.

신호진 | 찬성 2　　　임상현 | 찬성 1　　　　나혜윤 | 반대 1　　이정훈 | 반대 2

다음은 임상현 학생의 찬성팀 입안 발언 요지다.

"안녕하십니까? 〈인간복제를 허용해야 한다〉의 찬성측 입안 1을 맡은 임상현이라고 합니다. 여러분, 혹시 자신이 세 명이라면 어떨까 상상해보신 적 있으십니까? 한 명은 숙제를 하고, 다른 한 명은 학원을 가고, 또 본인은 휴식을 취한다면, 이런 아름다운 모습, 얼마나 기쁘고 좋습니까? 한번 이런 것을 한번 상상해보신 적 있으십니까? 이것이 말도 안 되고 터무니없고 일어날 수 없는 상황이라고 생각하실 수 있겠지만 그렇지 않습니다. 인간복제 기술이 발달하게 된다면 이런 상황은 언제든지 일어날 수 있고, 이런 일이 일어나는 것은 시간

의회식 디베이트의 첫 번째 순서인 입안은 해당 주제에 대한 우리팀의 입장이 왜 옳은지 3~4가지의 논거를 들어 설명하는 순서다. 퍼블릭 포럼 디베이트와 달리 의회식 디베이트에서는 입안 순서가 찬성과 반대 각각 두 번씩 있다. 이 둘의 역할을 분담하는 것은 각 팀의 재량에 따른다.

문제일 것이라고 생각합니다. 이런 유토피아와 같은 아름다운 세상, 멋진 세상, 편리한 세상 한번 경험해보고 싶지 않으십니까?

1997년 복제 양 돌리가 탄생한 이후, 사람의 체세포를 통한 초기 배아단계까지의 복제 연구 결과가 발표됨으로써, 인간복제의 문제는 생명윤리의 경각심을 일깨우는 결정적인 계기의 역할을 하고 있습니다. 최근 인간복제 기술 및……."

여기까지 발언했을 때 1분이 지났음을 알리는 벨 소리가 들린다. 자, 이제부터 상대방은 보충질의를 할 수 있다.

임상현 학생은 발언을 계속한다.

"인공수정 장기이식 유전자 검사 등의……."

여기까지 발언했을 때 반대팀 나혜윤 학생이 일어나 보충질의를 신청한다. 임상현 학생은 허용하지 않는다.

반대팀 나혜윤 학생이 일어나 보충질의를 신청한다. 임상현 학생은 허용하지 않는다. 받지 않겠다고 말하며, 손짓으로는 앉으라고 한다.

신호진 | 찬성 2   임상현 | 찬성 1   나혜윤 | 반대 1   이정훈 | 반대 2

임상현 학생은 발언을 계속한다.

"첨단 기술이 실제로 가능해지면서 인간복제를 기술적으로 할 수 있다고 하여, 이 기술을 적용하는 것이 윤리적으로 옳은가 옳지 않은가에 대한 논란이 점점 많아지고 있습니다. 인간복제는 수정란 분할 방식과 체세포 핵치환 방식이 존재합니다. 이 중에서 오늘 주제에서는 저희는 인간복제를 체세포 핵치환 방식이라고 정의하겠습니다. 왜냐하면 이것이 진정한 인간복제 방법이라고 생각하기 때문입니다. 저희는 이러한 인간복제가 하나의 의료 기술이자 장기기증이나 노동력 증가를 위한 악의 없는 프로젝트라고 이해를 하였습니다."

이때 반대팀의 이정훈 학생이 일어나 두 번째 보충질의를 신청한다. 임상현 학생은 받아들인다. 이에 따라 다음과 같은 요지의 질문과 답변이 오간다.

이번에는 반대팀 이정훈 학생이 일어나 보충질의를 신청한다. 임상현 학생은 이를 허용한다. 찬성팀 1의 입안 중 첫 번째 보충질의가 진행된다.

신호진 | 찬성 2   임상현 | 찬성 1   나혜윤 | 반대 1   이정훈 | 반대 2

• **이정훈 학생:** 악의 없는 프로젝트라고 하셨는데 오히려 그것이 악용될 소지도 있지 않겠습니까?

• **임상현 학생:** 물론 악용될 소지는 있긴 하지만, 악의라는 것은 악한 뜻을 품고 있는 것을 말하는데, 우선 악한 뜻을 품고 하는 것이 아니므로 악용될 소지는 물론 있겠지만, 악용된다는 것은 의지가 실행된 다음에 나중에 있는 것이기 때문에, 악의 없는 프로젝트와 악용될 수 있다는 것은 약간 차이를 두었으면 하는 바람입니다."

답변을 마친 임상현 학생은 발언을 계속한다.

"따라서 저희팀은 오늘 디베이트에 대한 근거로 불임 문제를 해결하고, 윤리적인 문제에 대한 대안 그리고 노동력의 증가, 마지막으로 과학기술 발달의 총 네 가지 근거를 들어 저희 주장에 대한 입증을 해보도록 하겠습니다.

우선 첫 번째로 불임 문제를 해결할 수 있다는 점입니다. 우리나라와 같은 경우를 예로 들어보면 결혼 연령이 늦춰지면서 노산을 하는 경우가 굉장히 많아지고 있는데요. 노산이라고 하는 경우는 여성의 나이가 30세가 넘으면 노산이라고 부르기도 합니다. 문제는 불임 가정이 점점 많아짐으로써 우리나라와 같은 경우는 인구수가 점점 하락하는 모습을 보이고, 전 세계도 마찬가지로 총인구가 줄어들고 있는 문제를 보이고 있습니다.

지금까지와 같은 경우는 시험관 아기를 통해 그런 문제를 해결하려고 많은 노력을 하였는데, 이런 시험관 아기와 같은 문제는 굉장히 제한되어 있었습니다. 하지만 먼 미래에 불임 가정이 계속해서 늘어나게 된다면 이러한 문제를 신속히 해결하기 위해 방법을 찾아야 하지 않겠습니까?

그런 문제를 해결하기 위해서 저희는 인간복제를 도입하자는 것입니다. 인간복제는 이러한 불임 문제를 해결할 수 있는, 굉장히 결정적인 역할을 할 수 있을 것입니다. 왜냐하면 기존의 자연적인 법칙에서는 난자와 정자가 결합을 하여 아기를 만드는 방식이었지만, 인간복제는 그럴 필요가 없고 단순히 세포의 결합을 통해 자신의 DNA가 유전된 아이를, 건강하고 올바른 아이를 낳게 할 수 있습니다."

여기까지 발언했을 때 반대팀 나혜윤 학생이 또다시 일어나 보충질의를 신청한다. 임상현 학생은 이번에도 허용하지 않는다.

반대팀 나혜윤 학생이 다시 일어나 보충질의를 신청한다. 임상현 학생은 이번에도 허용하지 않는다.

임상현 학생은 발언을 계속한다.

"따라서 저희는 이런 인간복제를 통해 불임 가정이 점점 늘고 있는 문제를 해결할 수 있을 것이라고 강력히 주장하는 바입니다.

그리고 두 번째로 윤리적인 문제에 대한 대안에 대해서 말씀드리고 싶습니다. 저희가 첫 번째로 말씀드렸던 것과 같이 많은 윤리적인 문제가 존재하므로, 인권운동가들도 분명히 들고일어날 것이고, 사회적으로 혼란이 일어날 수 있다는 점은 저희도 인정하고 있는 바입니다. 하지만 새로운 인간을 창조해내기 위해 인간복제를 하는 과정에서 인간복제를 하기 전에 제도와 법을 정리하고, 일어날 수 있는 문제에 대해서 충분히 대비하고 그다음에 인간복제를 실현하게 된다면 윤리적인 문제에 대해서는……."

찬성팀 두 번째 논거
주장: 인간복제 관련 윤리적인 문제에 대한 대안이 존재한다.
근거: 법과 제도의 정비 방안 제시

여기까지 발언했을 때 반대팀 이정훈 학생이 일어나 세 번째로 보충질의를 신청한다. 임상현 학생은 이를 허용한다. 다음과 같은 요지의 질문과 답변이 오간다.

신호진 | 찬성 2　　임상현 | 찬성 1　　　　나혜윤 | 반대 1　　이정훈 | 반대 2

- **이정훈 학생**: 하지만 그렇다고 해도 같은 DNA를 가진 사람이 두 명인데, 그렇게 된다면 사회적으로도 큰 혼란이 오게 되지 않겠습니까?
- **임상현 학생**: 네, 같은 DNA를 갖고 있는 사람이 문제가 일어날 수 있겠지만 인간복제가 된 사람에게 바이오 인식 칩 같은 것을 삽입해주거나, 아무튼 그런 방식 등과 같이 인간복제를 하기 전에 충분히 아까 말씀드린 것같이 제도와 법을 정비한다면, 그전에도 다른 여러 곳에서도 많은 윤리적인 문제가 존재하였지만 결국 인간은 그것에 대해서 극복하였습니다. 이와 같이 인간복제가 대중화가 된다면 사람들의 인식이 점점 변화하게 될 것이고, 윤리적인 문제에 대해서는 소수의 사람들이 주장하겠지만 다수의 사람은 인간복제가 평범하다고 여길 것이므로 그런 문제가 점차 줄어들 것이라고 저희는 강력히 생각하고 있는 바입니다."

답변을 마친 임상현 학생은 발언을 계속한다.

"이렇게 두 가지를 제가 말씀드렸고 이제 입안 2의 토론자께서 노동력의 증가에 대해 말씀드릴 것이고요. 그다음에 마지막으로 과학 기술의 발달, 이렇게 총 두 가지 근거를 더 들어서 저희 주장에 대해 입증해보도록 할 텐데요. 우선 제가 오늘 말씀드린 두 개는 바로 불임 문제 해결과 대안이었습니다. 불임 문제 해결에 대한 경우는 자연적인 정자와 난자가 결합하는 방식이 아닌……."

여기까지 발언했을 때 1분이 남았음을 알리는 벨 소리가 들린다. 자, 이제부터 상대방은 보충질의를 할 수 없다.

임상현 학생은 발언을 계속한다.

"체세포 두 개의 결합을 통하여 불임 가정의 문제를 점차 해결할 수 있을 것이라고 주장하고, 그다음 대안에 대해서는 윤리적인 문제와 같은 경우는 인간복제를 하기 전에 많은 제도와 법과 여러 가지 문제를 좀 더 검토하고 대안을 점차 마련하게 된다면 그런 윤리적인 문제는 점차 줄어들 것이라고 저희는 강력하게 생각하고 있습니다. 따라서 저희는 오늘 〈인간복제를 허용해야 한다〉에 대해 찬성하는 바입니다. 감사합니다."

●● 찬성팀 1은 두 번째 논거까지를, 찬성팀 2는 나머지 논거를 말하기로 역할을 나누었다. 이처럼 의회식 디베이트에서는 입안자 1과 입안자 2의 역할을 스스로 나눌 수 있다. 그래서 어떤 경우는 입안자 1이 모든 입안을 맡고, 입안자 2는 반박 혹은 재반박을 맡기도 한다. 이렇게 입안자의 역할을 나누는 것은 참가 학생들의 재량이다.

임상현 학생은 찬성팀 첫 번째 주장으로 '불임 문제를 해결할 수 있다.'라고 했고, 그 근거로 현재 저출산 문제와 불임 문제 현황을 설명했다. 이어서 두 번째 주장으로 '인간복제 관련 윤리적인 문제에 대한 대안이 존재한다.'라고 했고, 그 근거로 관련 법과 제도의 정비 방안을 제시했다.

• 반대팀 1의 입안 |8분|

찬성팀 1의 입안이 끝나고 반대팀 1의 입안이 시작된다. 나혜윤 학생이 연단에서 발언을 시작한다.

반대팀 1을 맡은 나혜윤 학생이 나와 반대팀 입안을 시작한다. 발언 제한 시간은 8분이다.

다음은 나혜윤 학생의 반대팀 입안 발언 요지다.

"안녕하십니까? 저는 〈인간복제를 허용해야 한다〉의 반대측 첫 번째 입안자 나혜윤입니다. 여러분, '아일랜드'라는 영화를 보셨나요? 2005년에 만들어진 이 영화는 생명을 복제하는 과정에서 범하는 수많은 윤리적인 문제들을 다시금 새겨보라고 경고하고 있습니다. 아일랜드뿐만 아니라 인간복제를 다른 수많은 영화들은 대다수가 인간복제에 대해서 부정적인 시각을 전달합니다. 올더스 헉슬리의 《멋진 신세계》라는 책도 현대문명과 그 속에 내포된 위험을 경고합니다. 최근 미국 포틀랜드 오리건 보건과학대학의 슈크라트 미탈리포프 박사가 배아줄기세포를 이용한 세포복제에 성공했다는 소식이 주목을 받았습니다. 지난달에는 국내 연구진이 배아줄기세포 복제 성공률을 향상시켜 유명 학술지인 '셀 스템 셀' 지에 실렸습니다. 이처럼 세포복제기술이 나날이 발전하고 인간복제에 대한 관심이 커져가는 가운데 윤리성 등의 문제로 인해 과연 인간복제를 허용하는 것이 옳은지에 대해서 논란이 되고 있습니다. 먼저 인간복제란 인간의 세포를……"

여기까지 발언했을 때 1분이 지났음을 알리는 벨 소리가 들린다. 자, 이제부터 상대방은 보충질의를 할 수 있다.

나혜윤 학생이 발언을 계속한다.

"떼어내어 이를 착상시키는 방법으로 유전적으로 동일한 또 다른 인간을 만드는 것을 말합니다. 인간복제에는 흔히 두 가지가 있는데요, 체세포 핵치환 방식과 수정란 분할 방식입니다. 이번 디베이트에서의 인간복제는 체세포 핵치환 방식으로 제한합니다. 또한, 저희 반대팀은 인간복제를 배아복제와 장기복제와는 구분되는 인간개체를 복제하는 것으로 해석합니다. 저희팀은 오늘 주제에 반대하며 윤리적 문제, 사회적 혼란 가능성, 기술적 한계를 근거로 제시합니다.

첫째는 윤리적 문제입니다. 사람의 생명이 소중하다는 것은 우리 모두가 알고 있는 사실입니다. 그렇기 때문에 사람의 생명을 함부로 대할 때 우리는 엄중한 처벌을 받습니다. 이렇게 생명이 소중한 이유는 하나의 생명이 만들어진다는 것이 무척 어렵고 신비한 일이기 때문입니다. 그러나 인간복제를 허용하게 된다면 인간이 계획한 대로 뚝딱뚝딱 만들어지게 되고 인간이 하나의 상품으로 전락하게 됩니다. 인간의 소중함, 생명의 소중함은 점차 잊혀질 것입니다. 그렇다면 인간이 다른 인간을 소홀히 대하게 되고 또 다른 윤리적 문제들이 뒤따라오게 될 것입니다. 따라서 인간복제는 인간의 존엄성, 생명의 소중함에 어긋납니다.

둘째는, 사회적 혼란 가능성입니다. 인간복제를 허용하면 사회의 새로운 계층, 새로운 종족이 생겨나는 것입니다. 복제된 인간을 대우할 적합한 방법을 찾지 못한다면 사회는 더 큰 혼란을 겪게 될 것입니다. 먼저 인간과 복제 인간 사이에 구분과 차별이 생길 것입니다. 현재 우리 사회에서도 피부색이 다르다는 이유, 혹은 외모가 다르거나 성이 다르다는 이유만으로도 차별이 일어나는데 인간과 복제인간 사이에는……."

이때 찬성팀의 임상현 학생이 일어나 보충질의를 신청한다. 나혜윤 학생은 허용한다.

신호진 | 찬성 2　　　임상현 | 찬성 1　　　　　나혜윤 | 반대 1　　　이정훈 | 반대 2

• **임상현 학생**: 피부색이 다르거나 성적 차별 같은 경우는 과거에서도 수많은 인간들이 많은 노력을 통하여 지금은 거의 완벽하게 극복을 했는데요. 이렇게 인간이 지금까지 많이 극복을 해왔는데, 인간복제 문제도 그렇게 해결할 수 있지 않을까요?

• **나혜윤 학생**: 예, 물론 지금까지 인류가 이렇게 많은 문제를 해결하기는 했지만 잘 생각해보면 여성차별 같은 경우에는 이걸 완화하는 데 가장 힘쓴 사람이 여성이고, 인종차별 같은 경우에는 흑인이 주로 힘을 써서 이를 완화했습니다. 이렇게 자신들의 인권을 위해서 노력하는 것인데, 찬성측에서 복제인간을 잘 통제시켜서 생각하지 못하게 한다고 하셨는데, 이렇게 된다면 복제인간은 자신들의 권리를 위해서 노력할 수조차 없습니다.

나혜윤 학생은 발언을 계속한다. 요지는 다음과 같다.

"이어서 계속하자면, 인간복제는 완벽한 인간에 대한 잘못된 관념과 편견을 가속화시키는 계기가 될 것입니다. 유전적으로 완벽한 인간들이 탄생하게 되면서 더 나은 유전자, 더 완벽한 인간에 관한 잘못된 망상이 가져올 불행은 따로 말할 필요가 없습니다. 뿐만 아니라 기존의 가정과 혈연관계 등의 기초적인 사회질서부터가 모두 무너질 것입니다.

지금까지 저희팀은 윤리적 문제와 사회적 혼란 가능성을 들어 〈인간복제를 허용해야 한다〉에 반대했습니다. 마지막 논거인 기술적 한계에 대해서는 다음 토론자님께서 계속해주실 것입니다.

이어서 지금까지 찬성팀은 첫 번째는 불임 문제, 두 번째는 대안을 들어 인간복제를 허용해야 한다고 주장하셨습니다. 먼저 인간복제를 허용하면, 지금 점점 심각해지고 있는 불임 문제를 해결할 수 있다고 하셨는데요. 이에 대해서 저희팀은 몇 가지 의문이 듭니다. 먼저 인간복제라는 것은 말 그대로 자신과 동일한 인간을 하나 더 만드는 것인데, 이를 이용해서 불임 문제를 해결한다는 것은 부모, 자식이 유전적으로 동일한 상태가 된다는 것 아닙니까? 이렇게 되면 부모와 아이가 동일한 모습을 띠게 되는 것인데 이러한 점을 고려하셨는지 잘 모르겠습니다. 또한, 인간복제를 이용해서 생명을 탄생시키는 것은 지나치게 인위적인 방법으로 자연의 순리를 거스르는 일이 아닌가 생각합니다. 이 또한 정말 위험한 발상인 것 같습니다.

두 번째로 대안을 들어 주셨는데요. 인간복제를 허용하고 법과 제도를 잘 정리해서 인간복제 기술을 아무나 사용하는 것이 아니라 특정한 자격이 주어진 사람들에게만 허용하면 된다고 하셨는데, 법과 제도를 통제한다고 해도 윤리적인 문제가 해결되는 것은 아니라고 봅니다. 또한, 복제인간의 수가 점점 늘어나면서 복제인간들이 자신의 정체성에 대해서 고민하고 서로 똘똘 뭉쳐서 현실을 알아차릴 수도 있는데, 영화 ‘아일랜드’처럼 이렇게 된다면 인간과 복제인간 사이에 엄청난 갈등과 재앙이 일어날 수 있고 더 심각하게는 전쟁까지 일어날 수 있다고 저희는 생각합니다. 이렇게 물론 영화는 영화일 뿐이지만, 이렇게 아직 법과 제도가 완벽하지 않고 기술적으로도 한계가 있는 상황에서 인간복제를 허용하는 것은 조급한 생각이 아닌가 싶습니다. 이런 논리로 저희 반대팀은 지금까지 〈인간복제를 허용해야 한다〉에 대해서 강력히 반대했고요. 첫 번째는 인간복제를 허용했을 때 일어날 수 있는 윤리적 문제, 두 번째는 사회적 혼란 가능성 그리고 나머지 세 번째인 기술적 한계는 다음 토론자님께서 이어서 발표해주실 것입니다. 감사합니다.”

반대팀은 입안의 논거 3가지를 입안 1 토론자가 2가지, 입안 2 토론자가 1가지 맡아서 설명하기로 전략을 짰다. 그래서 입안 1 토론자는 2가지만 설명했다.
의회식 디베이트에서는 입안 단계에서 퍼블릭 포럼 디베이트의 반박에 해당하는 내용이 제시된다. 지금 반대팀 1 입안자는 반대팀 입안 논거 2가지를 말한 이후, 바로 상대팀 논거에 대해 반박하고 있다.

●● 반대팀 1의 입안자는 자신의 세 가지 논거 중 두 번째 논거까지 설명하고, 나머지 시간은 찬성팀 입안에 대한 반박에 썼다.

이렇게 의회식 디베이트에서는 입안 단계에서 반박의 내용이 나오기도 한다. 이때 발언자는 상대팀의 전략과 우리팀의 전략을 잘 비교해서 설명하고, 반박하는 것이 중요하다.

반대팀은 찬성팀의 첫 번째 논거인 불임 문제 해결에 대해 윤리적인 문제가 있음을 지적하고, 두 번째 논거인 대안 가능성에 대해 법과 제도를 정비해도 윤리적 문제는 여전히 남아 있음을 지적하고 있다.

• 찬성팀 2의 입안 | 8분 |

이어서 찬성팀 2의 입안을 맡은 신호진 학생이 나와 입안 발언을 이어간다.

찬성팀 2 입안을 맡은 신호진 학생이 나와 연단에 서서 찬성팀 입안 발언을 이어간다.

신호진 | 찬성 2 　　임상현 | 찬성 1 　　나혜윤 | 반대 1 　　이정훈 | 반대 2

다음은 신호진 학생의 찬성팀 입안 발언 요지다.

"안녕하십니까? 여러분. 저는 이번 토론 주제인 〈인간복제를 허용해야 한다〉의 찬성측 입안의 두 번째 토론자를 맡은 신호진이라고 합니다.

여러분, 혹시 게임 좋아하십니까? 다 게임 좋아하시리라 저는 믿습니다. 그럼 혹시 시드 마이어의 '문명 파이브'라는 게임을 아십니까?

여러분, '문명 파이브'에는 여러 가지 과학 기술을 담을 수 있는 기술 발전표가 있습니다.

이 기술 발전표에는 여태까지 역사, 인류의 약 200만 역사에서 혁명적인 기술들이 반영되고 있습니다.

예를 들어서 청동기술이라든지 철제기술, 바퀴, 천문학, 고고학, 야금학, 군사과학, 플라스틱, 기계공학 그리고 전자공학, 그다음에 원자론, 핵분열 시스템 그리고 컴퓨터, 인터넷, 인공위성 그리고 스텔스 시스템 그리고 로봇공학 그리고 미래기술. 마지막에 바로 미래기술입니다.

저는 여기서 이 미래기술에 집중하겠습니다. 이 미래기술에서 나온 명언이 있는데 제가 한번 말해보겠습니다. 조지 전 미합중국 대통령이 '그 누가 미래를 예측할 수 있겠습니까?'라고 말했습니다. 맞습니다. 우리 모두는 미래를 예측할 수 없습니다. 하지만……."

여기까지 발언했을 때 1분이 지났음을 알리는 벨 소리가 들린다. 자, 이제부터 상대방은 보충질의를 할 수 있다.

신호진 학생은 발언을 계속한다.

"우리가 그 미래기술을 만들고 그 미래를 만들어나갑니다. 이와 같이 이런 혁신적인 미래기술 중에는 여러 가지 기술들이 있는데요.

예를 들어 로봇의 인공지능이라든가 우주의 항공기술 이런 여러 가지 기술들이 있을 것입니다. 이런 로봇의 인공지능기술과 우주항공기술과 같이 어깨를 나란히 하고 있는 기술을 저희측은 인간복제라고 굳게 믿고 있습니다. 이와 같이 여러 가지 인간복제 기술들이 발전되고 있는데도, 과학자들은 인간복제가 옳지 않다, 반대한다, 허용하면 안 된다고 말하고 있는데요. 분명히 반대측에서도 그렇게 말씀할 것입니다.

하지만 이런 과학자들의 노력도 무시하면 안 되고 또한 여러 가지 기술들도 발전해야 되기 때문에 저희측은 〈인간복제를 허용해야 한다〉에 한 번 더 강력하게 찬성합니다.

그 세 번째 논거로 아까 첫 번째 토론자에 이어서 말씀드리면 노동력의 증가입니다. 여러분, 인간복제를 통해서 노동력 부족 현상을 해결할 수 있다는 것을 알고 계십니까? 사람만이 할 수 있는 일, 그 일에 뛰어난 사람을 복제하여서 일을 시킨다면 어떨까요?

예를 들어서, 배우를 복제한다면 1인 2역을 할 필요도 없고, CG 같은 고도의 컴퓨터 기술을 요구하는 일도 없을 것입니다.

그리고 역시 단순노동, 저는 이 단순노동에 강력하게 집중하겠습니다. 예를 들어서 공장일 같은 경우, SBS 생활 프로그램에 나오는 '생활의 달인'이라는 프로그램을 아십니까?

이 프로그램에서는 우리 사회에는 거의 없는 사람들이 생활의 달인이 되어서 여러 가지 일을 빨리 처리하거나 여러 가지 신기하고 현란한 기술을 보여주며 훌륭한 일들을 합니다.

그리고 더욱더 중요한 것은 건축기술입니다. 공사현장, 여러분 길을 가다가 공사현장을 보신 적 있으실 겁니다. 만약 그 동네에 오랫동안 살았다고 하면 같은 공사현장을 5년, 길게 보자면 10년 정도 볼 수 있습니다. 하지만 이런 것들을, 예를 들어서 건축기술 노동자들을 복제하여서 단순노동에 투입시킨다면 어떨까요? 혁신적일 것입니다.

예를 들어서 국제우주정거장 같은 경우에는 현재 아주 소수의 인원, 아주 소수의 과학자들, 뛰어난 머리를 가진 사람들이 많이 많아봐야 10명, 적으면 한두 명밖에 일하고 있지 않습니다. 이들이 없으면 점점 우주개발이 늦어지고 결국에는 과학 기술이 좀 더 뒤처지게 됩니다. 그다음에 네 번째 기술로……"

여기까지 발언했을 때 반대팀 이정훈 학생이 일어나 보충질의를 신청한다. 신호진 학생은 이를 허용한다.

다음과 같은 요지의 질문과 답변이 오간다.

반대팀 이정훈 학생이 일어나 보충질의를 신청한다. 신호진 학생은 허용한다. 찬성팀 2의 입안 중 첫 번째 보충질의가 진행된다.

신호진 | 찬성 2   임상현 | 찬성 1   나혜윤 | 반대 1   이정훈 | 반대 2

- **이정훈 학생**: 단순노동에 대해서 얘기해주셨는데, 그렇게 되면 특화된 인간을 복제하신다고 하셨는데, 그렇게 되었을 때 해고된 인간들은 어디로 가야 하고, 그 사람들이 다시 취업할 것이라는 보장이 없지 않습니까?

- **신호진 학생**: 네, 그런 문제도 분명히 있습니다. 여러 가지 단순노동에서 해고되는 노동자들도 있을 것입니다. 하지만 그 해고된 노동자 역시 단순노동에 투입시키면 그것으로 노동력 문제는 완벽하게 해결이 된다고 볼 수 있습니다. 그리고 여러 가지 전문직 문제도 들 수 있겠는데, 아주 소수의 인간만이 그 전문직에 종사하고 있습니다. 이런 소수의 인간만을 위해서 인간복제, 노동력 증가라는 엄청난 이점을 버린다는 것은 옳지 않다고 봅니다.

이때 반대팀의 나혜윤 학생이 일어나 보충질의를 신청한다. 신호진 학생은 받아들이지 않는다.

신호진 | 찬성 2   임상현 | 찬성 1   나혜윤 | 반대 1   이정훈 | 반대 2

신호진 학생은 발언을 계속한다. 요지는 다음과 같다.

"그리고 마지막으로 과학기술 발전 단계입니다. 여러분, 동물복제에 성공하여서 장기복제가 성공하였고 인간복제는 지금 거의 기술적으로 완성 단계입니다. 역시 인쇄기가 발전하여서 3D 프린터가 개발되었습니다. 그리고 마찬가지로 바퀴가 발전해서 마차가 발명되었고 자동차가 발명되었습니다. 라디오가 발명되어서 TV가 발명되었고 핸드폰이 발명되었고 스마트폰이 발명되었고 여러분들이 차고 다니시는 스마트 워치가 발명되었습니다. 컴퓨터가 발명되어서 인터넷이 발명되었고 여러 가지 윈도우 시스템이 발명되었습니다. 역시 마찬가지로 청동기술이 발전하여서 철제기술이 만들어졌고 강철이 발전했습니다. 이와 같은 여러 가지 단계는 과학기술이 발전하는 흐름입니다. 그런데 이 흐름에서 인간복제라는 흐름을 막아 버린다면 우리는 인간복제의 엄청난 이점을, 과학기술을 만들 수 있는 기회를 놓쳐버리는 것입니다."

이때 반대팀의 나혜윤 학생과 이정훈 학생이 동시에 일어나 보충질의를 신청한다. 하지만 신호진 학생은 역시 허용하지 않는다.

반대팀 나혜윤 학생과 이정훈 학생이 동시에 일어나 보충질의를 신청한다. 하지만 신호진 학생은 허용하지 않는다.

신호진 | 찬성 2　　　임상현 | 찬성 1　　　　　나혜윤 | 반대 1　　　이정훈 | 반대 2

신호진 학생은 발언을 계속한다. 요지는 다음과 같다.

"그리고 아까 반대측에서는 처음 두 가지 주장을 들어 주셨는데, 그 첫 번째로 윤리적 문제점과 그다음에 사회 혼란입니다. 이것에 대해서 하나하나 반박해 보자면, 반대측에서 윤리적 문제점으로 인간이 상품화될 수 있고 생명의 존엄성이 해쳐진다고 말씀해 주셨습니다. 물론 저희팀도 어느 정도 윤리적 문제점이 있다는 것은 동의합니다. 이것은 변함없는 사실이기 때문입니다.

하지만 윤리적 문제점이라는 것의 조금씩 약한 부분부터 투입시키는 것이 어떨까요? 예를 들어서 복제 기술에서도 동물복제나 장기복제 같은 여러 가지 문제점들이 많은데, 동물복제 같은 경우는 연구나 여러 가지를 사료 같은 시스템에서 쓸 수 있는 이런 윤리적 문제가 약한 부분, 장기복제 같은 경우도 의료 기술이라든가 마찬가지로 역시 인간복제 역시 불임 사태 같은 이런 윤리적 문제점이 약한 부분부터 먼저 조금씩 어느 정도 완화해주면서 허용하는 것이 어떨까요? 저희측의 주장은 인간복제를 지금 당장 허용하자는 것이 아니라, 언젠가는 허용하자는 것입니다. 인간복제를 이렇게 조금씩 허용해나간다면 분명 우리 인류에게 큰 도움이 될 거라고 생각합니다.

두 번째로 사회적 혼란이 일어날 수 있다고 첫 번째 토론자께서 말씀해주셨는데요, 예를 들어 클론들이 집단을 형성하여 사회적 혼란이 야기되고 계급, 예

찬성팀은 입안의 논거 4가지를 모두 제시했다. 이어 반대팀에서 제시한 내용에 대해 반박하기 시작한다.

를 들어서 원래 인간과 클론 간에 계급이 형성될 수 있다, 계급이 형성되어서 차별이나 노예 시스템이 형성될 수 있다고 하셨는데, 저희측은 이것은 좀 약간 밑도 끝도 없는 자작 같은 시나리오라고 봅니다. 이렇게 말씀하신다면 어떻게 인간이 발전할 수 있겠습니까? 분명히 플러스마이너스가 있습니다. 우리는 분명히 플러스마이너스를 따져서 인간복제는 플러스, 그러니까 이익이 더 많기 때문에 빨리 허용해야 된다고 보고요."

여기까지 발언했을 때 1분이 남았음을 알리는 벨 소리가 들린다. 자, 이제부터 상대방은 보충질의를 할 수 없다.

신호진 학생은 발언을 계속한다.

"역시 마찬가지로 인간복제를 허용한다고 봅니다. 첫 번째 토론자께서 불임 문제는 자연의 순리에 어긋난다고 말씀해주셨는데, 저희측은 아까 제가 윤리적 문제점에 대해 반박한 것과 마찬가지로 보고, 자연의 신비가 약한 부분부터 조금씩 허용해나가야 된다고 말씀드리겠습니다.

그리고 두 번째로 대안에 대해서, 법과 제도가 있다고 해도 완벽하게 통제되지 않을 수 있다고 말씀해주셨는데 여태까지 잘해왔지 않습니까? 우리 인류도 처음에 휴대폰이 발명되었을 때도, 이게 법이 악용될 수 있다, 악행에 이용될 수 있다고 말씀해주셨는데, 지금까지 잘 사용하고 있고 여러분도 지금 스마트폰을 잘 사용하고 있지 않습니까? 이와 같이 저희측은 여러 가지 주장을 들어서 〈인간복제를 허용해야 한다〉에 강력하게 찬성하는 바입니다."

●● 찬성팀 2의 입안자는 찬성팀 1의 입안에 이어서 나머지 논거를 설명했다. 세 번째 주장은 '노동력 부족 문제를 해결할 수 있다.'는 것이었고, 그 근거는 노동력 부족 문제 해결 사례였다. 네 번째 주장은 '인간복제는 과학기술을 발전시킨다.'였고, 그 근거는 과학기술 발전의 다른 사례였다. 그리고 이어서 반대팀 1의 입안자가 이야기한 것에 대해 반박했다. 반대팀의 첫 번째 논거인 윤리적 문제에 대해서는 점진적으로 대처하면 해결할 수 있다고 지적하고, 두 번째 논거인 사회적 혼란 가능성에 대해서는 인간복제의 장단점 중 장점을 우

선시해서 볼 것을 지적하고 있다.

이처럼 의회식 디베이트에서는 입안 단계에서 반박의 내용이 이뤄진다. 이때 상대팀 전략과 우리팀 전략을 비교해서 설명하는 것이 좋다.

• 반대팀 2의 입안 |8분|

이어서 반대팀 2의 입안을 맡은 이정훈 학생이 나와 입안 발언을 이어간다.

반대팀 2 입안을 맡은 이정훈 학생이 나와 연단에 서서 반대팀 입안 발언을 이어간다.

임상현 | 찬성 1   신호진 | 찬성 2   나혜윤 | 반대 1   이정훈 | 반대 2

다음은 이정훈 학생의 반대팀 입안 발언 요지다.

"안녕하십니까? 〈인간복제를 허용해야 한다〉의 반대측 두 번째 입안을 맡은 이정훈이라고 합니다. 여러분, 여러분이 복제된 인간이며 현재 제대로 복제가 되지 않아서 어떤 문제점을 가지고 있다고 합시다. 그렇게 되면 과학자들이나 다른 산업적 측면에서 볼 때 여러분은 산업 쓰레기입니다. 그렇게 되면 여러분은 폐기가 될 수도 있고, 다른 시설로 격리조치가 될 수도 있습니다. 여러분은 이런 상황을 좋게 받아들일 수 있겠습니까?

저희는 일단 세 번째 기술적 한계를 들어서 〈인간복제를 허용해야 한다〉에 반대하겠습니다. 기술적 한계를 이야기하자면, 현재 기술로는 복제를 하여 성공할 확률이 불과 2~5% 정도밖에 되지 않습니다. 즉, 복제기술의 수준이 인간복

반대팀 세 번째 논거
주장 : 기술적 한계가 존재한다.
근거 : 완벽한 방법이 없음을 설명

제를 하기에는 턱없이 부족하다는 말입니다. 따라서 복제인간의 실현은 먼 미래의 일이라고 할 수 있습니다. 또한, 인간복제의 기술을 발전시키는 과정에서도 수많은 생명체들이 희생되게 됩니다."

여기까지 발언했을 때 1분이 지났음을 알리는 벨 소리가 들린다. 자, 이제부터 상대방은 보충질의를 할 수 있다.
이정훈 학생은 발언을 계속한다.

"아까 방금 제가 말씀드린 것과 같이 여러분이 복제되었을 때 제대로 복제되지 않는다면 오히려 폐기가 될 수도 있고 다른 시설로 격리조치가 될 수도 있습니다. 그리고 복제과정 또한……."

이때 찬성팀의 신호진 학생이 일어나 보충질의를 신청한다. 이정훈 학생은 허용하지 않는다.

찬성팀 신호진 학생이 일어나 보충질의를 신청한다. 이정훈 학생은 허용하지 않는다.

신호진 | 찬성 2   임상현 | 찬성 1   나혜윤 | 반대 1   이정훈 | 반대 2

이정훈 학생은 발언을 계속한다.

"비어 있는 난자로 들어간 세포가 돌연변이를 일으키거나 변형을 일으킬 수 있고, 그외 수많은 불안요인으로 발생 초기 치사하거나 치명적인 유전적 질환 또는 기형이 유발될 수도 있습니다. 실제로 복제 양 돌리도 276번의 실패 끝에 태어났지만, 6년 6개월 살다가 관절염 등 각종 질병에 시달려 정상적인 양의 절반밖에 살지 못하고 안락사당했다고 합니다."

이때 찬성팀의 신호진 학생이 일어나 또다시 보충질의를 신청한다. 하지만 이번에도 이정훈 학생은 허용하지 않는다.

찬성팀 신호진 학생이 일어나 또 보충질의를 신청한다. 이 정훈 학생은 이번에도 받아들 이지 않는다.

이정훈 | 반대2

이정훈 학생은 발언을 계속한다.

"물론 이 돌리 문제는 현재 미토콘드리아 부분을 다시 입히는 것으로 해결할 수 있다고는 하지만, 다른 문제 그러니까 난자 쪽에 핵을 삽입하면서 그것이 정상적으로 삽입이 되지 않아서 DNA적 구조에 결함이 있거나, 오히려 후천적 으로 장애가 생길 수 있는 가능성이 더 커질 가능성이 있습니다. 특히 모든 사 람들이 심장병과 같은 DNA적 문제를 가지고 있는데 그것이 오히려 전달되면서 확대가 되면 심장병과 같은 매우 큰 문제가 더 크게 일어날 수도 있습니다. 이렇게 증명되지 않은 복제기술로 인한 기형 체제가, 복제기술 발전 과정에서 희생되는 생명체들은 누가 과연 배상하게 될까요?

마지막으로 인간복제로 생명이 끝없이 연장되는 사회가 이상사회일지라도 의문이 듭니다. 《멋진 신세계》의 신세계가 과연 모두가 원하는 사회일까요? 인간복제로 모두가 건강하고 죽은 가족들마저도 살려내는 것이 그다지 이상적인 모습은 아닐 것이라고 저희팀은 생각합니다.

그리고 두 번째 입안자가 말한 것을 반박해보겠습니다. 먼저 두 번째 입안자께서 노동력이 증가될 수도 있다고 하셨는데, 사람만이 할 수 있는 일 특히 단순노동에 필요한 사람들을 복제한다고 하셨는데, 기업 또한 이윤을 추구하는 곳입니다. 이윤을 추구하는 기업이라면 그냥 단순하게 특화된 클론을 사용하려고 하지 인간들을 사용하지 않을 것입니다."

이때 찬성팀의 신호진 학생이 또다시 일어나 보충질의를 신청한다. 이정훈 학생은 이번에는 허용한다.

찬성팀 신호진 학생이 다시 일어나 보충질의를 신청한다. 이정훈 학생은 이번에는 허용한다.

신호진 | 찬성 2　　　임상현 | 찬성 1　　　　　　　나혜윤 | 반대 1　　　이정훈 | 반대 2

• **신호진 학생**: 그 단순노동을 하는 사람들이 특화된 사람이라고 하셨는데, 단순노동, 이렇게 만지거나 두드려 패거나 건축하는 게 어떤 특화된 능력을 요구

하는 건지? 우리 모두가 할 수 있는 일 아닙니까? 어떤 특화된 능력을 요구하는 거죠?

• **이정훈 학생**: 그것을 특히 잘하는 사람, 그러니까 짧은 시간 내에 더 많은 일을 할 수 있는 사람들을 말하는 것입니다. 그게 특화입니다. 이렇게 짧은 시간 동안 더 많이 일할 수 있는 사람들을 사용하여 이윤을 추구하려 하지, 그보다 못한 사람을 사용하려 하지 않을 것입니다. 그렇게 되면 해고된 사람들은 그 일밖에 하지 못한다고 가정하였을 때 생계를 잃게 됩니다. 그러면 더 이상 먹고살 수 없을 수도 있게 되는데 이렇게 되면 국가가 피해보상을 하기도 힘들 것입니다. 왜냐하면 그 특화된 사람들을 대체하게 되면 해고된 사람들이 너무 많기 때문에 국가가 배상할 수 있는 수준을 뛰어넘는데 그것에 대해 배상 문제가 아직 많이 남아 있다고 보고요.

이정훈 학생은 발언을 계속한다.

"그리고 문명 후의 미래기술 시스템을 예를 들어 주셨는데, 그 누가 미래를 예측하겠느냐라는 명언을 들어 주셨습니다. 저희가 말하겠습니다. 그 누가 미래를 예측할 수 있겠습니까? 다른 과학자들이나 우리가 인간복제가 되었다고 생각하고 그것을 예측해야지, 그냥 멍하고 있다가 인간복제가 된 다음에 '어, 이거 윤리적인 문제가 있는데, 큰일 났는데' 하게 되면 오히려 더 큰 문제가 남게 되고 그것에 대해서 고치기도 힘들게 됩니다.

그리고 첫 번째 입안자가 말해주신 것에 대해 반박해보겠습니다. 현재 윤리적 문제에 대해서도 말해주셨는데 이는 인간이 정한 것이기도 하고 후대가 판단해야 될 문제이기도 합니다. 〈인간복제를 허용해야 한다〉는 현재인지 미래인지 제대로 나와 있지 않습니다. 찬성측에서는 계속 미래에 조금씩 허용해나가고, 법과 제도를 정비하면 되지 않느냐고 하셨는데 현대에서도 다른 문제가 시급한데 이렇게 인간복제같이 큰 문제가 터지게 되면 사회적으로도 큰 혼란이 올 수 있고, 그것에 대한 법과 제도가 정확히 제대로 준비된다는 보장도 없습니다. 이렇게 되면 매우 큰 사회문제로 떠오를 테고 계급으로 따지게 될 수도 있고 그 결과 사람들을 노예처럼 부릴 수도 있습니다.

그리고 아까 두 번째 입안자께서 저희 첫 번째 입안자가 반박한 내용을 다시 반박하면서 그중에서 노예 문제를 언급해주셨는데, 현재 저희측에서는 차별될 수 있고 이 차별로 인해서 매우 큰 문제가 일어날 수도 있다고 했지, 노예 시스템에 대해서는 전혀 언급하지 않았습니다. 또 플러스마이너스를 따졌을 때 인간복제를 했을 때가 플러스가 더 많다고 하셨는데 이것에 대해서는 전혀 판단할 수 있는 것이 아닙니다. 왜냐하면 아직 실행이 되지도 않았고 플러스마이너스를 따지기에는 아직 기술이 불분명하기 때문에 따지기에는 너무 이른 것 같다고 생각합니다. 감사합니다.”

●● 반대팀 2의 입안자는 반대팀 1의 입안자에 이어 자기팀의 논거를 설명했다. 이어 찬성팀 2의 입안자가 말한 것에 대해 반박했다.
반대팀은 찬성팀의 세 번째 논거인 인간복제를 통한 노동력 부족 문제 해결이 또 다른 문제를 야기할 것을 지적하고, 네 번째 논거인 인간복제가 과학기술 발전에 기여하는 것에 대해서는 예상치 못한 더 큰 문제가 발생할 수 있음을 경고했다. 이어서 상대방 반박 내용에 대해 재반박을 덧붙였다.

• 반대팀 1의 반박 |4분|

이어서 반대팀 1을 맡은 나혜윤 학생이 나와 마지막 반박 발언을 시작한다. 반대팀 2의 입안에 이어 또 반대팀이 나오는 점에 유의한다. 반대팀으로서는 마지막 발언 기회가 된다. 이 기회를 통해 오늘 디베이트에서의 쟁점을 분석하고, 반대팀이 왜 옳은지를 설명한다. 반박 순서부터는 보충질의가 없다.

반대팀 1 나혜윤 학생이 나와 연단에 서서 반대팀 반박을 시작한다. 발언 제한 시간은 4분이다.

신호진 | 찬성 2   임상현 | 찬성 1   나혜윤 | 반대 1   이정훈 | 반대 2

다음은 나혜윤 학생의 반대팀 반박 발언 요지다.

"안녕하십니까? 〈인간복제를 허용해야 한다〉의 반대측 반박입니다. 오늘 디베이트에서 정말 많은 이야기가 오고간 것 같은데요, 양측의 논거를 먼저 간단히 정리해드리겠습니다. 찬성측에서는 불임 문제 해결, 대안, 노동력의 증가, 과학기술의 발달을 논거로 들어 주셨고, 저희 반대측은 윤리적 문제, 사회적 혼란 가능성, 기술적 한계를 들어 오늘 주제에 대해 반대했습니다.

먼저 찬성측 논거에 대해서도 아직 해결되지 않은 의문점이 몇 개 있는데요. 인간복제를 허용하여 증가한 노동력으로 단순노동을 보충하고 인간들은 전문직에서 일하게 한다고 하셨는데, 현재 우리나라에서는 실업문제와 일자리 부족 문제가 매우 심각한 상태입니다. 이러한 상황에서 유전적으로 매우 완벽한 복제인간들이 등장하게 된다면 현재 부족한 점이 있는 우리 인간들은 더 이상 우리 사회에 설 자리가 점차 없어질 것이라고 저희는 생각합니다.

그리고 마지막으로 과학기술의 발달에서 인간복제기술이 더 나아가 다른 과학기술의 발전으로 이어질 것이라고 하셨는데, 잘 생각해보면 이런 과학기술의 발전이 항상 좋은 영향을 끼치는 것은 아닙니다. 예를 들어 핵기술의 발달이 핵무기의 발달로 이어진 예가 있지 않습니까? 이런 식으로 인간복제의 발달이

퍼블릭 포럼 디베이트로 치자면, 반박, 요약, 마지막 초점이 합쳐진 내용이 의회식 디베이트의 반박 순서에서 다뤄진다.

다른 기술에 악영향을 끼칠 수도 있는 것입니다.

그리고 오늘 디베이트에서 가장 충돌이 많았던 부분은 윤리의 중요성과 인간복제 허용의 영향이었다고 봅니다. 먼저 양측 모두 인간복제 허용이 윤리에 어긋난다는 점은 정확하게 인정하였습니다. 그러나 찬성측은 이 윤리적 문제에 대해서 다른 여러 가지 장점들에 비했을 때 아주 작은 문제이고 그저 대를 위해서 소를 희생하는 아주 당연한 것이라고 주장을 했습니다. 그러나 저희팀은 찬성측에서 윤리적인 문제를 너무 과소평가하고 있는 것이 아닌가 생각이 듭니다. 여러분, 인간복제를 허용하게 되면 우리는 더 이상 생명의 소중함을 느낄 수가 없습니다. 인간이 공장에서 찍어내는 제품처럼 설계된 대로 뚝딱 만들어지게 되는 것입니다. 이는 자연의 순리를 거스르는 정말 어마무시한 일이라고 할 수 있습니다. 인간이 인간으로서의 가치를 잃게 된다고 할 수 있습니다.

그리고 인간복제의 영향에 대해서 찬성측은 장점을, 반대측은 단점을 들어 강조했는데요. 찬성측에서는 불임 문제 해결과 과학기술의 발달을 장점으로 내세웠습니다. 저희는 입안 단계에서 말씀드렸듯이 이 장점들이 100% 완벽하고 결점이 없는 장점이라고 수긍할 수도 없습니다.

그러나 설사 인간복제의 허용으로 이러한 좋은 점들이 현실에서 실현된다고 하더라도 그보다는 악영향이 훨씬 클 것이라고 생각합니다. 지금까지 우리 사회에는 없었던 새로운 종류의 생명체가 생겨난다는 것은 말처럼 그렇게 간단한 일이 아니기 때문입니다. 지금까지 우리 인류가 만들어온 기초 사회질서부터 모두 무너질 수 있습니다. 어쩌면 우리가 복제인간들에게 지배당하는 그런 불행한 일이 생길 수도 있지 않습니까?

그 어떠한 과학기술도 좋은 면과 나쁜 면이 있기 마련입니다. 현재 인간복제기술은 기술적으로도 완벽하지 않을뿐더러 인류에 어떤 악영향을 미칠지 알 수 없습니다. 좋은 면만 바라보며 인간복제를 허용하는 것은 너무 조급한 판단입니다.

여러분, 여러분이 생각하는 이상적인 세계는 어떻습니까? 아마 자신과 똑같이 생긴 수많은 사람들이 길거리를 돌아다니는 사회도, 인간들은 놀고먹고 복제인간들은 일하는 사회도 아닐 것입니다. 그런데 찬성측은 이런 세계를 유토피아라고 표현했습니다. 이러한 사회는 현실적으로 불가능하며 우리가 원하는 이상적인 사회도 아닙니다. 여러분, 인간복제를 뒤따라올 재앙을 다시 한 번 새겨주시기 바랍니다. 감사합니다."

●● 나혜윤 학생은 양팀의 논거를 정리하고, 쟁점을 부각시켰다. 그리고 왜 반대팀이 더 옳은지에 대해 발언했다.

반대팀은 우선 이번 디베이트에서 찬성팀과 반대팀의 논거를 정리하고, 찬성팀의 논거에 대해 추가로 반박했다. 이어서 오늘 디베이트의 쟁점을 윤리의 중요성과 인간복제 허용의 영향으로 정리했다. 이 쟁점에서 왜 반대팀이 더 설득력이 있었는지 설명한다. 마지막으로 인간복제를 허용했을 시 뒤따라올 재앙을 강조하며 발언을 정리했다.

• 찬성 팀 1의 반박 |5분|

이 디베이트의 마지막으로 찬성팀 1을 맡은 임상현 학생이 나와서 마지막 반박 발언을 시작한다. 역시 이 순서에도 보충질의가 없다.

찬성팀 1 임상현 학생이 나와 연단에 서서 찬성팀 반박을 시작한다. 발언 제한 시간은 5분이다.

신호진 | 찬성 2　　　임상현 | 찬성 1　　　　　나혜윤 | 반대 1　　　이정훈 | 반대 2

다음은 임상현 학생의 찬성팀 반박 발언 요지다.

"안녕하십니까? 〈인간복제를 허용해야 한다〉의 찬성측 반박을 맡았습니다. 오늘 많은 디베이트를 통해 여러 찬반들이 오고갔는데요, 제가 일단 첫 번째로 오늘 어떤 내용이 많이 오고갔는지 우선 말씀드리도록 하겠습니다. 우선 정리해보자면 저희 찬성측은 오늘 첫 번째로 불임 문제 해결, 두 번째로 윤리적 문제에 대한 대안, 세 번째로 노동력의 증가, 네 번째로 과학기술의 발달, 이렇게 네 가지 근거를 들었습니다. 상대측에서는 오늘 크게 세 가지 논거를 들어 본인들의 주장에 힘을 실어주셨는데요. 첫 번째로 윤리적인 문제가 생길 수 있고, 두 번째로 사회적 혼란이 생길 가능성이 있고, 마지막 세 번째로 기술의 한계점에 대해서 이야기해주셨습니다.

저희는 아직 몇 가지 부분에서는 동의할 수 없는 부분이 있습니다. 우선 마지막으로 들어 주셨던 기술의 한계에서는 상대측에서는 기술이 완벽하게 발달하지 않았기 때문에 지금 실행하는 것은 조금 위험하다고 하셨지만, 제가 말씀드리고 싶은 것은 기술적 한계에 다다르기는 하였지만 우리 인간은 그 이전에도 기술적 한계를 많이 겪었습니다. 예를 들어서 핸드폰의 발달인데요. 과학 기술의 발전에 대해서는 분명히 많은 세월이 지나면서 빠르게 성장하고 있다고 인정해야 되는 부분입니다. 핸드폰을 예로 들면 처음에는 삐삐나 무전기 같은 경우였지만 불과 몇 년 사이에 스마트폰이나 첨단 기술을 이용할 수 있게 되었습니다. 이와 같이 인간복제를 허용하게 되어 시장이나 시중에 널리 퍼지게 된다면, 사람들은 그것에 대해 투자할 것이고 인간복제에 대한 기술은 쉽게 발전할 수 있을 것이라고 저희는 생각합니다.

그리고 오늘 상대측께서는 저희 주장에 대해 몇 가지 반박을 해주셨는데 우선 첫 번째로 불임 문제에 대해서는 그것이 자신과 동일한 인간을 만드는 것이기 때문에 아이와 부모가 완전히 똑같은 상태로 나올 수 있다고 이야기해주셨습니다. 그러나 저희는 그것이 아니고 첫 번째로 저희가 인간복제에 대해서 용어 정의를 하였을 때 체세포 핵치환 방식이라고 해서 중간에 핵을 따로 떼어 분리해내는 방식을 오늘의 주제로 말씀해드렸습니다. 그것과 같이 저희는 남성과 여성의 핵분할을 조금씩 하여 아이를 만드는 것이지, 그것이 부모와 완전히 동일한 인간을 만드는 것이 아닌 인간복제기술을 어느 정도 이용하여 불임 문제를 해결하는 것이라고 다시 한 번 정의를 드리고 싶습니다.

그리고 이러한 불임 문제를 해결하는 것이 정자와 난자를 통하는 것이 아니어서 자연의 순리에 어긋나는 것이라고 해주셨지만, 저희는 지금까지 많은 불임 문제를 해결하기 위해서 처음에 말씀드렸던 것과 같이 시험관 아기와 같은 방법을 이용하였는데요. 그럼 시험관 아이 같은 경우는 어느 정도 인공적인 방법을 몇 가지 이용한 것이기 때문에, 그러면 이러한 시험관 아기도 자연의 순리와 어긋난 것이기 때문에 올바르지 않은 것일까요? 아닙니다. 지금 물론 자연의 순리에 어긋나기는 하였지만 이미 세상은 인구부족 문제로 많은 고통에 시달리고 있습니다. 이런 자연의 순리도 물론 중요하지만, 자연의 순리를 생각하는 것이 아닌, 지구의 본래 환경과 아름다운 모습을 유지하기 위해서도 어느 정도 이런 수술이 필요하다고 저희는 강력히 주장합니다.

그리고 두 번째로 노동력의 증가에 대해서 질문하시면서 그걸로 인해 해고된 사람들을 어떻게 보장할 것인가, 그런 문제에 대해서는 어떻게 생각하느냐고 이야기해주셨습니다. 저희는 그것에 대해서는 해고된 분들을 오히려 같이 그냥 존재하게 하여 노동력을 기존보다 더 상승시키는 방법을 택하거나, 원래 노동직에 종사하셨던 분들이 다른 전문직으로 좀 더 잘할 수 있는 부분으로 이동하여 사회적으로 나은 모습을 보일 수 있다고 다시 한 번 반박하겠습니다.

그리고 마지막으로 대안에 대한 부분에서는 사회적으로 많은 혼란이 일어날 수 있다고 분명히 제기하였습니다. 그에 따라서 상대팀께서는 물론 그런 문제가 제기될 수 있고 저희가 법적으로 제한하겠다고 하였지만 그럼에도 영화 ‘아일랜드’와 같은 문제가 일어날 수 있고, 그렇게 탈출 문제가 존재할 수 있다고 말씀하셨습니다. 하지만 그런 문제에 대해서는 저희는 분명히 인간복제의 문제를 먼 미래에 허용하게 된다면, 그전까지 많은 법과 제도를 정비한다면 그런 문제는 충분히 완화할 수 있다고 생각합니다.

여러분, 이렇게 악용 소지가 있음에도 불구하고 저희 인간이 인간복제를 해야 되는 이유가 있습니다. 인간이란 존재는 한계를 만나야만 성장한다는 말이 있습니다. 여러분, 이렇게 불임 문제를 해결할 수 있고 노동력이 증가할 수 있는데 그런 악용될 소지들만 가지고 이런 좋은 문제를 해결하지 못한다는 것은 너무 아쉬운 부분입니다. 잘 생각해주시기 바랍니다. 감사합니다.”

●● 역시 찬성팀에서도 오늘 디베이트에서 제기된 양팀의 논거를 정리하고, 이어서 쟁점을 제시했다. 그리고 마지막으로 왜 찬성팀이 옳은지에 대해 호소했다.

찬성팀 역시 오늘 디베이트에서 찬성팀과 반대팀의 논거를 정리해서 소개했다. 이어서 반대팀에 대한 반박 중 못다 한 부분에 대해 반박했다. 그리고 반대팀의 반박에 대해 재반박하면서 찬성팀의 입장이 왜 옳은지에 대해 설명했다. 마지막으로 찬성팀은 몇몇 걱정되는 상황을 이유로 인간복제에 대해 반대한다면, 인간복제를 통해 인류가 얻을 수 있는 장점들을 놓치게 된다는 점을 호소했다.

이로써 모든 디베이트가 끝났다. 학생들은 열심히 임했다. 다만, 오늘 디베이트에서 아쉬운 점은 다음과 같다. 발언 시 중문과 복문을 너무 많이 사용하여 듣기 힘들 때가 있었다. 그리고 양팀의 전략을 잘 비교해서 심판과 청중들에게 소개했다면 더 좋은 디베이트가 될 수 있었을 것이다.

4 동영상으로 보는 의회식 디베이트의 실제 진행 ❷

| 주제 | 가축의 대량사육은 정당하다

이번 디베이트에 참여한 학생들은 최예향(진선여고1), 이채린(서문여고1), 양성우(중산고1), 장윤제(중동고1)이다.

먼저 현장에 모인 학생들에게 주제를 알려주고, 동전 던지기로 찬성과 반대를 결정한다.

참여 학생들은 아래 사진처럼 앉는다. 동전 던지기로 최예향과 이채린 학생이 찬성팀으로, 양성우와 장윤제 학생이 반대팀으로 나뉜다.

동전 던지기로 찬성팀과 반대팀이 결정된다. 찬성팀은 왼쪽, 반대팀은 오른쪽에 앉는다. 왼쪽부터 최예향(진선여고1), 이채린(서문여고1), 양성우(중산고1), 장윤제(중동고1) 학생이다.

최예향 | 찬성 2   이채린 | 찬성 1   양성우 | 반대 1   장윤제 | 반대 2

이어 준비시간 25분이 주어지고, 학생들은 즉석에서 주어진 주제에 대해 준비한다. 전혀 모르는 주제가 주어지면 낭패다. 결국 의회식 디베이트를 잘하려면 평소 여러 가지 이슈들에 대해 조사하고, 생각해보는 기회를 갖는 것이 좋다.

• 찬성팀 1의 입안 |7분|

준비시간 25분이 지나 이제 정식으로 디베이트가 시작된다. 찬성팀 1을 맡은 이채린 학생이 나와 입안을 시작한다.

최예향 | 찬성 2   이채린 | 찬성 1   양성우 | 반대 1   장윤제 | 반대 2

다음은 이채린 학생의 찬성팀 입안 발언 요지다.

"안녕하십니까? 〈가축의 대량사육은 정당하다〉의 찬성팀 1의 입안을 맡은 이채린입니다. 오늘 먹은 음식 중 달걀과 닭, 고기가 들어가는 음식을 떠올려보십시오. 평소에 흔하게 먹을 수 있는 음식들입니다. 그런데 이러한 음식들이 갑자기 생산되는 양이 적어져 몇 배로 비싼 돈을 주고 구매해야 한다면 쉽게 수긍하실 수 있겠습니까?

지난 2014년 조사한 결과에 따르면 우리나라에서는 산란계 6,400만 마리가 길러지고 있으며, 이들로부터 하루 평균 약 3,800만 개의 달걀이 생산되고 있습니다. 이렇게 많은 달걀을 생산할 수 있었던 것은 가축의 대량사육 덕분이지

만, 녹색당과 동물 보호 시민단체 카라는 우리나라 축산법이 가축의 공장식 사
육을 권장하고 있다고 비판하였습니다. 이렇듯 공장식 가축 사육 방식으로 길
러지는 축산물이 결국 인간의 건강을 위협할 수 있다는 주장이 제기되어 공장
식 가축 사육 방식을 두고 우려의 목소리가 높아지고 있습니다."

여기까지 발언했을 때 1분이 지났음을 알리는 벨 소리가 들린다. 자, 이제부
터 상대팀은 보충질의를 할 수 있다.
이채린 학생은 발언을 계속한다.

"동물의 대량사육은 식용을 위해 많은 동물을 한 곳에서 대량으로 사육하는
것이고, 정당하다는 이치에 맞아 올바르고 마땅한 것을 나타냅니다. 오늘의 주
제를 저희팀은 이러한 '동물의 대량사육이 옳다, 정당하다.'라고 이해합니다.
저희팀은 육류 섭취가 필수적인 70억에 달하는 인간에게 육류를 염가에 제공
하기 위해서 대량사육은 불가피하다는 점에서 찬성입니다. 저희는 자연의 섭
리, 불가피성, 해결책을 근거로 〈가축의 대량사육은 정당하다〉에 찬성합니다.
첫째, 자연의 섭리. 사람이 동물을 먹는 것은 자연의 섭리이며 필수불가결합니
다. 사람도 동물입니다. 다른 동물들이 날카로운 발톱과 이빨을 가지고 진화했
을 때, 우리는 큰 뇌를 가지고 진화를 했습니다. 그렇기 때문에 현재 먹이사슬
의 꼭대기에 있습니다."

여기까지 발언했을 때 반대팀 양성우 학생이 일어나 보충질의를 신청한다.
이채린 학생은 허용한다. 다음과 같은 요지의 질문과 답변이 오간다.

반대팀 양성우 학생이 일어나 보충질의를 신청한다. 이채린 학생은 허용한다. 찬성팀 1의 입안 중 첫 번째 보충질의가 진행된다.

최예향 | 찬성 2   이채린 | 찬성 1   양성우 | 반대 1   장윤제 | 반대 2

- **양성우 학생**: 가축의 대량사육은 자연의 섭리를 어기고 있습니다. 대량으로 가두고 돼지와 소들을 좁은 공간에 가두어 기르고 있습니다. 이것은 자연의 섭리라고 볼 수 없습니다.
- **이채린 학생**: 저희는 이것이 왜 타당하지 않은지 이해할 수 없습니다. 일단 넘어가겠습니다.

답변을 마친 이채린 학생은 발언을 계속한다.

"사람의 식욕을 떠나서 채식주의 식단은 건강에 해롭습니다. 일단 육류는 뇌와 근육이 필수로 하는 포화지방을 포함하고 있고, 사람의 생장에 필요한 다량의 영양소를 함유하고 있습니다. 식물은 크게 수용성 섬유와 불용성 섬유로 이루어져 있는데, 식물만 섭취할 경우 복부 팽창이나 변비 같은 문제를 불러올 수 있습니다. 인간은 초식동물과 달리 짧은 소화기 계통을 가지고 있기 때문에 식물의 주 섬유 조직인 셀룰로스를 소화하는 특별기관을 가지고 있지 않습니다. 인간은 이렇게 육류와 채소류를 함께 섭취하도록 진화해왔습니다. 그렇기 때문에 자연적으로 다른 동물들을 식용의 목적으로 대량사육하는 것은 정당합니다."

이때 상대팀의 장윤제 학생이 일어나 두 번째 보충질의를 요청한다. 이채린 학생은 허용한다. 다음과 같은 요지의 질문과 답변이 오간다.

최예향 | 찬성 2　　이채린 | 찬성 1　　　　　　양성우 | 반대 1　　장윤제 | 반대 2

• **장윤제 학생:** 채식주의 식단이 인간의 건강에 해롭다고 하셨는데, 채식주의 식단이 해롭다는 구체적인 통계가 있습니까?

• **이채린 학생:** 채식주의 식단에는 굉장히 여러 가지 종류가 있으며, 저희가 말씀드리는 것은 계속 육류를 포함하지 않는 채식만 섭취하는 것을 말씀드리기 때문에, 정확한 통계자료는 없습니다.

답변을 마친 이채린 학생은 발언을 계속한다.

"둘째, 불가피성. 가축의 대량사육은 불가피합니다. 현재 가축의 대량사육이 진행되는 이유는 더욱 싼 가격에 많은 양의 음식을 제공하기 위해서입니다. 지금은 닭고기, 돼지고기, 소고기 같은 육류가 비교적 싼 가격에 제공되고 있습니다. 계란이나 생선도 마찬가지죠. 대량사육이 이루어지고 있기 때문에 한 달에 최저 생계비도 벌지 못하는 사람, 정부에 턱없이 부족한 보조금을 받는 독거노인분들도 하루에 달걀 하나씩은 먹을 수 있는 것입니다. 하지만 이 상태에서 대량생산을 멈추고 친환경적으로 방목 등의 수단을 이용하여 사육을 한

찬성팀 두 번째 논거
주장: 가축의 대량사육은 불가피하다.
근거: 많은 인구에게 육류를 공급하기 위해서는 대량사육이 불가피함을 설명

다면, 가격이 어떻게 될까요? 영국 '인디펜던트' 지의 연구결과에 의하면 최소 40% 상승할 것입니다."

여기까지 발언했을 때 반대팀 양성우 학생이 또다시 일어나 세 번째 보충질의를 신청한다. 이채린 학생은 이를 허용한다. 다음과 같은 요지의 질문과 답변이 오간다.

이번에는 반대팀 양성우 학생이 일어나 보충질의를 신청한다. 이채린 학생은 허용한다. 찬성팀 1의 입안 중 세 번째 보충질의가 진행된다.

최예향 | 찬성 2   이채린 | 찬성 1   양성우 | 반대 1   장윤제 | 반대 2

• **양성우 학생**: 이것은 직접적인 계산이라고 말할 수 있습니다. 구제역 피해액과 대량사육으로 인한 질병 발생 피해액을 합치면 유기농으로 했을 때보다 더 비싸다고 저희팀은 주장합니다. 이에 대해 어떻게 생각하십니까?

• **이채린 학생**: 반대측은 정확한 통계자료를 들어 주지 않았을뿐더러, 애초에 대량사육의 목적 중의 하나는 염가로 육류를 인류에게 제공하는 것이 목적인데, 만약 질병 등의 원인으로 인해 더 비싸진다면 애초에 유기농으로 제공했겠죠. 어떻게 굳이 대량사육이라는 방법을 택했을까요?

답변을 마친 이채린 학생은 발언을 계속한다.

"영국 '인디펜던트' 지의 연구결과에 의하면 최소 40% 상승할 것입니다. 이로 인해 저소득층은 양질의 단백질 섭취가 굉장히 힘들어질 것이며, 성장기 아이들의 영양결핍이나 불균형을 초래할 수 있습니다.

셋째, 해결책입니다. 가축의 대량사육으로 인한 문제점들을 해결할 수 있습니다. 우리나라의 대량사육 농가들은 대부분 대기업과 계약을 맺어 운영되는 대규모 농장들이며, 항생제와 성장촉진제 사용량 등에 대한 정부의 철저한 관리와 규제를 받고 있습니다. 셋째 해결책에 대한 나머지 내용은 제2 입안 토론자님께서 마저 발표해주시겠습니다.

따라서 저희는 자연의 섭리, 불가피성, 해결책을 근거로 〈동물의 대량사육은 정당하다〉에 찬성합니다. 감사합니다.”

●● 찬성팀 1의 입안자는 자신의 논거 세 가지 중 두 가지를 설명했다. 나머지 한 가지는 찬성팀 2 입안자에게 넘긴다고 했다. 그러니까 오늘 찬성팀은 논거 세 가지 중 두 가지는 찬성팀 1 입안자가, 한 가지는 찬성팀 2 입안자가 하기로 작전을 짠 것이다. 입안자들끼리의 역할을 어떻게 할 것인가는 참가 학생들의 재량이다.

찬성팀 첫 번째 주장은 ‘사람이 육식을 하는 것은 자연의 섭리다.’였고, 그 근거는 먹이사슬에 대한 설명이었다. 두 번째 주장은 ‘가축의 대량사육은 불가피하다.’였고, 그 근거는 많은 인구에게 육류를 공급하기 위해서는 대량사육이 불가피하다는 점으로 설명했다. 세 번째 주장은 ‘가축의 대량사육과 관련된 문제를 해결할 수 있다.’였고, 그 근거는 정부의 관리와 규제에 대한 설명이었다.

• 반대팀 1의 입안 |8분|

양성우 학생이 연단에 나와 반대팀 1의 입안을 시작한다.

최예향 | 찬성 2   이채린 | 찬성 1   양성우 | 반대 1   장윤제 | 반대 2

다음은 양성우 학생의 반대팀 입안 발언 요지다.

"안녕하십니까? 저는 〈가축의 대량사육은 정당하다〉의 반대측 입안 1을 맡은 양
성우입니다. 2013년 5월, 녹색당과 동물 보호 시민단체 카라는 우리나라 축산법
이 가축의 공장식 사육을 권장하고 있다고 비판했습니다. 이는 헌법에서 보장하
는 '국민의 생명과 신체의 안전에 대한 권리' 그리고 '동물보호법'을 위반하고 있
다는 주장이었습니다. 그들은 헌법 소원 심판 청구서를 제출했습니다. 2010년
구제역 파동 당시 산 채로 매장당해야 했던 수많은 가축의 생명을 기억하고, 다
시는 이와 같은 사태가 반복되면 안 된다는 동기에서 시작된 일이었습니다.
예전엔 고기가 비싸서 부자들만 사먹는 것이라고 생각했습니다. 하지만 요즘은
가축의 대량사육을 통해 값싸게 생산하는 것이 가능해졌습니다. 그 바람에 고
기도 서민 음식 중 하나가 되었습니다. 하지만 이 과정에서 질병 유발과 토지오
염 그리고 동물 학대라는 문제가 심화되어 이 주제가 논란이 되고 있습니다."

여기까지 발언했을 때 1분이 지났음을 알리는 벨 소리가 들린다. 자, 이제부
터 상대팀은 보충질의를 할 수 있다. 양성우 학생은 발언을 계속한다.

"우선 용어정리를 해보겠습니다. 대량사육이란 비용을 절감하기 위해……."

이때 찬성팀의 최예향 학생이 일어나 보충질의를 신청한다. 양성우 학생은 허용한다.

최예향 | 찬성 2   이채린 | 찬성 1   양성우 | 반대 1   장윤제 | 반대 2

- **최예향 학생**: 아까 질병을 유발한다고 하셨는데, 그럼 구체적으로 어떤 질병을 유발합니까?
- **양성우 학생**: 구체적인 질병이라 하면 구제역, 조류독감, 장출혈 그리고 광우병 등이 있다고 저희팀은 말할 수 있겠습니다.

양성우 학생은 발언을 계속한다.

"우선 용어정리를 해 보겠습니다. 대량사육이란 비용을 절감하기 위해, 가축을 좁은 곳에 밀집시켜 대량으로 사육하는 것입니다. 저희팀은 '싼값에 고기를 제공하기 위해 기업형으로 가축을 대량사육하는 것은 옳다'는 뜻으로 오늘의 주제를 해석합니다. 저희팀 입장은 반대입니다. 그 구체적인 입장은 동물사육을 포함, 이제는 인간이 자연과 환경에 대한 태도를 바꿔야 한다는 것입니다.
오늘 디베이트에 대한 논거로 자연에 대한 인간의 태도 변화의 필요성, 가축들에 대한 지나친 학대, 가축 질병의 주요 원인 그리고 대안의 4가지 논거를 들어 반대합니다.

첫째, 자연에 대한 인간의 태도 변화 필요성입니다. 현재 전 세계에서는 신생아의 3~5%가 장애를 갖고 태어납니다. 의외로, 유전적인 요인은 적습니다. 그보다는 환경오염, 환경 호르몬 과다섭취 등이 주요인입니다. 우리가 자연을 심하게 학대한 것에 대해 자연이 복수를 하고 있는 것입니다. 허구한 날 발암물질로 지정된 햄, 소시지 같은 음식을 먹고, 그것들을 먹기 위해 저지른 환경 오염과⋯⋯."

이때 찬성팀의 이채린 학생이 일어나 보충질의를 신청한다. 양성우 학생은 허용한다.

이채린 | 찬성 1   양성우 | 반대 1

• **이채린 학생**: 햄과 소시지 같은 식품은 가공하는 단계에서 첨가물이 들어가서 발암물질로 선정된 것이지, 대량사육 때문에 생긴 것이 아니라고 생각됩니다. 이것에 대해 어떻게 생각하세요?

• **양성우 학생**: 소시지를 만들려면 가공육이 필요합니다. 가공육을 만들려면 우선 무조건 대량사육이 뒷받침되어야 합니다. 이것이 저희팀의 답변이 되겠습니다.

양성우 학생은 발언을 계속한다.

"다시 한 번 말하겠습니다. 허구한 날 발암물질로 지정된 햄, 소시지 같은 음식을 먹고, 그것들을 먹기 위해 저지른 환경오염과 가축의 대량사육이 한 가지 원인이 됩니다.

여러분, 가축 대량 생산 과정에서 우리가 자연을 얼마나 희생시키시는지 모르십니까? 예를 들어, 가축들을 대량으로 기르다 보니 그들의 분뇨도 제대로 치우지도 않습니다. 그 결과 토지를 심각하게 오염시킵니다. 돼지 8만 마리의 배설물의 양은 인간 18만 명의 배설물의 양과 같다고 알고 있습니다."

이때 찬성팀의 최예향 학생이 일어나 보충질의를 신청한다. 양성우 학생은 허용한다.

찬성팀 최예향 학생이 일어나 보충질의를 신청한다. 양성우 학생은 허용한다. 반대팀 1의 입안 중 세 번째 보충질의가 진행된다.

최예향 | 찬성 2　　이채린 | 찬성 1　　　　양성우 | 반대 1　　장윤제 | 반대 2

• **최예향 학생**: 가축의 대량생산이 환경오염에 얼마나 영향을 미치는지 통계자료를 제시해주시기 바랍니다.

• **양성우 학생**: 이것은 전문가의 의견을 따랐고, 구체적인 통계자료는 없다고 답변드릴 수 있겠습니다.

양성우 학생은 발언을 계속한다. 요지는 다음과 같다.

"다시 말씀드리겠습니다. 돼지 8만 마리의 배설물은 인간 18만 명의 배설물의 양과 같습니다. 이제 바꿔야 합니다. 인간은 자연과 환경에 대해 취했던 태도를 바꾸고 지금부터라도 옳게 행동해야 합니다.

두 번째, 가축들에 대한 학대입니다. 예를 들어 배터리식 닭장에서 길러지는 닭들은 A4 용지보다 작은 면적의 철창에 갇힌 채 평생을 보내게 됩니다. 평생 흙 한번 밟아보지 못하고 날개 한번 펴 보지 못한 채 웅크리고 앉아 있어야 합니다. 빠르게 불어나는 체중을 버티지 못한 닭들은 대부분 다리를 절름거립니다. 또한, 닭들의 배설물은 닭장이 모두 비워지기 전까지는 절대 청소할 수 없습니다. 따라서 몇 년이고 계속 쌓이기만 합니다. 자연히 닭들은 자극성 강한 가스와 먼지 속에서 생활할 수밖에 없습니다. 이렇게 열악한 환경에서 생활하다 보니 호흡기 질환에 시달립니다. 눈에서는 늘 진물이 흘러, 이로 인해 시력을 잃는 참담한 경우도 많이 있습니다. 돼지의 경우도 심각합니다. 돼지 수컷은 고기 냄새를 없애기 위해 마취도 없이 거세시킵니다.

혹시 강제 털갈이라는 말을 들어보셨나요? 공장식 사육을 하는 양계장에서는 닭들이 알을 낳는 빈도와 질이 떨어지기 시작하면 대책을 마련합니다. 이것을 바로 강제 털갈이라고 하는 것입니다. 호르몬 변화를 통해 산란율을 다시 높이려 강제 털갈이라는 것을 시킵니다. 약 1~2주간 물과 사료를 주지 않고 잠을 재우지 않기도 합니다. 이 기간에 닭들은 스트레스로 인한 영양 부족과 탈진 등으로 체중이 30%가량 감소하고, 5~10%는 이를 견디지 못하고 죽고 맙니다. 게다가 스트레스를 견디다 못해, 옆에 있는 닭을 부리로 쪼아 상처를 입히고 뜯어 먹기도 합니다. 그런데 축산업계는 이러한 강제 털갈이를 단순히 생산성을 높이기 위한 축산 기술로 여깁니다.

나머지 세 번째와 네 번째 논거는 다음 토론자께서 말씀드릴 거고요. 상대방의 논거에 반박을 해보겠습니다.

첫 번째 논거에 대해서는, 찬성측의 약육강식은 편향되어 있다고 말할 수 있겠습니다."

여기까지 발언했을 때 발언 시간이 1분 남았음을 알리는 벨 소리가 들린다. 자, 이제부터 상대팀은 보충질의를 할 수 없다.

양성우 학생은 발언을 계속한다.

"비정상적인 환경에서 대량사육을 하는 것은 자연의 섭리에 어긋납니다. 그리고 가축들을 먹는 것만이 아닌 가축을 키우는 것에도 이것을 적용시켜야 합니다. 두 번째, 가축의 대량사육은 불가피하지 않습니다. 상대방 논거는 지금과 같은 많은 인구에게 단백질을 염가로 제공할 수 있는가입니다. 우리가 유기농을 고수한다면 가격이 약 40% 정도 상승할 것이라고 말씀하셨습니다. 저희팀은 이것이 직접적인 계산이라고 말씀드릴 수 있겠습니다. 다른 부가적인 것들은 포함시키지 않았습니다. 예를 들어 구제역 피해액 그리고 국민 치료액 등을 포함하면 유기농으로 생산하는 것보다 가축 대량생산에 더 금액이 많이 들어갈 것이라고 저희팀은 주장할 수 있겠습니다. 저희팀은 이런 논거를 통해 가축의 대량사육에 반대합니다. 감사합니다. "

●● 반대팀의 경우는 입안자 1이 논거 네 가지 중 두 가지를, 입안자 2가 나머지 논거를 설명하기로 작전을 짰다. 그래서 입안자 1은 두 가지 논거를 설명하고, 이어 남은 시간에는 찬성팀 1의 입안자가 설명한 논거에 대해 반박했다.
반대팀은 찬성팀의 첫 번째 논거인 자연의 섭리는 인간 입장에서의 편향이라고 지적하고, 두 번째 논거인 불가피성에 대해서는 가축의 대량생산은 해결할 수 있는 문제라는 점을 지적하고 있다.

• 찬성팀 2의 입안 │8분│

이어 찬성팀 2의 입안을 맡은 최예향 학생이 나와 입안 발언을 마무리한다.

최예향 | 찬성 2

다음은 최예향 학생의 찬성팀 입안 발언 요지다.

"안녕하세요? 〈가축의 대량사육은 정당하다〉의 찬성팀 두 번째 입안을 맡은 최예향입니다.

우리나라 사람들은 한 해 동안 달걀 110억 개, 닭고기 1억 마리를 소비합니다. 달걀과 닭고기가 들어간 음식을 헤아려보세요. 어마어마하지요? 이미 달걀과 닭고기는 국민 영양 식품이 된 것입니다. 이러한 닭 사육의 75%는 대량사육 시스템인 배터리식 닭장 시스템을 이용하고 있습니다. 그런데 만약 닭들을 자유롭게 풀어놓고 키운다면 어떻게 될까요? 엄청난 규모의 땅과 인력이 필요해지고 자연히 지금처럼 많은 양의 달걀과 닭고기를 값싸게 생산해내는 것은 불가능해질 것입니다. 따라서 가축의 대량사육을 없앤다면 달걀과 닭고기가 다시 귀한 음식이 되고 지금처럼 마음껏 맛보고 즐길 수 없게 될 것입니다. 국민들이 이런 희생을 기꺼이 감수하려 할까요? 저희팀에서는 자연의 섭리와 불가피성을 근거로 들었습니다."

여기까지 발언했을 때 1분이 지났음을 알리는 벨 소리가 들린다. 자, 이제부터 상대팀은 보충질의를 할 수 있다.

최예향 학생은 발언을 계속한다.

"먼저 자연의 섭리에 대해 보충설명을 해드리겠습니다. 인간은 살기 위해 먹이사슬, 즉 자연의 법칙에 의해 가축을 사육하여 먹습니다. 하지만 사람의 수가 늘어나면서 가축 소비량이 많아짐에 따라 대량사육이라는 어쩔 수 없는 결과를 낳게 된 것입니다. 이는 호랑이가 토끼를 잡아먹듯 당연한 일이며……."

이때 반대팀의 양성우 학생이 일어나 보충질의를 신청한다. 최예향 학생은 허용하지 않는다.

반대팀 양성우 학생이 일어나 보충질의를 신청한다. 최예향 학생은 허용하지 않는다.

최예향 | 찬성 2   이채린 | 찬성 1   양성우 | 반대 1   장윤제 | 반대 2

최예향 학생은 발언을 계속한다.

"당연한 자연의 법칙이자 정당합니다, 또한 우리나라의 경우 1970년과 비교해 1인당 달걀 소비량은 3배, 쇠고기와 돼지고기 소비량은 8배, 닭고기 소비량은 9배, 우유 소비량은 12배 증가했습니다. 이처럼 달걀과 우유, 육류의 소비량이 늘어나게 된 데는 축산물을 더 빨리, 더 많이, 더 싸게 시장에 내놓을 수 있도록 발전해온 공장식 가축 사육 방식 도입의 효과가 큽니다. 우리나라는 좁은 영토에 많은 인구가 모여 살고 있습니다. 우리나라 공장식 가축 사육은 토지이용이나 비용 측면에서 효율적이고 경제적입니다. 하지만 육류 섭취가 필수적인 인간에게 70억에 달하는 인류에게 고기를 염가에 제공하기 위해서 대량사육은 불가피하기 때문에 가축의 대량사육은 정당하다고 하는 것입니다.

셋째, 해결책입니다. 우리나라의 대량사육 농가들은 대부분 대기업과 계약을 맺어 운영되는 대규모 농장들이며, 항생제와 성장촉진제 사용량 등에 대한 정부의 철저한 관리와 규제를 받고 있습니다. 또한 2005년 이후 정부에서도 항생제 오남용을 막기 위해 사료에 섞어 먹일 수 있는 항생제의 종류를 대폭 줄여나가고 있으며, 2010년부터는 법적으로 적정 사육 가축 수를 정해 피해를 줄이고 있습니다.”

이때 반대팀의 장윤제 학생이 일어나 보충질의를 신청한다. 최예향 학생은 허용한다.

장윤제 | 반대 2

• **장윤제 학생**: 가축의 대량사육이라는 게 애초에 비정상적인 방법으로 동물을 사육하는 것인데, 그런 환경이 지속되면 우리는 다시 힘들게 될 것인데 어떻게 생각하십니까?

• **최예향 학생**: 물론 어느 정도의 문제가 발생할 수도 있지만, 70억의 인구에게 육류를 염가에 제공하기 위해서는 가축의 대량사육이 불가피하기 때문에 감수해야 할 부분이라고 생각합니다.

최예향 학생은 발언을 계속한다.

"계속하도록 하겠습니다. 가축 수를 정해 피해를 줄이고 있습니다. 이처럼 점차 많은 법률로 가축의 대량사육이 안전해지고 있으며 이는 가축을 학대하는 등의 문제를 줄이고 있습니다. 따라서 저희는 자연의 섭리, 불가피성, 해결책을 근거로 〈가축의 대량사육은 정당하다〉에 찬성합니다.

이어서 반박을 해보겠습니다. 상대팀께서는 먼저 자연에 대한 인간의 태도 변화의 필요성, 가축들에 대한 학대를 근거로 가축의 대량사육에 반대하셨습니다. 인간의 태도 변화 필요성으로는 신생아의 3~5%가 장애를 가지고 태어나는데, 그 이유로는 환경오염이 많은 이유를 차지하고 있다고 하셨고, 가축들에 대한 학대로는 A4 용지보다 작은 면적의 철창에 갇혀 평생을 보내는 등 열악한 환경에서 지낸다고 하셨습니다. 먼저 인간의 태도 변화 필요성부터 반박해 보자면, 상대측에서는 환경오염에 영향을 미치는 가축의 대량사육에 대해 정확한 통계자료를 제시하지 않으셨습니다. 이를 보아 옳지 않은 근거라고 생각됩니다.

두 번째 가축들에 대한 학대는 저희측 세 번째 근거에서 말씀드렸다시피 우리나라의 대량사육 농가들은 대부분 대기업과 계약을 맺어 운영되는 대규모 농장들이며, 정부는 2005년 이후 항생제 오남용을 막기 위해 사료에 섞어 먹일 수 있는 항생제의 종류를 대폭 줄여나가고 있으며, 2010년부터는 법적으로 적정 사육 가축 수를 정해 피해를 줄이고 있는 등의 법률로 점차 문제를 줄이고 있어 점차 해결되고 있다고 생각합니다."

이때 반대팀의 양성우 학생이 일어나 보충질의를 신청한다. 최예향 학생은 허용한다.

최예향 | 찬성 2   양성우 | 반대 1

- **양성우 학생**: 아까 저희 첫 번째 논거를 반박하실 때 환경오염, 환경호르몬 과다섭취로 인한 장애 발병률에 대한 구체적인 자료를 제시하지 않으셨다고 하셨는데, 저희는 분명 전문가의 의견이 있다고 말씀드렸습니다. 이 반박은 적절하지 않다고 생각합니다. 이거에 대해서 어떻게 생각하십니까?

- **최예향 학생**: 전문가의 의견이 아니고 이런 정확한 어느 정도의 예를 들면 3%, 이런 식으로 어느 정도 정확한 비율을 들어 줘야 한다고 봅니다. 전문가 의견은 불분명합니다. 그 전문가를 거의 한 사람의 의견만을 말씀해주셨는데 그건 옳지 않은 답변이라고 생각합니다.

최예향 학생은 발언을 계속한다.

"가축의 대량사육은 육류 섭취가 필수인 인간에게, 70억 인류에게 육류를 염가로 제공하기 위해서 불가피한 것이기 때문에 정당한 것입니다. 또한 상대방 측에서 저희 보충질의 때 소시지에 대해 질문을 드렸는데, 이는 대량사육으로만 만들어지기 때문에 관련이 있다고 대답해주셨습니다. 그렇다면 상대측께서는 대량사육으로만 만들어지는 가금류 식품들을 섭취하지 않는지 질문을 드리고 싶습니다.

그리고 마지막으로 그렇다면 상대측에서는 도대체 어떤 방법으로 육류 섭취가 필수적인 70억에 달하는 인류에게 육류를 염가로 제공한다는 것입니까? 따라서 저희는 〈가축의 대량사육은 정당하다〉에 찬성합니다. 감사합니다.”

●● 찬성팀 2 입안자는 찬성팀 1 입안자가 못다 한 부분을 설명했다. 이어 반대팀 1 입안자가 발언한 내용에 대해 반박했다.

찬성팀은 반대팀의 첫 번째 논거인 자연에 대한 인간의 태도 변화의 필요성에 대해서는 구체적인 근거가 부족하다는 점을 지적하고, 두 번째 논거인 가축들에 대한 학대에 대해서는 찬성팀의 세 번째 논거인 해결책으로 해결이 가능하다고 지적하고 있다.

• 반대팀 2의 입안 |8분|

이어 반대팀 2의 입안을 맡은 장윤제 학생이 나와 입안 발언을 이어간다.

반대팀 2 입안을 맡은 장윤제 학생이 나와 연단에 서서 반대팀 입안 발언을 이어간다. 발언 제한 시간은 8분이다.

최예향 | 찬성 2　　이채린 | 찬성 1　　　　　양성우 | 반대 1　　장윤제 | 반대 2

다음은 장윤제 학생의 반대팀 입안 발언 요지다.

“안녕하십니까? 저는 오늘 디베이트에서 반대측을 맡은 두 번째 입안자인 장윤제입니다. 앞서서 첫 번째 논거와 두 번째 논거를 말씀드린 첫 번째 입안자의 말에 이어서 세 번째 논거와 네 번째 논거를 말씀드리도록 하겠습니다.

대량사육은 가축 질병의 주요 원인입니다. 우리나라에서는 2010년 구제역과 조류독감으로 가축 전염병 사태를 겪은 적이 있습니다. 이때 구제역으로 약 350만 마리의 돼지가, 조류독감으로 약 650만 마리의 닭과 돼지가 산 채로 매몰되었습니다. 도합 1,000만 마리입니다. 이는 대한민국 전체 인구의 20%나 됩니다. 그리고 직접적인 피해액 또한 3조 원이 넘었습니다. 근본적인 원인은 매우 간단합니다. 가축을 비정상적인 환경에서 키우다 보니 온갖 질병이 발생합니다."

여기까지 발언했을 때 1분이 지났음을 알리는 벨 소리가 들린다. 자, 이제부터 상대팀은 보충질의를 할 수 있다.

장윤제 학생은 발언을 계속한다.

"또 동물들을 밀집해서 키우다보니 전염이 빨라지게 됩니다. 이는 이전에 비해 가축 질병이 대형화하고, 주기적으로 변하는 근본 원인입니다."

이때 찬성팀의 최예향 학생이 일어나 보충질의를 신청한다. 장윤제 학생은 허용한다.

찬성팀 최예향 학생이 일어나 보충질의를 신청한다. 장윤제 학생은 허용한다. 반대팀 2의 입안 중 첫 번째 보충질의가 진행된다.

최예향 | 찬성 2 　　　이채린 | 찬성 1 　　　양성우 | 반대 1 　　　장윤제 | 반대 2

• **최예향 학생**: 하지만 한때 결핵 왕국이라고 불리던 우리나라가 이런 대량사육으로 인해 많은 가축들을 섭취할 수 있음으로써 이러한 결핵에 걸리는 비율이 줄어들었는데, 이에 대해서 어떻게 생각하십니까?

• **장윤제 학생**: 결핵에 걸리는 비율이 줄어들었다는 구체적인 사례를 제시해 주시기 바랍니다.

장윤제 학생은 발언을 계속한다.

"이제 네 번째 논거이자 마지막 논거인 대안을 말씀드리겠습니다. 최근 새로운 변화가 일어나고 있습니다. 생산자, 소비자 모두 유기농 축산에 관심을 기울입니다."

반대팀 네 번째 논거
주장: 가축의 대량사육에는 대안이 있다.
근거: 유기농의 가능성을 설명

이때 찬성팀의 이채린 학생이 일어나 보충질의를 신청한다. 장윤제 학생은 허용하지 않는다.

찬성팀 이채린 학생이 일어나 보충질의를 신청한다. 장윤제 학생은 허용하지 않는다. 화면을 보면 장윤제 학생은 손으로 그냥 앉으라고 신호한다. 따라서 이채린 학생의 보충질의는 불발된다.

최예향 | 찬성 2　　　이채린 | 찬성 1　　　　　　양성우 | 반대 1　　　장윤제 | 반대 2

장윤제 학생은 발언을 계속한다. 요지는 다음과 같다.

"마켓에 가보면 친환경 축산물이 한 켠을 차지하고 있습니다. 건강한 먹거리에 대한 소비자들의 관심과 생명윤리 의식이 높아졌기 때문입니다. 그로 인해 축산 농민들이 고품질 소량생산을 통해 축산업을 고부가가치 산업으로 만드는 것이 가능해졌습니다. 다행히 유기농 시장의 규모는 지속적으로 성장하고 있습니다. 게다가 농촌진흥청의 조사 결과에 따르면, 가축 사육 환경을 개선할 때 축산 농가의 수익은 오히려 크게 늘어나는 것으로 나타났습니다."

이때 찬성팀의 이채린 학생이 또다시 일어나 보충질의를 신청한다. 장윤제 학생은 허용한다.

찬성팀 이채린 학생이 일어나 보충질의를 신청한다. 장윤제 학생은 허용한다. 반대팀 2의 입안 중 두 번째 보충질의가 진행된다.

최예향 | 찬성 2   이채린 | 찬성 1   양성우 | 반대 1   장윤제 | 반대 2

• **이채린 학생**: 유기농 시장과 유기농 제품에 대해 말씀해주셨는데, 유기농 제품은 기본적으로 비쌉니다. 그렇기 때문에 상품을 살 때 가격, 상표, 장소를 자유롭게 선택할 수 있는 소비자 권리를 침해하는 것으로 보이는데요. 거기에 대해서 어떻게 생각하십니까?

• **장윤제 학생**: 만약에 유기농으로 하게 된다면 다소간의 불편과 제약은 있을 수도 있지만, 그것을 통해서 얻을 수 있는 이점이 더 크다고 생각되기 때문에 결국 괜찮다고 생각합니다.

장윤제 학생은 발언을 계속한다.

"이어서 다시 말씀드리겠습니다. 건강한 먹거리에 대한 소비자들의 관심과 생명윤리 의식이 높아졌기 때문입니다. 그로 인해 축산 농민들이 고품질 소량생산을 통해 축산업을 고부가가치 산업으로 만드는 것이 가능해졌습니다. 다행히 유기농 시장의 규모는 지속적으로 성장하고 있습니다. 게다가 농촌진흥청의 조사 결과에 따르면, 가축 사육 환경을 개선할 때 축산 농가의 수익은 오히려 크게 늘어나는 것으로 나타났습니다. 단위 면적당 사육하는 가축의 수를 줄이고 가축이 받는 스트레스를 최소화시킬 수 있도록 사육 환경을 개선하면 축산물의 질이 좋아집니다. 결과적으로 시장에서 높은 가격을 받을 수 있습니다."

이때 찬성팀의 최예향 학생이 또다시 일어나 보충질의를 신청한다. 장윤제 학생은 허용한다.

찬성팀 최예향 학생이 일어나 보충질의를 신청한다. 장윤제 학생은 허용한다. 반대팀 2의 입안 중 세 번째 보충질의가 진행된다.

최예향 | 찬성 2   이채린 | 찬성 1   양성우 | 반대 1   장윤제 | 반대 2

- **최예향 학생**: 단위 면적당 가축들의 수를 줄인다고 하셨는데 이것은 저희가 말씀드린 그 법률적 개선안이며, 어쨌든 가축 수를 줄인다고 하더라도 결국에 대량생산이 아닙니까?

- **장윤제 학생**: 가축 수를 줄임으로써 오히려 A4 용지 한 장 분량의 땅에서 있던 닭이 오히려 더 큰 공간에서 있을 수 있기 때문에 그것을 대량사육으로 볼 수는 없다고 말씀드리겠습니다.

장윤제 학생은 발언을 계속한다.

"계속 말씀드리겠습니다. 게다가 가축들의 질병 발생률도 감소해 질병으로 가축을 잃는 손실도 줄어듭니다.

이제 상대측이 말씀하신 논거에 대해 반박하도록 하겠습니다. 상대측께서는 첫 번째 논거로 자연의 섭리를 들었고, 두 번째로 불가피성, 세 번째로 해결책을 드셨는데 우선 첫 번째로 자연의 섭리에서 상대측께서 말씀하시는 자연의 섭리는 기존의 사람들이 생각하는 자연의 섭리와 어긋난다고 생각합니다.

또 두 번째로 가축의 대량사육은 불가피하다고 말씀하셨는데, 불가피한 것이 아닙니다. 가축의 대량사육은 육류를 염가에 제공하려 하는 것인데, 해산물이나 곤충들을 먹을 수 있는 연구가 진행되기 때문에 이렇게 대량사육을 하지 않아도 육류들을 해산물과 연구로 얻은 식용 곤충을 통해 얻을 수 있다고 생각합니다.

세 번째로 해결책을 말씀드렸는데 해결책을 아무리 제시한다 해도 비정상적인 방법으로 동물을 사육하는 환경이 지속되면 문제가 다시 생길 것이라고 저희는 재반박할 수 있겠습니다."

이때 찬성팀의 최예향 학생이 일어나 보충질의를 신청한다. 장윤제 학생은 허용하지 않는다.

찬성팀 최예향 학생이 일어나 보충질의를 신청한다. 장윤제 학생은 허용하지 않는다.

최예향 | 찬성 2　　이채린 | 찬성 1　　　　　양성우 | 반대 1　　장윤제 | 반대 2

장윤제 학생은 발언을 계속한다.

"저희에게는 공장식 사육장이 마치 가축들의 지옥처럼 여겨집니다. 반려동물을 길러본 분들은 동감하실 겁니다. 인지능력과 욕구, 개성과 감정 등은 인간만 갖고 있는 것이 아닙니다.

동물도 분노와 공포, 고통을 느낍니다. 가축들이 어떠한 고통을 당하든 인간들의 배만 불리고 주머니만 채우면 된다는 생각은 인간이기를 포기하자는 말로 들립니다.

저희는 오늘 자연에 대한 인간의 태도 변화의 필요성, 가축들에 대한 지나친 학대, 가축 질병의 주요 원인 그리고 대안의 네 가지 논거를 들어 오늘의 주제에 대해 반대하는 바입니다. 감사합니다."

●● 반대팀 2 입안자는 반대팀 1 입안자가 다 하지 못한 입안 내용을 설명했다. 이어서 찬성팀의 입안 내용에 대한 반박을 담았다.

반대팀은 찬성팀의 첫 번째 논거인 자연의 섭리에 대해서는 기존의 사람들이 생각하는 자연의 섭리와 어긋난다는 점을 지적하고, 두 번째 논거인 가축의 대량사육 불가피성에 대해서는 불가피한 것이 아니라고 지적하였다. 이어서 세 번째 논거인 해결책에 대해서는 비정상적인 방법으로 동물을 사육하는 환경이 지속되면 해결책도 무의미할 것이라고 지적하였다.

• 반대팀 1의 반박 | 4분 |

이어서 반대팀 1을 맡은 양성우 학생이 나와 마지막 반박 발언을 시작한다.

최예향 | 찬성 2   이채린 | 찬성 1   양성우 | 반대 1   장윤제 | 반대 2

의회식 디베이트의 세 번째 순서인 반박은 반대팀 첫 번째 토론자가 발언한다.
퍼블릭 포럼 디베이트로 치자면 반박, 요약, 마지막 초점의 내용이 합쳐진 것이 의회식 디베이트의 반박 순서에서 다뤄진다.
반대팀에서 연속해서 나와 발언한다는 점을 유의해야 한다.

"안녕하십니까? 〈가축의 대량사육은 정당하다〉의 반대팀 반박을 맡은 양성우입니다. 오늘 쟁점은 크게 세 가지가 있었는데요. 첫 번째로 인간과 자연과의 관계, 두 번째로 대량사육은 불가피한 것인가, 아닌 것인가, 세 번째로 과연 찬성팀의 해결책은 실행 가능한 것인가 이렇게 나눌 수 있겠습니다.

일단 저는 첫 번째 쟁점부터 설명드리겠습니다. 찬성측의 의견 중 자연의 섭리가 있었습니다. 찬성팀의 입안에서 말한 약육강식은 편향되어 있다고 할 수 있겠습니다. 비정상적인 환경에서 대량사육을 하는 것은 자연의 섭리가 아닙니다. 아까 말씀드렸듯이 호랑이가 토끼를 잡아먹는 것을 예로 들어 주셨는데, 이것은 자연 상태에 있는 호랑이가 자연 상태에 있는 토끼를 사냥하는 것이지 절대로 좁은 곳에 밀집시켜 대량으로 사육하는 그런 것이 아닙니다. 그리고 가축을 먹는 것만이 아닌 가축을 키우는 것에도 이것이 적용되어야 한다고 생각합니다. 인간과 자연과의 관계를 회복해야 한다는 우리측의 입장이 더 우월하다고 말씀드릴 수 있겠습니다.

두 번째 대량사육은 불가피한 것인가, 아닌 것인가입니다. 지금과 같은 많은 인구가 동물성 단백질을 염가로 제공 가능한가 가능하지 않은가 하는 문제였는데요. 찬성측은 유기농으로 한다면 가격이 약 40% 상승하여 국민들 반발이 심화될 것이라고 하셨습니다. 하지만 저희팀은 이것은 직접적인 계산이라고 말씀드릴 수 있겠습니다. 다른 부가적인 것들을 포함하면 유기농이 더 싸거나 그와 비슷할 것이라고 말씀드릴 수 있겠습니다.

예를 들어 구제역 피해액이 약 3조 원입니다. 그리고 국민 치료액은 아직 환산 되지 않을 정도로 많이 들었습니다. 그리고 찬성측에서 말씀하신 이 근거는 체 르노빌이나 후쿠시마 원자력 발전소를 지을 때 찬성했던 지지자들의 발언과 비슷합니다. 원자력으로 값싼 전기를 생산하는 것이 가능하다고 하지만 부가 적인 것들은 계산하지 않았습니다. 지금 일본을 보십시오. 태평양에 방사능이 쫙 퍼져 있습니다. 이것은 돈으로 환산할 수 없는 엄청난 피해액입니다. 가축 대량사육도 이것과 마찬가지라고 주장할 수 있겠습니다.

 그리고 세 번째, 과연 찬성측의 해결책은 실행 가능한 것인가 가능하지 않은 것인가, 이것이었는데요. 찬성측은 여러 가지 예시를 통해 문제 해결이 가능하 다고 하셨습니다. 하지만 저희팀은 이것은 미봉책이라고 말씀드릴 수 있겠습 니다. 근본적인 해결책은 되지 않는다는 것입니다. 닭은 하늘을 봐야 하고 소 는 들판에서 뛰어놀아야 합니다. 조금 환경을 개선한다 하더라도 근본적인 문 제는 절대 변하지 않을 것이라고 저희는 다시 한 번 말할 수 있겠습니다.

우리는 가축 대량사육뿐만이 아니라 자연에 대한 인간의 태도를 바꿔야 합니 다. 자연의 보복의 위험이 있기 때문입니다. 우리가 살려면 어떤 방법을 취해 서라도 인간이 자연을 대하는 태도를 바꿔야 한다고 주장할 수 있겠습니다. 따 라서 저희팀은 이런 논거와 이런 주장을 통해 이번 디베이트에서 반대합니다. 감사합니다.”

●● 양성우 학생은 양팀의 논거를 정리하고, 쟁점을 부각시켰다. 그리고 왜 반대팀이 더 옳은지에 대해 발언했다.

반대팀은 우선 이번 디베이트에서의 쟁점을 첫째 인간과 자연과의 관계, 둘 째 대량사육 불가피성 여부, 셋째 찬성팀의 해결책 실효성 여부의 세 가지로 정리했다. 이어 쟁점별로 왜 반대팀의 의견이 더 설득력 있는지 설명하고 있 다. 이어서 이제는 인간을 위해서라도 자연에 대한 인간의 태도를 바꿔야 한다 는 점을 마지막으로 강조하고 있다.

이 디베이트의 마지막 순서로 찬성팀 1을 맡은 이채린 학생이 나와 마지막 반박 발언을 시작한다.

찬성팀 1 이채린 학생이 나와 연단에 서서 찬성팀 반박을 시작한다. 발언 제한 시간은 5분이다.

최예향 | 찬성 2   이채린 | 찬성 1   양성우 | 반대 1   장윤제 | 반대 2

다음은 이채린 학생의 찬성팀 반박 발언 요지다.

"안녕하십니까? 저는 〈가축의 대량사육은 정당하다〉의 찬성측 반박을 맡은 이채린입니다. 먼저 반박으로서 반대측의 입안에 대한 반박을 말씀드리겠습니다. 반대측에서는 첫째로 자연에 대한 인간의 태도 변화, 둘째로 가축에 대한 학대, 셋째로 가축 질병의 주요 원인, 넷째로 대안에 대해서 말씀해 주셨습니다.

첫째, 자연에 대한 인간의 태도 변화에서는 신생아들이 장애를 가지고 태어나는데 이것은 유전적인 요인보다는 오염의 문제가 크다고 말씀해주셨는데, 대량사육보다 공장, 산업, 자가용 등이 훨씬 큰 환경오염을 일으키고 있습니다. 그래서 이것은 주제에 맞지 않다고 생각이 들고요. 또한 보충질의를 드렸을 때 이거에 대한 정확한 통계 자료를 제시해달라고, 전문가 의견이라고만 말씀해 주시고 정확한 근거를 이야기해주시지는 않았습니다. 또한 어떤 전문가인지도 말씀해주시지 않았습니다.

둘째, 가축에 대한 학대에서는 A4 용지보다 작은 공간에서 살아간다 등등 여러 가지 동물의 입장에서 말씀해주셨는데, 저희도 유감입니다. 하지만 사람과 동물을 비교해서 우선순위를 매겨야 합니다. 대량사육을 중단한다면 오르는 가격으로 육류는 상위계층만의 음식이 될 텐데요. 이러한 계급사회가 될 위험과 또한 육류섭취를 하지 못함으로써 생기는 건강 위협을 무릅쓰고 가축의 대량사육을 중단해야 할까요? 또한 이런 여러 가지 문제점들은 법과 제도로 점차 나아지고 있습니다. 그리고 염가로 제공하기 위해서는 대량사육은 어쩔 수 없는 것이기 때문에 받아들여야 한다고 생각합니다.

세 번째, 가축 질병의 주요 원인이라고 말씀해주셨습니다. 2010년의 구제역이나 조류독감에 대해서 말씀해주셨는데, 지금 새로운 법률을 개선함으로써 이러한 질병의 가능성은 훨씬 낮아졌다고 생각이 듭니다. 또한 여기서 결핵 관련된 질문을 드렸었는데 정확한 통계자료를 들라고 말씀해주셨습니다. 우리나라는 한때 결핵 왕국으로 불릴 만큼 수많은 사람들이 결핵의 피해를 입었습니다. 1965년에는 전체 국민의 5%가 결핵 환자일 정도로 심각했지요? 하지만 이제 결핵 환자의 비율이 꾸준히 감소해 지난 2010년에는 0.25%에 불과할 정도로 줄었습니다. 이제 정확한 통계자료를 제시해드렸습니다.

마지막 네 번째 대안에서는 유기농 사업이 점차 성장하고 있다, 그래서 대량사육의 대안으로 유기농 사업을 말씀해주셨는데, 이것은 고가의 상품뿐만이 아니라 저가의 상품도 선택할 수 있는 소비자의 권리에 침해된다고 생각이 됩니다. 그리고 또한 여기서 단위면적당 동물 수를 줄인다고 말씀해주셨는데, 이것은 저희측이 제시한 개선안이며, 결국 많은 동물을 생산하는 것이므로 똑같이 대량생산에 포함된다고 말씀드릴 수 있습니다.

이제 쟁점에 대해서 말씀드리겠습니다. 오늘 총 세 가지의 쟁점이 있었다고 생각합니다. 첫째 인간과 자연의 관계는 무엇인지, 둘째 가축의 대량사육은 불가피한 것인지 그리고 셋째 반대측의 해결책이 실현 가능한 것인지.

먼저 첫째 인간과 자연의 관계는 무엇인지. 사람은 먹이사슬에서 동물로서 다른 가축의 우위에 있다고 생각합니다. 인간이 공평하게 고기를 먹으려면 모든 70억 인구에게 염가로 고기를 제공하려면 대량사육은 불가피하다고 생각합니다. 그리고 가축의 대량사육은 불가피한 것인지. 반대팀은 자연에 대한 인간 태도 변화의 필요성에 대해 이야기했지만, 인간과 동물의 우선순위도 따져야 합니다. 이런 입장에서는 당연히 인간이 우선이지 않겠습니까? 그렇기 때문에 이제 불가피하다고 또 말씀드릴 수 있고요. 그리고 세 번째 반대측의 해결책이 실현 가능한 것인가. 유기농 상품에 대해서는 저희가 이미 소비자 권리를 침해하는 것 같다고 말씀드렸고, 또한 해산물 또는 곤충 같은 것에 대해 말씀해주셨는데, 해산물 알레르기나 곤충에 대한 혐오나 이런 여러 가지 호불호가 갈리는데 이것도 적당한 대안이 아니라고 생각이 듭니다.

또한 마지막으로 '사자와 토끼' 비유에 대해서 반박해주셨는데, 저희가 비유드리는 것은 사자가 토끼를 먹는 것입니다. 막 갈기갈기 찢어서 피도 터지고 굉장히 잔인하지 않습니까? 하지만 저희도 대량사육이 잔인하다는 것을 인정합니다. 하지만 모든 사람이 공평하게 먹으려면 어쩔 수 없다, 불가피하다고 말씀드리는 것입니다. 또 양육하는 것에 대해서도 사자는 토끼를 양육하지 않는다고 말씀해주셨는데, 개미도 다른 곤충 양육을 실제로 자연에서 하고 있습니다. 개미도 다른 곤충 양육을 한다는 것은 자연에서도 양육이 일어난다는 것입니다. 이것에 대해서는 어떻게 생각하십니까? 그러므로 저희 찬성팀은 〈가축의 대량사육은 정당하다〉에 대해 찬성합니다. 감사합니다."

●● 역시 찬성팀에서도 오늘 디베이트에서 제기된 양팀의 논거를 정리하고, 쟁점을 제시했다. 이어서 왜 찬성팀이 옳은지에 대해 마지막으로 호소했다. 그리고 오늘 디베이트의 쟁점을 첫째 인간과 자연의 관계는 무엇인지, 둘째 가축의 대량사육은 불가피한 것인지, 셋째 반대측의 해결책이 실현 가능한 것인지의 세 가지로 정리했다.

이로써 모든 디베이트가 끝났다. 참가 학생들은 열심히 임했다. 다만, 오늘 디베이트에서 아쉬운 점은 다음과 같다. 발언 시 중문과 복문을 너무 많이 사용하여 듣기 힘들 때가 있었다. 그리고 양팀의 전략을 잘 비교해서 심판과 청중들에게 소개했다면 더 좋은 디베이트가 될 수 있었을 것이다.

5 의회식 디베이트 Q & A

의회식 디베이트를 진행할 때 자주 마주치는 질문들에 대한 답변을 소개한다.

Q 현장에서 주제를 알려줄 때, 한 가지 방법만 있나?

A 아니다. 어떤 경우는 주제를 하나 주고 동전 던지기에서 이긴 팀이 찬반을 선택하게 한다. 어떤 경우는 주제를 두 개 주고, 동전 던지기에서 이긴 팀이 주제를 선택하고, 진 팀이 찬반을 선택하게 하기도 한다.

Q 꼭 동전 던지기로 찬반 및 선후를 갈라야 하나? 가위바위보로 하면 안 되나?

A 그에 대한 강제 규정은 없다. 가위바위보로 해도 된다. 하지만 이건 일종의 전통이다. 나름 문화화되어 있는 부분이니 동전 던지기로 하되, 그래도 싫은 사람은 다른 방식으로 정해도 된다.

Q 의회식 디베이트는 준비시간이 다른 디베이트 형식과 다르다. 구체적으로 어떻게 다른가?

A 다른 디베이트는 찬반을 정하고 바로 디베이트를 시작한다. 그리고 중간에 준비시간을 준다. 그런데 의회식 디베이트는 찬반을 정하고 디베이트를 시작하기 전에 준비시간을 준다. 주제가 즉석에서 주어지기 때문이다. 대신 일단 디베이트가 시작되면 준비시간이 없다. 이것이 다른 디베이트 형식과 다른 점이다.

Q 디베이트 각 순서를 고지해주는가?

A 그렇지 않다. 참가자가 알아서 순서를 진행해야 한다. 간혹 순서를 틀리는 경우가 있는데, 이때는 심판이 정정해준다. 하지만 감점 대상이다.

Q 입안을 할 때 꼭 3~4가지 논거를 들어야 하는가? 2가지만 들면 안 되나? 혹은 5가지 넘게 들면 안 되나?

A 2가지만 들면 심판과 청중이 무언가 허술하다고 느낄 것이다. 5가지가 넘으면 집중도가 떨어질 것이다. 심판과 청중에게 좋은 인상을 줄 수 없다. 3~4가지가 적절하다.

Q 상대팀이 입안에서 용어정의를 할 때 자의적으로 제한하거나 확대 해석하는 경우가 있다. 이럴 때는 어떻게 해야 하는가?

A 디베이트에서 용어정의를 할 때 이기려는 욕심에 자의적으로 제한하거나 확대 해석하는 경우가 있다. 주제를 자기 쪽에 유리하게 해석하는 것이다. 하지만 이는 곧바로 "상대방은 오늘의 주제와 핵심어를 자의적으로 해석하고 있다."라는 공격을 받을 수 있다. 그 공격을 심판과 청중이 맞다고 인정하면 좋은 점수를 받을 수 없다. 결과적으로 디베이트를 오래 한 학생들은 주제와 핵심어를 '상식적'인 선에서 해석하게 된다.

Q 발언 중 정해진 시간을 넘겼다. 어떻게 행동해야 하나?

A 원래는 그 자리에서 바로 멈추어야 한다. 그런데 '5초 이내 등 가장 빠른 시간 내에 정리한다.'라는 규정을 두는 대회도 있다. 이를 무시하면 디베이트에서 큰 실책이 된다.

Q 정해진 시간을 못 채웠다. 어떻게 감점되나?

A 자신에게 주어진 시간을 제대로 이용하지 못했으니 감점의 대상이다. 하지만 구체적으로 어떻게 감점이 이뤄지는지에 대한 규정은 대회마다 다를 수 있다. 대회 규정을 확인해야 한다.

Q 우리팀이 정해진 시간을 못 채웠다. 그 시간만큼 다음 발언 순서에서 더 발언해도 되나?

A 일단 발언이 끝나면 나중에 사용할 수 없다. 앞 순서의 발언자가 발언 시간을 못 채우고 연단을 떠났다면, 그다음 순서의 발언자가 바로 나와야 한다.

Q 반박할 때 상대팀이 입안에서 제시한 논거 중 일부를 반박하지 않았다. 어떤 일이 벌어지나?

A 그렇다면 심판과 상대방은 그 논거에 대해서만큼은 상대방의 의견에 동의한다고 간주할 것이다. 그러니 가급적 조목조목 반박하는 것이 좋다.

Q 의회식 디베이트에는 입안이 2번 있다. 역할이 어떻게 다른가?

A 입안자 2명이 어떻게 역할을 분담할 것인지는 자율이다. 각 팀의 전략에 따른다.

Q 의회식 디베이트에는 입안과 반박만 있다. 구체적으로 역할이 어떻게 다른가?

A 퍼블릭 포럼 디베이트와 달리 의회식 디베이트의 입안과 반박 내용은 혼재되어 있다. 퍼블릭 포럼과 비교하자면 입안은 입안과 반박을, 반박은 요약과 마지막 초점을 포함한다고 보면 된다.

Q 연단에 서서 발언할 때 시선 처리는 어떻게 하는 것이 좋은가?

A 상대방을 보면 안 된다. 눈은 심판과 청중을 향해야 한다. 심판과 청중의 눈을 지그재그로 맞추며 자신 있게 발언해야 한다.

Q 원고를 읽다시피 하고 있다. 감점 대상인가?

A 디베이트는 스피치 대회의 일종이다. 원고를 낭독하는 대회가 아니다. 원고에 지나치게 의존해서 발언하면 이는 감점 대상이다. 추천하는 방법은 손바닥만 한 메모카드에 요점을 적어 이를 가끔 보면서, 하지만 주로 심판과 청중을 주시하며 발언하는 것이다.

Q 우리팀이 너무 잘해서 격려해주고 싶다. 박수를 보내도 좋은가?

A 안 된다. 경기에 영향을 주는 일은 삼가야 한다. 손가락을 책상 위로 두드리는 방식으로, 경기에 영향을 주지 않는 범위 내에서 격려의 의사를 전달해야 한다.

Q 보충질의를 허락했다. 꼭 끝까지 듣고 답해야 하나?

A 아니다. 질문이 길어진다고 생각하면 중간에 잘라도 된다. 또 답변이 필요 없다고 생각하면 답변하지 않아도 된다.

Q 상대팀 발언 시 우리팀 작전을 상의하고 싶다. 서로 대화해도 되나?

A 디베이트에서 배우는 가치는 상대방 존중의 자세다. 이는 경청하는 태도에서 드러난다. 상대방이 말할 때 이를 방해해서는 안 된다는 뜻이다. 가급적 필담으로 의견을 주고받아야 한다. 중요한 것은 상대방 발언을 방해해서는 안 된다는 것이다.

Q 발언 시 시계를 휴대해도 되나?

A 숙련된 디베이트 참가자들은 초시계를 휴대하고 이를 보면서 한다. 하지만 그 시계는 시계 기능만 있는 것이라야 한다. 검색 기능이 있는 스마트폰 휴대는 금지된다.

Q 디베이트 현장에 노트북 휴대가 가능한가?

A 디베이트 현장에서 노트북은 이용할 수 없다. 디베이트가 시작되기 전 노트북 등 전자기기의 전원을 끄고 가방에 넣어야 한다. 책상 위에는 노트와 자료, 필기도구만 있어야 한다.

04

링컨 더글러스 디베이트의 진행

Lincoln Douglas Debate

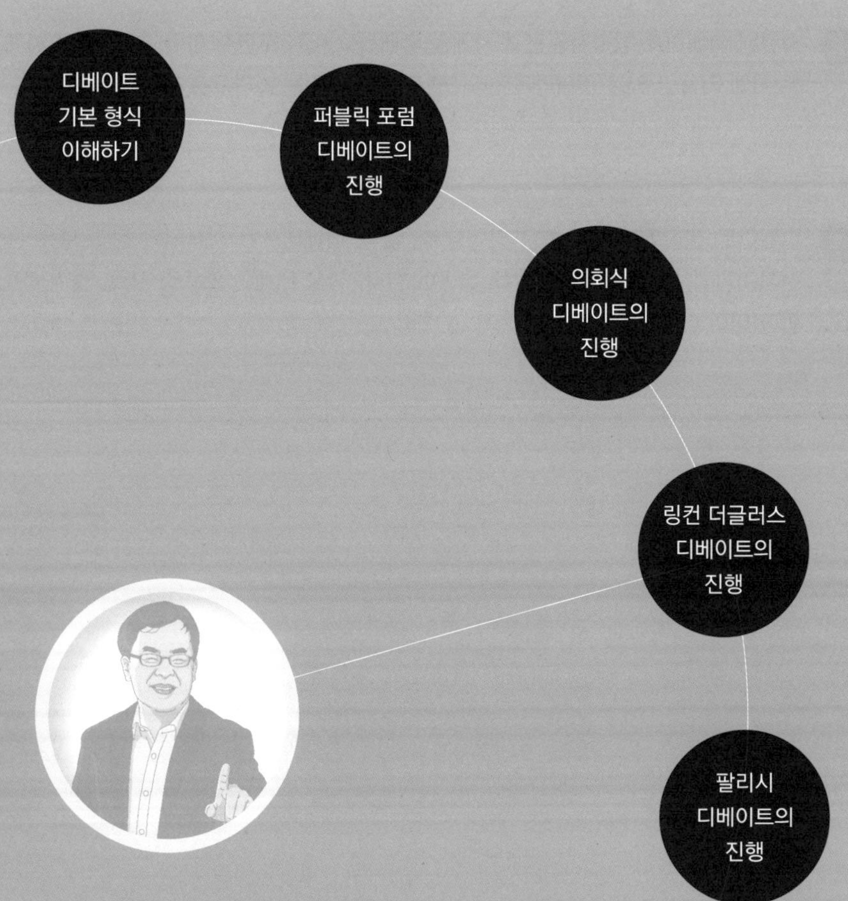

선거에서 유래한 링컨 더글러스 디베이트는 1:1로 진행하는 것이 특징이다. 그런 만큼 혼자서 모든 과정을 감내해야 한다. 게다가 입증의 방법으로 '가치 구조의 제시'라는 독특한 방법을 쓴다. 초보자가 이를 해내기에는 조금 어렵다. 따라서 우선은 퍼블릭 포럼 디베이트에 익숙해지고 난 후 이 형식에 도전하기를 권한다. 이 디베이트는 주어진 주제의 근저에 있는 '핵심가치의 충돌'을 늘 생각한다는 점에서 참가자들을 '철학하는 학생'으로 만든다는 장점이 있다.

1 링컨 더글러스 디베이트의 개괄

2 링컨 더글러스 디베이트 진행의 순서와 특징

3 동영상으로 보는 링컨 더글러스 디베이트의 실제 진행 ❶

4 동영상으로 보는 링컨 더글러스 디베이트의 실제 진행 ❷

5 링컨 더글러스 디베이트 Q & A

1 링컨 더글러스 디베이트의 개괄

링컨 더글러스 디베이트(Lincoln Douglas Debate)는 1858년 미국 일리노이 주 상원의원 선거에서 공화당의 에이브러햄 링컨과 민주당의 스티븐 더글러스 사이에서 이루어진 디베이트에서 비롯되었다. 이들의 이름을 따서 링컨 더글러스 디베이트라고 부른다. 앞 이니셜을 따서 LD 디베이트 혹은 그냥 LD라고 부르기도 한다.

이 선거에서 링컨은 패배한다. 하지만 2년 뒤에 열린 미국 16대 대통령 선거에 다시 출마하여 이번에는 승리한다. 즉, 링컨 더글러스 디베이트의 링컨은 우리가 아는 미국의 제16대 대통령 링컨이다.

이 디베이트는 당시에도 미국에서 큰 화제를 불러일으켰고, 이후 미국 대통령 선거 후보 토론과 학생들의 디베이트에도 큰 영향을 미쳤다. 미국에서는 당시 두 사람이 디베이트한 내용을 원고로 한 책들이 아직도 팔리고 있다.

당시 두 사람은 선거 토론에 모두 7번 참여했다. 매번 3시간 정도 토론했다고 한다. 하지만 학생들에게 그 두 사람이 했던 방식대로 3시간 디베이트를 하라고 하는 것은 거의 불가능에 가깝다. 그래서 학생용으로 디베이트의 형식과 시간을 조정했다. 그러니까 1858년도의 링컨 더글러스 디베이트와 현재 학생용 링컨 더글러스 디베이트는 형식과 시간에서 차이가 있다. 여기에서 서술하는 링컨 더글러스 디베이트는 학생용을 가리킨다. 링컨 더글러스 디베이트가 학생들을 위한 디베이트 형식으로서 처음 NSDA에서 공식 디베이트 형식으로 인정된 것은 1980년으로 역사가 근 30여 년에 이른다.

1970년대 미국에 처음 도입되었을 당시, 링컨 더글러스 디베이트는 나름 혁신적이었다. 그 이전에는 팔리시 디베이트 위주였다. 하지만 팔리시 디베이트는 하나의 주제로 1년 내내 디베이트한다. 중간에 다른 학생들이 끼어들기가 힘들다. 디베이트에 참가하려면 내년까지 기다려야 한다. 그런데 링컨 더글러스 디베이트는 두 달에 한 번 주제가 나왔다. 즉, 새롭게 디베이트를 시작하고 싶은 학생들이 보다 쉽게 참여할 수 있는 구조였다. 게다가 정책 주제를 다루는 팔리시 디베이트와 달리 가치 주제를 다루었기 때문에 학생들에게 윤리적, 철학적 문제의식을 키우는 효과가 있었다. 1:1로 진행한다는 점 역시 보다 쉽게 디베이트에 참여할 수 있게 한 요소였다. 결국 1980년 NSDA는 이를 NSDA의 공식 디베이트 형식으로 인정했다. 이후 링컨 더글러스 디베이트는 더욱 확산되어, 지금은 참가 학생 수가 팔리시 디베이트와 비슷하거나 추월한 정도다.

자, 링컨 더글러스 디베이트의 참가 인원은 몇 명일까?

링컨 더글러스 디베이트는 1:1로 진행한다. 찬성팀도 한 명, 반대팀도 한 명이다. 링컨 더글러스 디베이트가 선거 운동에서 비롯되었다는 점, 당시 두 명이 대결했다는 점을 감안하면 쉽게 이해가 될 것이다. 이렇게 1:1이라는 특징은 어떤 파생적인 특징을 낳을까?

다른 디베이트 형식에서는 팀 단위로, 그러니까 두세 사람이 한 팀으로 출전하곤 한다. 두세 사람이 참가하게 되면 서로 작전을 상의할 수도 있고 준비 과정에서 서로 도울 수도 있다. 하지만 한 사람만이 참가하게 되면 사정이 달라진다. 모든 것이 참가자 개인의 능력에 달려 있는 것이다. 이처럼 링컨 더글러스 디베이트는 개인의 디베이트 역량이 잘 드러나는 디베이트 형식이다. 1:1 디베이트라는 특징은 디베이트를 지도하는 사람 입장에서도 문제가 된다. 예를 들어, 학교나 디베이트 교육기관에서 지도할 때, 가급적 많은 사람들이 참여하는 형식으로 디베이트를 지도하고 싶을 것이다. 이런 기준에 비추어보면, 링컨 더글러스 디베이트는 일반 디베이트 클래스에서 운영하기 어려운 형식일 수 있다. 많은 사람이 속한 클래스의 경우 두 사람만 디베이트에 직접 참여하고 나머지는 참관해야 하는 문제가 생긴다.

링컨 더글러스 디베이트의 별명은 가치 디베이트(Value Debate)다. 사실 이 점이 링컨 더글러스 디베이트의 가장 큰 특징이다. 1858년 당시 링컨과 더글러스가 토론한 주제는 '미국에서의 노예제'에 대한 것이었다. 주지하다시피, 링컨은 노예제 폐지를 주장했다. 링컨은 미국의 독립선언서에 나오는 '모든 인간은 동등하다.'라는 규정이 흑인을 포함한 모든 사람에게 해당되는 것이며, 따라서 노예제는 폐지되어야 한다고 주장했다. 이에 대해 더글러스는 '독립선언서에서 언급한 인간이란 백인을 가리킨다.'라며, 흑인은 거기서 제외된다고 주장했다. 이처럼 링컨 더글러스 디베이트는 가치나 윤리, 철학과 관련된 주제로 토론한다는 특징이 있다. 노예제에 관한 토론을 통해 링컨과 더글러스는 숫자나 통계, 사실 등을 밝히는 데 주력하기보다는 인간에 대한 규정, 평등의 가치 등 윤리와 철학에 가까운 토론을 논리적으로 전개했다. 이것이 링컨 더글러스 디베이트가 가치 디베이트라는 별명을 갖게 된 배경이다.

실은 이 별명을 갖게 된 배경에는 또 한 가지 중요한 이유가 있다. 이 디베이트에서는 자신의 입장을 증명하기 위해 '가치 구조(Value Structure)'라는 방법을 쓴다. 이 부분이 링컨 더글러스 디베이트의 가장 특징적인 부분이기도 하다. 자, 지금부터 가치 구조에 대해 설명한다. 이 부분은 링컨 더글러스 디베이트에 대한 이해에서 가장 중요하니 숙독하기 바란다.

우선 링컨 더글러스 디베이트와 팔리시 디베이트를 비교해보자. 팔리시 디베이트의 경우, 정부가 특정한 행동을 취해야 한다고 증명할 의무가 있다. 이에 비해 링컨 더글러스 디베이트에서는 주어진 주제가 맞는지 아닌지를 증명하면 된다. 예를 들어, '교회와 정치의 분리'에 관한 주제가 주어졌다고 하자. 팔리시 디베이트에서는 디베이트 참가자들이 교회와 정치가 어떠한 형식으로 분리되어야 하는지까지 구체적으로 증명해야 한다. 하지만 링컨 더글러스 디베이트에서는 그럴 필요가 없다. 단지 교회와 정치가 왜 분리되어야 하는지 그리고 그 이유가 무엇인지에 대해서만 이야기하면 된다. 다르게 말하면, 팔리시 디베이트는 구체적인 정책의 집행을 염두에 둔 디베이트라서 그 실행 방법에 대한 입증을 포함한다. 이에 비해 링컨 더글러스 디베이트는 그에 대한 가치적 판단만을 하면 된다.

링컨 더글러스 디베이트가 무언가에 대한 가치적 판단을 요구하는 것이라면 판단의 기준이 필요하다. 이 기준을 제시하는 것이 소위 '가치 구조'다. 가치 구조는 가치 전제(Value Premise)에 가치 기준(Value Criterion)을 더한 것이다. 이 부분이 어렵다.

- **가치 구조**(Value Structure) = **가치 전제**(Value Premise) + **가치 기준**(Value Criterion)

가치 전제는 주어진 디베이트 주제에 대해 판단할 때 추구하는 가치를 제시하는 것이다. 예를 들어 자유, 평등, 정의 등이다. 가치 전제는 누구나 동의할 수 있는 것이라야 한다. 디베이트 참가자는 "이런 가치 전제를 염두에 둔다면, 우리팀의 입장이 옳습니다."라고 주장하는 것이다. 이에 비해 가치 기준은 가치 전제에서 제시된 가치를 판단하는 기준에 대한 것이다. 심판에게 이 기준으로 디베이트를 판단해달라는 것이다.

말이 어렵다. 쉬운 예를 들어보자. 만약 퍼블릭 포럼 디베이트에서 어떤 주제로 디베이트한다면 찬성측이든 반대측이든 '왜 우리 입장이 옳은지'에 대해 3가지나 4가지 논거를 제시하면 된다. 하지만 링컨 더글러스 디베이트는 다르다. 이에 대한 판단 기준(=가치 구조)을 제시해야 한다. 예를 들어, '가정의 안정'이란 가치를 제시한다면 그 구체적인 기준은 '높은 가계 소득'이 될 수 있다. 그런데 예를 들어, '부부의 행복'이란 가치를 제시한다면 그 구체적인 기준은 '애정 표현'이 될 수 있다. 이 부분이 어렵다.

다른 예를 들어보자. 〈사형제도는 정당하다〉라는 주제로 디베이트를 한다고 하자. 퍼블릭 포럼 디베이트에서는 찬성과 반대 모두 각각 3~4가지 논거를 들면 그만이다. 그런데 링컨 더글러스 디베이트에서는 이 주제에 대해 판단할 수 있는 가치 구조를 우선적으로 제시해야 한다. 찬성팀이라면 어떻게 할까? 우선 가치 전제로 '사회 정의'를 제시할 것이다. 사회 정의를 실현하자는 데 반대할 사람은 아무도 없을 것이기 때문이다. 이어 가치 기준으로, 사회 정의가 실현되고 있는지 여부를 결정할 수 있는 기준으로 '공정한 법 집행'을 제시한다.

결국 찬성팀은 사형제도가 정당하다는 주제에 대해 "이 문제의 판단에서 가장 중요한 가치 전제는 '사회 정의'이고, 이러한 '사회 정의'가 제대로 실현되고 있는지 판단하기 위해서는 과연 '공정한 법 집행'이 이루어지는지를 가치 기준으로 보면 되는데, 이런 입장에서 본다면 우리팀의 입장이 옳다."라는 식으로 주장하는 것이다.

반대팀이라면 어떻게 할까? 우선 가치 전제로 '인권 보호'를 제시할 것이다. 인권을 보호하자는데 반대할 사람은 아무도 없을 것이기 때문이다. 이어서 가치 기준으로, 인권이 실현되고 있는지 여부를 결정할 수 있는 기준으로 '생명 보호'를 제시한다. 인권의 가장 기초적인 부분은 생명이기 때문이다. 결국 찬성팀은 사형제도가 정당하다는 주제에 대해 "이 문제의 판단에서 가장 중요한 가치 전제는 '인권 보호'이고, 이러한 '인권 보호'가 제대로 실현되고 있는지를 판단하기 위해서는 과연 '생명 보호'가 제대로 이루어지는지를 가치 기준으로 보면 되는데, 이런 입장에서 본다면 우리팀의 입장이 옳다."라는 식으로 주장하는 것이다. 좀 더 자세한 이야기는 실제 동영상을 보면서 알아보기로 하자.

또 쉬운 예를 들어보자. 〈동물실험은 정당하다〉라는 주제로 링컨 더글러스 디베이트를 한다고 하자. 찬반 양팀 모두 가치 전제로 '생명의 소중함'을 들 수 있다. 그런데 가치 기준에서는 찬성팀은 '인간의 생명이 얼마나 보호되고 있는가'를, 반대팀은 '동물의 생명이 얼마나 보호되고 있는가'를 가치 기준으로 제시할 것이다. 그리고 이 디베이트에서의 주요 쟁점 중 하나는 "과연 인간의 생명과 동물의 생명을 선택해야 할 때 무엇을 우선시해야 하는가?" 하는 것일 것이다. 이 역시 좀 더 자세한 이야기는 실제 동영상을 보면서 알아보기로 하자.

링컨 더글러스 디베이트에서 반드시 찬반이 서로 다른 가치 전제를 제시해야 하는 것은 아니다. 찬반이 같은 가치 전제를 제시할 수도 있다. 이럴 때는 상대방 가치 전제에 동의하면서, 다른 가치 기준을 제시할 수도 있다. 나아가 상대방 가치 전제, 가치 기준에 동의하면서도 주제에 대한 반대가 더 기준에 적합하다고 주장할 수 있다.

가치, 윤리, 철학과 관련된 토론 주제로는 어떤 것이 가능할까? 미국의 가장 저명한 디베이트 기관인 NSDA에서 제시한 링컨 더글러스 디베이트의 주제를 살펴보자.

- 미국 정부는 미국 땅 위에 살고 있는 모든 사람들에게 동일한 헌법적 권리를 부여할 윤리적 책임이 있다
- 미국에서 플리바게닝은 정당하지 않다
- 정의로운 사회라면 사형 제도를 징벌 제도의 하나로 유지해서는 안 된다

이상과 같이 윤리적, 철학적 그리고 가치적인 주제로 디베이트를 하게 되면, 참가 학생들은 자신의 삶과 사회 구성 원리의 윤리적, 철학적 근거를 배우게 된다. 거꾸로 말하면, 평소에 이런 사고 훈련이 잘되어 있지 않은 학생이라면 적응하기 쉽지 않은 디베이트라는 뜻도 된다.

따라서 학생들이 퍼블릭 포럼 디베이트를 우선 충분히 연습하고, 이를 소화한 다음 도전해볼 수 있는 목표로 링컨 더글러스 디베이트를 제시했으면 좋겠다. 처음부터 링컨 더글러스 디베이트를 하면 너무 어려워하거나, 혹은 링컨 더글러스 디베이트의 본질적인 가치를 외면한 채 그저 순서와 시간을 따라 하는 디베이트가 되어버릴 가능성이 높다고 본다.

2 링컨 더글러스 디베이트의 진행 순서와 특징

링컨 더글러스 디베이트의 형식을 표로 그려 보면 아래와 같다.

찬성 입안 (1st Affirmative Constructive)	6분	찬성측 입안
교차조사(Cross Examination)	3분	반대측에 의한 찬성측 교차조사
반대 입안 (1st Negative Constructive)	7분	반대측 입안
교차조사(Cross Examination)	3분	찬성측에 의한 반대측 교차조사
찬성 반박 1 (1st Affirmative Rebuttal)	4분	찬성측의 첫 번째 반박
반대 반박 (Negative Rebuttal)	6분	반대측의 반박
찬성 반박 2 (2nd Affirmative Rebuttal)	3분	찬성측의 두 번째 반박

▲ 링컨 더글러스 디베이트의 형식

참고로 이들 중간에는 각 팀별로 준비시간이 주어진다. 대회에 따라 조금씩 다른데, 이번 동영상 촬영 시에는 NSDA의 규정대로 4분이 제공됐다. 이 준비시간은 각 팀의 판단에 따라 쓴다. 마치 농구 경기에서 감독이 타임을 부르는 것과 같다. 이 시간은 잘라서 쓸 수 있다. 대개는 30초나 1분 단위로 쓴다. 각 팀은 이 시간을 이용해서 이후 순서를 준비한다.

앞서 말했듯이 디베이트 형식을 이렇게 표로 이해하면 잘 기억나지 않는다. 그래서 꺾쇠 그림이 필요하다. 링컨 더글러스 디베이트 형식을 꺾쇠 그림으로 그리면 아래와 같다.

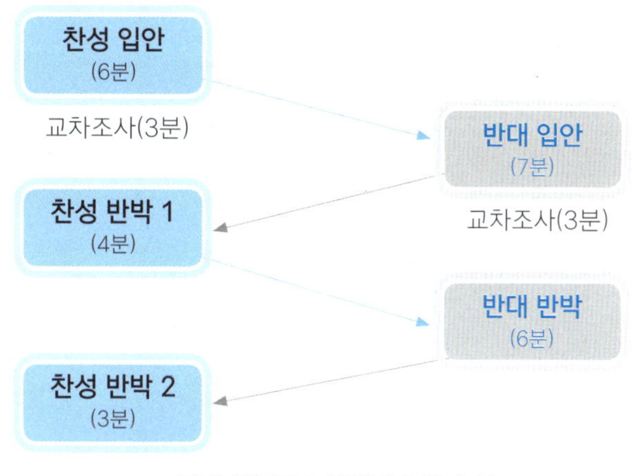

▲ 링컨 더글러스 디베이트의 순서

위의 꺾쇠 그림을 보면 링컨 더글러스 디베이트의 순서와 특징이 확연하게 드러난다. 이미지로 기억하기도 쉽다. 크게 보면 W자를 90도 회전시킨 이미지다. 이 꺾쇠 그림의 특징을 살펴보자.

첫째, 찬성측의 발언자가 처음과 맨 나중 발언을 하게 된다. 이 바람에 찬성측에 발언 기회가 한 번 더 생긴다.

둘째, 총발언 시간을 보면 찬성측이 16분, 반대측이 16분으로 같다. 합계 32분이다. 준비시간을 각 팀별로 2분씩 준다고 하면 이 디베이트는 총 36분이 걸린다.

셋째, 크게 보면 디베이트 전체 구조가 입안 – 반박으로 되어 있다. 여기에 중간에 교차조사가 끼어 있는 상태다. 입안 단계에만 교차조사가 있는 것을 주의하자.

미국의 링컨 더글러스 디베이트에서는 두 달에 한 번씩 주제를 부여한다. 주제가 발표되면 학생들은 이를 리서치한다.

링컨 더글러스 디베이트의 실제 진행은 동전 던지기로 시작한다. 즉, 시작하기 직전에 동전을 던져 찬성과 반대를 정한다. 그러고는 바로 시작한다. 동전 던지기를 할 때는 먼저 팀별로 동전의 한 면을 선택과 한다. 동전을 던져 나온 윗면을 선택한 팀이 이긴 팀이 된다. 이긴 팀은 찬성이든 반대든 지지하고자 하는 쪽을 선택할 수 있다.

퍼블릭 포럼 디베이트와는 달리 찬성측이 왼쪽에 앉아 먼저 발언하기로 되어 있기 때문에 발언 순서에 대한 선택은 없다. 즉, 찬성과 반대의 선택으로 발언의 선후가 자동으로 결정된다.

동전 던지기 이후 자리에 앉을 때는 규칙이 있다. 심판이 볼 때 왼쪽에 찬성 팀이 앉고, 건너편에 반대팀이 앉는다. 이를 그림으로 그리면 다음과 같다.

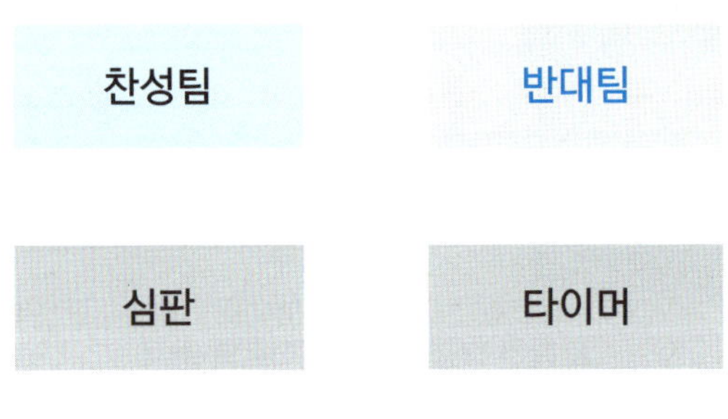

▲ 링컨 더글러스 디베이트의 배치도

3 동영상으로 보는 링컨 더글러스 디베이트의 실제 진행 ❶

| 주제 | **사형제도는 정당하다**

이번 디베이트에 참가한 학생들은 박현준(건대부고1), 권제나(한국외대부고1) 학생이다.

동전 던지기를 통해 찬반이 결정된다. 박현준 학생이 찬성을, 권제나 학생이 반대를 맡는다. 찬성팀은 왼쪽에, 반대팀은 오른쪽에 앉는다.

박현준 | 찬성　　　　권제나 | 반대

링컨 더글러스 디베이트를 시작하기 직전 심판은 동전을 던진다. 이 동전 던지기에서 이긴 팀이 찬반을 먼저 택한다.

동전 던지기로 찬성과 반대가 정해지면 자리에 앉는다. 그러고는 바로 디베이트를 시작한다.

찬성팀인 박현준 학생이 일어나 입안을 시작한다.

박현준 학생이 찬성팀 입안 발언을 하고 있다. 발언 제한 시간은 6분이다.

박현준 | 찬성　　　　　권제나 | 반대

다음은 박현준 학생의 찬성팀 입안 발언 요지다.

"안녕하세요? 저는 찬성팀 입안을 맡은 박현준입니다. 얼마 전 세간을 떠들썩하게 한 사건이 있었습니다. 경기 부천에서 초등생 아들을 때려 숨지게 한 뒤 시신을 훼손해 냉동 보관했던 부모가 구속된 사건이었죠. 더욱 충격이었던 일은 그 뒤로 알려지지 않았던, 부모가 자식을 살해한 사건들이 밝혀진 점이었습니다. 이처럼 말도 되지 않는 일이 일어나고 있는 대한민국에서 우리는 사형제도를 어떻게 바라봐야 할까요? 이에 대해 리얼미터라는 단체에서는 국민들에게 사형제도 존폐의 찬반 여부를 조사했습니다. 그 결과 찬성 69%, 반대 18%로 국민들은 대다수가 사형제도에 찬성하는 것으로 나타났습니다. 하지만 일부 인권 단체들의 주장으로 사형제도의 정당성과 존폐에 관한 찬반여론이 나뉘자, 헌법재판소에서는 2010년 2월 25일 사형제도에 대해 합헌 결정을 내렸습니다. 1996년에 이은 두 번째 합헌 결정이었습니다. 이럼에도 사형제도의 존폐와 관련된 논란은 여전합니다.

용어정의를 하겠습니다. 사형이란 인간의 목숨을 빼앗음으로써 그 사람을 사

링컨 더글러스 디베이트의 첫 번째 순서인 입안에서는 해당 주제에 대한 우리팀의 입장이 왜 옳은지 가치 구조를 먼저 제시하고, 이어 논거를 제시한다.

가치 구조는 가치 전제와 가치 기준을 합한 것으로, 주어진 디베이트 주제를 판단함에 있어 전제가 되거나 기준이 될 가치를 가리킨다.
찬성팀은 가치 전제로 '사회 정의'를, 가치 기준으로 '과연 올바른 법 집행이 이뤄지고 있는가'를 제시했다. 이 기준에 따르면 찬성팀이 옳다는 것이다.

찬성팀 첫 번째 논거
주장: 사형제도는 헌법적 근거가 있다.
근거: 헌법 제37조 2항 설명

회에서 영원히 격리시키는 형벌을 말합니다. 저희팀은 오늘의 주제를 '이러한 사형제도는 옳다, 정당하다.'라는 뜻으로 이해합니다.

저희팀은 오늘의 주제를 판단하는 가장 중요한 가치로 '사회 정의'를 전제합니다. 우리 사회가 보다 정의로워져야 한다는 것에 반대하는 사람은 없을 거라고 생각합니다. 그렇다면 정의란 무엇일까요? 사전에서는 정의란 개인 간의 올바른 도리 또는 사회를 구성하고 유지하는 공정한 도리라고 말합니다. 저희팀은 사전에서 정의의 의미, 즉 사회를 구성하고 유지하는 공정한 도리란 곧 법을 나타낸다고 생각합니다. 법이란 사회 구성원들이 어기지 말아야 할 규범들입니다. 저희팀은 이러한 의미를 가지고 있는 법이야말로 현대 사회에서 정의와 가장 가까운 형태라고 생각합니다. 그래서 저희팀은 가치 기준을 '과연 올바른 법 집행이 이뤄지고 있는가'로 하였습니다. 저희팀은 법을 수호하고 잘 이행하는 것이 우리 사회를 보다 정의롭게 만들어준다고 주장합니다.

이러한 맥락에 따라 저희팀은 오늘의 주제에 찬성합니다. 저희가 이 주제에 찬성하는 이유는 크게 2가지로 첫째 헌법상의 근거, 둘째 사형제도의 효과입니다.

첫째, 헌법상의 근거. 사형제도에는 헌법적 근거가 있습니다. 우리나라의 헌법 제37조 2항은 국가가 기본권을 법률로 제한할 수 있다는 내용을 담고 있습니다. 소위 말하는 사회적 법률 유보라는 것인데요. 이처럼 기본권을 제한하기 위해서는 비례성의 원칙을 따라야 합니다. 비례성의 원칙이란 기본권을 제한하는 데 있어서 목적이 정당해야 하고, 그 목적을 달성하기 위한 수단 또한 적당해야 하며, 최소한의 피해를 주면서 달성하려는 공익과 그로 인해 침해되는 사익의 균형이 맞아야 한다는 것입니다. 이 비례성의 원칙으로 보면 사형제도는 공공의 이익을 보호하기 위함에 있어서 매우 특수한 상황에만 적용되는 것으로, 헌법 제37조 2항에 어긋나지 않는다고 생각합니다. 실제로 대한민국 헌법재판소에서는 저희팀이 제시한 것과 같은 맥락의 이유를 들어 과거 수차례 사형제도가 합헌 결정이라는 판결을 내린 바 있습니다. 헌법재판소는 판결 이유에 대하여 '사형제도란 인간의 죽음에 대한 공포심과 잔혹한 범죄에 대한 응보욕구가 합쳐진 필요악으로 불가피하게 선택된 것'이라고 설명하였습니다. 저희팀은 위 헌재의 의견에 찬성합니다. 사형제도가 제 기능을 다하고 있고, 비례성의 원칙에 어긋나지 않는 바를 들어 사형제도는 정당하다고 생각합니다.

둘째, 사형제도의 효과. 사형제도에는 다양한 효과가 있습니다. 사형제도에는 여러 가지 효과들이 있습니다. 첫 번째로 범죄율을 낮추는 데 효과가 있습니다. 사형이란 인간의 원초적인 본능인 '죽음에 대한 공포'를 자극함으로써 범죄율을 낮추는 효과가 있습니다. 어떠한 범죄에 대한 벌이 무거우면 무거울수록, 그 범죄를 저지르는 사람들이 줄어든다는 것은 당연한 순리라고 생각합니다. 이를 뒷받침하는 자료로 싱가포르의 경우와 영국, 한국의 경우를 들 수 있습니다. 싱가포르에서는 마약 관련 범죄에 엄격하게 사형을 집행하자, 마약 관련 범죄율이 많이 줄어들었습니다. 또한 영국에서는 1966년 사형제도를 폐지한 이후 살인 관련 범죄가 60% 증가했습니다. 한국 또한 1997년 마지막 사형 집행 이후 살인 관련 범죄가 30% 증가한 바 있습니다. 물론 이와 같은 자료는 실험의 조건, 방법 등에 따라서 달라질 수 있습니다. 하지만 저희팀은 이처럼 여러 가지 자료에서 사형제도의 효과가 나타난 점은 결코 우연이 아니며 저희팀의 의견을 뒷받침해줄 것이라고 생각합니다.

두 번째로는 사회 질서를 확립할 수 있습니다. 앞서 말했듯이 싱가포르의 경우 마약밀매, 마약소지거래에 사형선고를 내린 바, 2004년 기준 인구 420만 명 중 1만 5,819건 정도의 범죄가 발생했습니다. 이는 인구 대비 매우 낮은 범죄율인데, 싱가포르는 이처럼 엄격한 법 집행으로 사회질서를 지켜나가고 있습니다. 대한민국도 사형제도를 통해 법의 징계 수위를 높인다면 제가 가치 전제로 선택한 '사회 정의'를 향해 한 발짝 더 나아갈 수 있다고 생각합니다. 1997년 1만 1,599여 건에 그쳤던 대한민국의 강력범죄는 2013년 2만 7,000건으로 132.7%가 증가하였습니다. 옆 나라 일본이 2005년 1만 1,360건에서 2011년 6,996건으로 급감한 것과는 매우 대조적인 결과를 보여줍니다. 허나 아직까지도 많은 인권 단체들은 이러한 현실을 알지 못한 채 범죄자들의 인권만을 강조하며, 사형제도는 정당하지 않으므로 폐지해야 한다고 주장하고 있습니다.

늘어가는 강력 범죄를 예방하기 위해서라도 저희팀은 사형제도가 헌법상 어긋나지 않고, 범죄 예방과 사회 질서 확립에 효과가 있는 점 등을 통해 오늘 주제에 대해 찬성합니다. 감사합니다."

●●박현준 학생은 찬성팀으로서, 오늘의 주제를 판단하는 가장 중요한 가치로 '사회 정의'를 전제했다. 이어 가치 기준으로 '과연 올바른 법 집행이 이뤄지고 있는가'를 제시했다. '사회 정의'라는 가치에 동의하고, 그 기준을 '과연 올바른 법 집행이 이뤄지고 있는가'로 한다면, 심판과 청중은 당연히 찬성팀의 손을 들어 줘야 한다. 이어 박현준 학생은 구체적인 논거로는 헌법상의 근거와 사형제도의 효과를 들었다.

• **교차조사** |3분|

찬성팀 입안이 끝나자 반대팀 교차조사가 시작된다.

박현준 학생과 권제나 학생이 교차조사를 하고 있다. 이때 반대팀은 질문만 하고, 찬성팀은 답변만 한다. 발언 제한 시간은 3분이다.

박현준 | 찬성   권제나 | 반대

두 팀이 모두 일어나 교차조사를 실시한다. 방금 찬성팀이 한 발언에 대해 반대팀이 질문한다. 이때 반대팀은 질문만 하고, 찬성팀은 답변만 한다.

다음은 박현준 학생과 권제나 학생의 교차조사 발언 요지다. 권제나 학생이 질문하고 박현준 학생이 대답한다.

- **권제나 학생**: 상대측의 가치 전제는 사회 정의였는데, 사회 정의의 실현이 생명권의 보호 없이 어떻게 이뤄질 수 있다고 생각하십니까?
- **박현준 학생**: 일반 사람들의 생명권은 물론 보호하지만, 제가 주장하는 바는 범죄를 저지른 매우 특수한 사람들의 생명권은 헌법에 의해 통제될 수 있다고 말하고 싶습니다.

• **권제나 학생**: 헌법에 의해 통제될 수 있다고 아까 발언 시간에서도 계속 말씀하셨는데, 그것이 합헌을 통해서 그 헌법상의 근거라고 말씀하시는 것 같은데, 사실상 합헌을 말씀하신 재판관 다섯 명 중 두 명이 입법개선 전제하에 합헌을 결정한 것을 알고 계십니까?

• **박현준 학생**: 과정이야 어떻게 되었든, 결과는 사형제도는 두 번이나 합헌이었다는 것이 중요할 뿐이라고 생각합니다.

• **권제나 학생**: 그렇지만 2010년에는 오히려 입법개선이 되어야만 합헌을 결정한다는 재판관의 의견을 따라서, 만약에 그것을 따른다면 결국에 아홉 분의 재판관 중에서 다섯 분이 위헌을 결정한 것 같지 않습니까?

• **박현준 학생**: 제가 알고 있는 바로는 아홉 분 재판관 중에서 다섯 분이 합헌이라고 생각하였고, 네 분만 위헌이라고 생각하셨습니다. 상대팀이 말하는 바는, 여담일 수 있겠지만 중요한 사실은 다섯 명이 합헌이라고 생각하여서 사형제도는 합헌 결정이 났다는 것입니다.

• **권제나 학생**: 그렇다면 헌법이 생긴 이래 수차례 합헌 결정이 아니라 사형제도에 대한 합헌 결정이 사실상 두 번만 났다는 것을 알고 계십니까?

• **박현준 학생**: 한 번만 더 말씀해주시겠습니까?

• **권제나 학생**: 수차례 합헌 결정이라고 말씀하셨는데, 사실상 그것은 2010년이 두 번째로서 합헌 결정이 두 번만 있었다는 것을 알고 계십니까?

• **박현준 학생**: 수정하겠습니다.

• **권제나 학생**: 그렇다면, 아까 그 사형제도에 대한 여론조사를 말씀하셨죠?

• **박현준 학생**: 예.

• **권제나 학생**: 그렇다면 찬성팀께서는 다수가 옳다는 것이 그것에 대한 정당성 여부를 설명할 수 있다고 생각하십니까?

• **박현준 학생**: 오해하고 계시는 것 같은데, 저는 지금 그 사람들이 찬성하기 때문에 사형제도는 정당하다고 말하는 것이 아닙니다. 오히려 헌법에 따라 살아가고 있는 우리 국민들이 사형제도에 대해 어떻게 생각하는지 보여주고 싶었을 뿐입니다.

• **권제나 학생**: 그렇다면 찬성팀께서는 그런 여론 조사 결과가 있었음에도 불구하고 그리고 상대팀에서 말씀하신 사형제도의 장점이 있음에도 불구하고,

왜 현재 우리나라에서는 사형을 집행하지 않는다고 생각하십니까?

- **박현준 학생**: 그것은 정치적인 이유와 관련이 있겠지만, 제가 알기로는 1997년 김대중 대통령께서 집권하시면서 본인이 사형선고를 받아 인권에 대해서 매우 수호해야 한다고 생각하셨기 때문에 사형이 밀렸고, 그다음 대통령들은 자신들이 사형집행을 한 대통령이란 오명을 쓰기 싫어서 사형집행을 안 한 것으로 알고 있습니다.

• 반대팀의 입안 |7분|

이어서 진행될 순서는 반대팀의 입안이다. 그런데 이때 반대팀에서 준비시간 1분을 신청한다.

반대팀의 준비시간 신청에 따라, 두 팀 모두 숙고하고 있다. 상대팀이 신청한 준비시간에 우리팀도 준비할 수 있다.

박현준 | 찬성   권제나 | 반대

준비시간이 끝났다. 권제나 학생이 자리에서 일어나 입안을 시작한다.

권제나 학생이 일어서서 반대팀 입안 발언을 하고 있다. 발언 제한 시간은 7분이다.

박현준 | 찬성　　　　　권제나 | 반대

다음은 권제나 학생의 반대팀 입안 발언 요지다.

" 안녕하세요? 반대팀 입안을 맡은 권제나입니다. 살면서 모두 한 번쯤은 우리가 왜 사는지 그 이유에 대한 의문을 가졌을 것입니다. 각자의 꿈이나 삶의 목표를 넘어서서 그것에 대한 가장 일차원적인 답은 우리에게 생명이 있기 때문이라고 생각합니다. 모든 생명권은 인간의 존재를 보장함으로써 인간의 가치와 존엄을 가장 중요한 본질로 여깁니다. 따라서 오늘의 디베이트 주제는 그러한 생명을 국가가 **빼앗는** 것, 사형제도의 정당성을 묻고 있습니다. 물론 여기에 범죄를 저지른 사람의 생명권이라는 조건이 붙긴 합니다. 그러나 그 사실이 사형제도에 대한 정당성에 관한 저희팀의 입장을 바꿀 수는 없습니다.

저희팀이 판단할 때 오늘 디베이트에서 가장 중요한 가치는 생명의 존엄성입니다. 생명은 존엄하고 그것을 넘어선 가치나 이념은 없다고 생각합니다. 따라서 그것에 대한 저희팀의 가치 기준은 생명이 얼마나 보호될 수 있느냐입니다. 저희팀의 두 가지 논거인 생명결정의 소유권 그리고 사형제도의 생명권 침해에 앞서서 상대팀 반박부터 하겠습니다.

우선 상대팀께서는 두 가지 논거로 오늘 디베이트 주제에 찬성하셨습니다. 첫번째, 헌법상의 근거로서 사형제도는 정당하다. 두 번째, 사형제도의 효과를 말씀하시면서 사형제도를 실시함으로써 강력범죄율을 낮추고 따라서 사회질서를

가치 구조는 가치 전제와 가치 기준을 합한 것으로, 주어진 디베이트 주제를 판단함에 있어 전제가 되거나 기준이 될 가치를 가리킨다.
반대팀은 가치 전제로 '생명의 존엄성'을, 가치 기준으로 '생명이 얼마나 보호될 수 있느냐'를 제시했다. 이 기준에 따르면 반대팀이 옳다는 것이다.

링컨 더글러스 디베이트에서는 입안 단계에서 이미 반박이 시작된다.

확립하는 것이 가능하다고 말씀하셨습니다.

우선 일단 첫 번째 논거부터 살펴보자면, 헌법상의 근거를 말씀하시면서 합헌 결정에 대해 말씀하셨습니다. 그렇지만 저희팀은 합헌 결정에 대한 의문이 꽤 많습니다. 첫 번째로 합헌 결정이라는 것이 2010년에 이뤄졌는데, 아까 말했듯이 합헌 5 그리고 위헌 4의 재판관분들 결정으로 합헌 결정이 되었습니다. 그런데 사실상 5명 중 2명은 입법개선 전제를 가지고 합헌을 결정하셨고, 위헌을 결정하신 재판관들은 오히려 상대팀께서 말씀하신 그런 침해를 최소로 한다는 법률유보상의 그런 조건을 침해한다고 말씀하시면서 범죄자의 생명권을 침해한다는 것을 가장 큰 이유로 위헌 결정을 하셨고요.

또한 범인 영구 격리나 이런 절대적 종신형이 사형제도의 효과인 생명권을 침해하지 않는 선에서 모두 다 이뤄낼 수 있다는 주장으로 위헌 결정을 하셨습니다. 또한 상대팀께서는 그 법률유보상의 헌법 근거하에 사형제도가 정당하다고 말씀하셨는데, 일부 재판관 역시 사형제도의 범죄 예방 효과는 결코 명백하지 않기 때문에 아까 말했듯이 침해 최소성에 어긋나기 때문에 위헌 결정을 내리셨고요. 또한 합헌 결정이 있었음에도 불구하고 1997년 이후 아까 말했듯이 한 건의 사형집행도 이뤄지지 않았습니다. 여당은 사실상 지금도 사형제도 폐지를 적극적으로 검토 중에 있다고 그럽니다. 또한 사형제도처럼 찬반의 입장차가 분명한 논제에 있어서는 헌법이 개방적이며 미완결상태로 있어야 한다는 입장이 있었습니다. 왜냐하면 그렇지 않다면, 저희팀은 시대의 흐름에 따라 법의 집행이 잘 이뤄질 수 없다고 생각하기 때문입니다.

저희팀의 첫 번째 논거로 넘어가겠습니다. 저희팀의 첫 번째 논거는 생명결정의 소유권입니다. 홉스의 《리바이어던》에 따르면 자연 상태에서 목숨에 위협을 느낀 인간들은 안정된 삶을 위해 사회계약이라는 것을 맺었습니다. 그 결과 국가라는 것이 설립되었고, 그 과정에서 국민들은 국가에 자신들의 권리를 위임했습니다. 저희팀은 그 권리에 처분권 역시 포함된다고 생각합니다. 그러나 여기서 의문을 가져야 할 점이 있습니다. 과연 국민들이 사회계약을 맺으면서 자신들의 생명권까지 위임했을까요? 저희팀은 그 과정에서 생명권마저 국가에 위임한 것은 아니라고 생각합니다. 따라서 사형제도는 국가의 권한 밖의 일이고, 어떤 상황에서든 개인 생명의 결정권은 국가가 아닌 개인에게 있기 때문에,

사형제도를 유지하는 것은 정당하지 않다고 생각합니다.

두 번째 논거는 사형제도는 이유 없이 생명권을 침해한다는 것입니다. 무기징역형과 사형제도를 비교해봅시다. 무기징역형은 사형제도가 폐지된 나라에서 최고 형벌로 통합니다. 이 무기징역과 사형제도의 공통점은 두 형벌 모두 우선 첫 번째, 사회와의 영구격리를 가능케 하고 따라서 재범 예방을 할 수 있습니다. 그렇다면 이 두 가지의 확연한 차이점은 무엇일까요? 가장 큰 차이점은 생명을 보호하느냐 안 하느냐 그 생명권 보호 여부에 있다고 생각합니다. 따라서 저희 팀의 가치 전제는 생명의 존엄성입니다. 어떤 조건에서든 생명권을 침해하지 않는 것이 최우선이 되어야 합니다. 특히 이처럼 생명권 여부 이외의 다른 모든 조건들이 동일할 때는 특히 찬성팀 가치 전제를 포함한 모든 가치의 근원인 생명의 존엄성을 무시하지 않는 쪽으로 하는 것이 옳다고 생각합니다.

생명권을 박탈하는 사형제도는 너무도 당연한 자연권의 침해이기 때문에, 저희 팀은 사형제도는 사형제도 자체로도 생명권 박탈 때문에 정당하지 않다고 생각합니다. 국가는 애초에 생명 결정의 소유권이 없습니다. 그리고 있다고 하더라도 이렇게 정당한 이유 없이 목숨을 박탈한다는 것은 생명의 존엄성, 가치를 훼손하고 사실상 그 실효성 역시 떨어지기 때문에 사형제도는 정당하지 않다고 생각합니다. 감사합니다.”

●● 권제나 학생은 가치 전제로 '생명의 존엄성'을 제시했다. 이어 가치 기준으로 '생명이 얼마나 보호될 수 있나'를 제시했다. 오늘의 주제를 판단함에 있어 '생명의 존엄성'이란 가치를 인정하고, 그 기준으로 '생명이 얼마나 보호될 수 있나'를 감안한다면 심판과 청중은 반대팀의 손을 들어줘야 한다. 반대팀 첫 번째 주장은 '생명의 결정권은 개인에게 있다.'였고, 두 번째 주장은 '사형제도는 이유 없이 생명권을 침해한다.'였다.

링컨 더글러스 디베이트의 반대팀 입안에는 반박도 포함된다. 이때 상대팀의 전략과 우리팀의 전략을 비교해가며 설명하는 것이 좋다.

• 교차조사 |3분|

이어서 진행될 순서는 찬성팀의 교차조사다. 그런데 이때 찬성팀에서 준비시간 1분을 신청한다.

박현준 | 찬성　　　　　권제나 | 반대

준비시간이 끝났다. 다음은 박현준 학생과 권제나 학생의 교차조사 발언 요지다. 박현준 학생이 질문하고 권제나 학생이 대답한다.

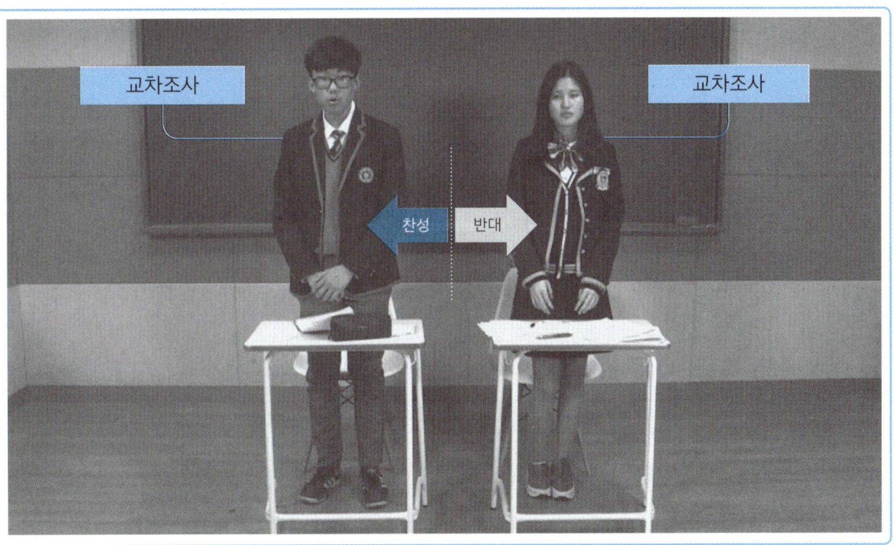

박현준 | 찬성　　　　　권제나 | 반대

• **박현준 학생**: 상대팀께서는 국가에게는 어떤 상황에서도 생명의 결정권, 생명 결정의 소유권이 없다고 하셨는데, 그렇다면 그 어떤 상황에서라도 생명 결

정의 소유권이 없다고 생각하십니까?

- **권제나 학생**: 어떤 상황에서도 일단 생명 결정의 소유권은 개인에게 있다고 생각합니다.

- **박현준 학생**: 그렇다면 보통 일반적인 국가들은 전쟁 같은 것이 터졌을 때 군인들을 모집하는데, 그렇다면 강제로 모집된 군인들의 생명 결정은 국가가 한 것인데 그것도 잘못된 것이라고 생각합니까?

- **권제나 학생**: 군인을 모집한다 안 한다는 하는 것은 국가의 치안을 위한 것이기 때문에, 더 많은 생명을 결정하고, 또한 군인을 모집한다는 것 자체가 국가가 생명을 결정하는 행위라고 생각하지 않습니다.

- **박현준 학생**: 그렇다면 상대팀 주장은 한 사람의 생명을 희생해서 다른 여러 사람의 생명을 안전하게 할 수 있다면 그 사람은 희생되어도 된다라고 들리는데, 제 생각이 맞습니까?

- **권제나 학생**: 수정하겠습니다. 사실 그것이 아니라 군인을 모집한다는 그 행위 자체가 국가가 생명을 결정한다는 것이라고 생각하지 않습니다.

- **박현준 학생**: 전쟁 중에 군인의 사망률은 50%에 육박하는 것으로 알고 있는데, 그러면 그것 자체가 이미 그 사람에게 죽을 수도 있는 곳으로 뛰어들라고 하는 것이 아닙니까?

- **권제나 학생**: 저희팀에서 생각하는 생명 결정이라는 것은 이 사람의 생명권을 박탈하거나 박탈하지 않는다는 그 여부를 따지는 것입니다. 오늘 디베이트의 사형제도 같은 경우에 특히 생명권의 박탈이 바로 정해지는 이런 케이스에 적용되는 것이지 군인이 된다고 해서 그 사람의 생명권을 박탈하는 것이라고 생각하지 않습니다.

- **박현준 학생**: 다음 질문으로 넘어가겠습니다. 상대팀께서는 무기징역과 사형의 공통점은 재범을 예방할 수 있지만, 차이점은 생명을 보호하느냐 안 하느냐밖에 없다고 하셨는데 무기징역으로 된 한 명의 사형자에게 돈이 얼마나 들어가는지 알고 계십니까? 일 년에.

- **권제나 학생**: 꽤 많은 세금이 들어가는 것으로 알고 있습니다.

- **박현준 학생**: 그렇다면 그 공간 또한 얼마나 많이 차지하는지 알고 계십니까?

- **권제나 학생**: 물론 그것이 차이점일 수 있겠지만 제가 아까 말했듯이 가장 확

연한 차이점은 생명권 보호의 여부라고 생각합니다. 생명권이라는 것은 돈보다 더 큰 가치이고, 기본권의 기본권이기 때문에 돈에 앞서 생명권이 가장 중요하게 여겨져야 된다고 생각하기 때문입니다.

- **박현준 학생**: 우리나라에서 사형수 한 명에게 연 2,200만 원이 든다고 합니다. 우리 국민의 소중한 혈세로 사형수들을 먹이고 재워 주는 것은 정당하지 않다고 생각합니다.

• 찬성팀의 반박 |4분|

이어서 진행될 순서는 찬성팀의 반박이다. 찬성팀에게는 두 차례의 반박 기회가 있는데, 그 첫 번째 순서다.

박현준 학생이 일어서서 찬성팀 첫 번째 반박 발언을 하고 있다. 발언 제한 시간은 4분이다.

박현준 | 찬성   권제나 | 반대

다음은 박현준 학생의 찬성팀 반박 발언 요지다.

찬성팀의 첫 번째 반박에는 상대팀 입안 내용에 대한 반박, 상대팀의 반박에 대한 재반박의 내용이 포함된다.

"찬성팀 반박 시작하겠습니다. 상대팀의 가치 전제는 생명의 존엄성이라고 하였고 가치 기준은 생명이 얼마나 보호될 수 있는가라고 하였습니다. 물론 저는 이 의견에 동의합니다.

하지만 저는 생명이 얼마나 보호될 수 있는가에서 특수한 경우는 제외된다고 생각합니다. 제가 앞서 주장했듯이 우리나라 헌법 제37조 2항에 따르면 국가는 특수한 상황에서는 국민들의 기본권을 제한할 수 있다고 나와 있습니다. 그리고 저는 인간으로서 용서받지 못할 극악무도한 범죄를 저지른 자들에겐 그 특수한 상황이라는 것이 적용된다고 생각합니다. 실제로 우리나라 헌법재판소의 재판관분들도 그렇게 생각을 해서 합헌 결정을 내린 바 있다고 다시 한 번 알려드리고 싶습니다.

상대팀의 첫 번째 의견은 생명 결정의 소유권을 국민이 국가에 위임하지 않았다는 것입니다. 그러면서 홉스의 이론을 들며 사형제도가 정당하지 않다고 하셨는데, 국가라는 것이 성립되면서 지금까지 인류의 많은 역사 동안에 가장 기본이 되었던 것은 흔히 이야기해서 '눈에는 눈, 이에는 이'라는, 사람을 죽이면 그 사람도 죽임을 당하고, 사람을 때리면 그 사람도 똑같이 맞는, 사람의 돈을 뺏으면 벌금을 내는 그런 법이었습니다. 지금까지 인류가 몇천 년 동안 문명 생활을 해오면서 그런 식으로 운영되었는데 홉스라는 사람의 사회계약 이론은 너무 이상적인 것이라고 생각합니다. 그 이론이 옳게 되려면 앞으로 많은 시간들이 걸릴 것이고 그 또한 현대사회와는 맞지 않는다고 생각합니다.

두 번째로 이유 없이 생명권을 침해한다고 하셨습니다. 그러면서 무기징역과 사형의 공통점은 재범을 예방하지만 차이점은 생명을 보호하느냐 안 하느냐라고 하였습니다. 하지만 저는 이 의견에 대해 반박하겠습니다. 우리나라 사형수에게 1년에 드는 돈이 2,200만 원이라고 합니다. 1인당 2,200만 원이 듭니다. 우리 국민들의 혈세가, 매우 잔인한 방식으로 사람을 죽이거나 여러 가지 나쁜 일을 해서 감옥에 들어간 사람들에게 고스란히 쓰이고 있다는 것입니다. 그 사람들은 밤에 잠도 자고 밥도 먹고 심지어 가끔씩 운동도 하고 지내고 있습니다. 만약에 무기징역으로 한다면 우리나라에 현재 있는 사형수들과 더불어 앞으로 더 늘어나게 되어 사형수 비용을 감당하기가 힘들어질 것입니다.

상대팀께서는 아까 저와 교차조사를 하시면서 어떤 이유에서도 국가는 생명 결정에 소유권이 없다고 하셨습니다. 하지만 저는 국가는 생명 결정 소유권이 있다고 생각합니다. 전쟁이 나면 국가는 젊은이들을 모집합니다. 그 젊은이들이 전쟁에 나가는 것, 군인들이 전쟁에서 죽을 확률은 50% 가까이 됩니다. 그렇다면 그것이 생명을 결정하는 것이 아니라면 무엇이라는 말입니까? 너는 죽을 수도 있고 안 죽을 수도 있으니 이건 생명을 결정하는 것이 아니야, 이런 식으로 말을 할 수 있는 것은 아니라고 생각합니다.

그러므로 상대팀의 국가에는 어떤 상황에서도 생명의 결정권은 없다는 것은 잘못된 것이며, 저는 이렇게 고치고 싶습니다. 국가에는 특수한 상황에서는 생명 결정의 소유권이 있습니다. 이러한 이유에서 저는 〈사형제도는 정당하다〉에 찬성합니다. 감사합니다.”

●● 찬성팀의 첫 번째 반박에서는 상대팀 전략과 우리팀 전략을 명료하게 비교하며, 찬성팀이 왜 옳은가를 설명한다.

찬성팀은 반대팀의 가치 전제와 가치 기준은 인정하지만, 특수한 경우는 제외된다고 했다. 이어서 첫 번째로 국가는 개인의 생명권을 결정할 권리가 없다는 의견에 대해서는, 반대팀이 근거로 든 홉스의 이론은 지나치게 이상적이라고 지적했다. 두 번째로 사형제도는 이유 없이 생명권을 침해한다는 의견에 대해서는 무기징역 제도로 바꿀 경우 현실성이 떨어진다고 지적했다. 마지막으로 국가에 개인의 생명 결정 소유권이 있는지의 여부를 다시 한 번 설명했다.

• 반대팀의 반박 |6분|

이어서 진행될 순서는 반대팀의 반박이다. 반대팀에게는 한 차례의 반박 기회만 있다. 발언 제한 시간은 6분이다. 그런데 이때 반대팀에서 준비시간 1분을 신청한다.

반대팀의 준비시간 신청에 따라, 두 팀 모두 숙고하고 있다. 상대팀이 신청한 준비시간에 우리팀도 준비할 수 있다.

박현준 | 찬성　　　　권제나 | 반대

준비시간이 끝난다. 그런데 반대팀에서 준비시간 1분을 추가로 신청한다.

반대팀의 준비시간 1분 추가 신청에 따라, 두 팀 모두 숙고하고 있다. 상대방이 신청한 준비시간에 우리팀도 준비할 수 있다.

박현준 | 찬성　　　권제나 | 반대

준비시간이 끝난다. 반대팀의 반박이 시작된다.

권제나 학생이 일어서서 반대팀 반박 발언을 하고 있다. 발언 제한 시간은 6분이다.

박현준 | 찬성　　　권제나 | 반대

다음은 권제나 학생의 반대팀 반박 발언 요지다.

"오늘 디베이트에서 저희팀의 가치 전제는 '생명의 존엄성'이었습니다. 상대 반대팀의 반박이다. 찬성팀과는 달리 반박 기회가 한 번밖에 없다. 반대팀의 반박에서는 상대팀의 반박에 대한 재반박, 쟁점 정리, 우리팀이 이긴 이유를 설명한다.

팀의 가치 전제는 '사회 정의의 실현'이었습니다. 거기서 나타난 차이점은 사회 정의의 실현은 상대팀에서 말씀하셨듯이 생명권 보호 없이는 이루어지기 힘들다는 것입니다. 그리고 상대팀께서는 특수 상황에서는 국가 역시 생명권 보호를 제한할 수 있는 권리를 가졌다고 말씀하셨습니다. 그에 따라 오늘 디베이트에는 두 가지 쟁점이 있습니다. 첫 번째는 국가의 역할, 다른 말로는 국가가 과연 개인의 생명 결정에 소유권이 있는지 없는지이고, 두 번째는 사형제도로 인해서 나타나는 결과입니다.

일단 두 번째 쟁점부터 살펴보자면 사형제도의 결과로서 상대팀께서는 사형제도를 실시함으로써 범죄율을 낮추고, 따라서 사회정의를 실현할 수 있다고 말씀하셨습니다. 그러나 저희팀은 죽음에 대한 공포를 자극함으로써 범죄율을 낮추는 데 효과를 보는 사형제도는 정당하지 않다고 생각합니다. 일단 우선 첫 번째로 범죄율을 낮추지 못한 사례나 사형제도를 실시함으로써 범죄율을 낮춰준다는 명제가 항상 옳다는 것이 아님을 보여주는 몇 가지 사례가 있습니다.

우선 첫 번째로 캐나다에서는 사형제도를 폐지한 지 27년이 지난 2003년 강력 범죄 발생률이 사형제도가 존재했던 시기와 비교해서 44%나 줄었고, 사형제도가 있는 미국 같은 경우는 사형제도가 있는 주보다 없는 주의 범죄율이 더 적었습니다. 또한 앰네스티 연구 결과 사형이 종신형보다 범죄 예방 효과가 더 크다는 가설을 받아들일 수 없다는 결과가 나왔습니다. 그러나 저희팀 역시 사람인지라 똑같은 일을 했을 때 만약에 처벌이 더 크다면 그 범죄를 저지를 마음이 비교적 적게 든다는 사실은 인정합니다. 다른 말로 하자면 사형제도가 범죄를 저질렀을 때 즉각적으로 집행되면 그렇지 않을 때보다 범죄율이 조금은 더 줄어들 수 있습니다. 또한 그것보다는 공개처형이 이루어졌을 때 더 줄어들 수 있습니다.

그렇지만 그것을 인정함에도 불구하고 저희팀은 사형제도는 정당하지 않다고 생각합니다. 여기서 생각해볼 점이 있습니다. 벌이 더 무거울수록 범죄율이 더 낮아진다는 주장의 예를 한번 들어보겠습니다. 학생이 학교에 가는데 학교 숙제를 안 해가면 손가락 하나가 잘린다거나 수업시간에 졸면 머리에 누군가 총을 겨눈다거나 이런 사례를 생각해봅시다. 이것은 당연히 범죄는 아니지만 어쨌든 규칙에 어긋나는 행위를 했기 때문에 무시무시한 벌이 따릅니다. 다른 말로 하자면 이와 같은 방법은 규칙에 어긋나는 행동을 하는 것을 예방하는 효과가 매우 큽니다. 그러나 오늘날 세상에서 어느 학교가 이런 방법으로 학생들의 졸음을 깨우고 학생들 과제 성취율을 높입니까? 단 하나의 학교도 이러지 않지 않습니까?

저희팀이 생각하는 이런 상황의 이유는 바로 인권이라고 생각합니다. 모든 결정에 있어서 그것이 만약 범죄율을 낮추고 상대팀께서 말씀하시는 사회정의를 실제로 실현할 수 있다고 해도 만약 그것이 진짜 인권을 해친다면, 특히 오늘 디베이트에서 말하는 그런 생명권, 기본권 그리고 사회정의를 포함한 모든 가치의 근원인 생명권을 침해하게 된다면 저희팀은 그것이 아무리 범죄율을 낮춘다고 해도 정당하지 않다고 생각합니다.

저희팀이 생각하는 첫 번째 쟁점으로 넘어가겠습니다. 국가의 역할, 즉 국가가 과연 생명 결정의 소유권을 가지고 있는지 아니면 개인에게 생명 결정의 소유권이 있는지에 관한 이야기입니다. 일단 첫 번째로 상대팀께서는 합헌 결정을 말씀하시면서 첫 번째 논거에서도 헌법상의 근거를 드셨습니다. 그러면서 계속 반복적으로 말씀하셨듯이 국가가 국민의 기본권을 제한하는 것이 가능하다고 하셨습니다. 그러나 거기에는 특수 상황이라는 특별한 조건이 붙습니다. 그 특수 상황은 첫 번째 정당한 이유나 목적, 두 번째 최소한의 침해입니다.

첫 번째 정당한 이유. 저희팀 역시 사형제도의 실시 목적은 정당한 이유라고 생각합니다. 그러나 두 번째 조건인 최소한의 침해, 과연 그것이 최소한의 침해일까요? 저희팀은 그것이 최소한의 침해라고 생각하지 않습니다. 우리나라 재판관께서 사형제도라는 것은 최소한의 침해라는 조건을 위반한다고 말씀하셨습니다. 그 이유는 범죄자의 생명권, 그 자연권이 침해된다는 것은 최소한의 침해가 아니고, 또한 무기징역같이 다른 좋은 대안이 있기 때문에 최소가 아니라고 말씀하셨습니다.

두 번째로 군인에 관해서 말씀하시면서 국가가 군인을 모집하는 것 같은 경우에는 생명 결정의 소유권이 국가에 있는지에 대한 의문점을 드셨습니다. 그렇다면 저희팀은 이렇게 대답하고 싶습니다. 전쟁이나 군대를 모집한다는 것과 사형제도의 차이점을 말씀드리고 싶습니다. 저희팀은 군대를 남자 성인분들이 죽으러 가는 것이라고 생각하지 않습니다. 그것은 나라를 지키러 가는 다른 활동 중의 하나인 것이지, 그것이 생명권의 박탈이나 박탈이 아닌 그런 여부를 결정하는 것이 아니라고 생각하기 때문에 저는 다르다고 생각합니다. 감사합니다.”

●● 반대팀의 반박 순서는 한 번밖에 없다. 결국 이 순서를 통해 찬성팀 반박에 대한 재반박, 쟁점의 요약, 우리팀이 이긴 이유 등을 설명해야 한다.

반대팀은 오늘 디베이트의 쟁점을, (1) 국가에 과연 개인의 생명 결정의 소유권이 있는지 없는지, (2) 사형제도로 인해서 나타나는 효과/부작용으로 정리했다. 국가의 기본권 제약은 생명권에는 미치지 못한다는 점, 벌이 더 무거울수록 범죄율이 더 낮아진다는 주장은 성립하지 않는다는 점을 들어 반대팀이 옳다고 주장했다.

• 찬성팀의 반박 |3분|

이어서 진행될 순서는 찬성팀의 반박이다. 찬성팀에게는 두 차례의 반박 기회가 있는데, 그 두 번째 순서다.

박현준 학생이 일어서서 찬성팀 반박 발언을 하고 있다. 발언 제한 시간은 3분이다.

박현준 | 찬성   권제나 | 반대

다음은 박현준 학생의 찬성팀 반박 발언 요지다.

"찬성측 반박 시작하겠습니다. 상대팀께서는 아까 학교에 대해서 비유하셨는데 학생들이 졸거나 지각할 경우 매우 극단적인 형벌을 가한다면 그런 잘못된 일들을 하지 않겠지만, 인권이 중요하기 때문에 그런 일을 하지 않는다고 말씀하셨습니다.

하지만 저는 그 비유는 잘못되었다고 생각합니다. 졸거나 지각하는 일은 매우 많은 학생들이 저지르고 있는 흔한 일 중의 하나입니다. 우리나라는 그저 가볍게 절도하였다고 해서 사형을 시키지 않습니다. 우리 국민 5,000만 명 중에서 단 수십 명만이 사형선고를 받았습니다. 왜냐하면 그들은 매우 잔인한 범죄를 저질렀기 때문입니다. 그러므로 비유가 잘못되었다고 생각하고요.

군대와 사형제도의 차이점을 이야기해주셨는데요. 제가 생각하기엔 나라를 지키러 가는 것은 전쟁을 대비하기 위해서 가는 것이고, 전쟁을 대비한다는 것은 전쟁이 날 가능성이 있다는 것입니다. 그렇다면 전쟁에 참여하는 군인들은 과연 모두 무사할까요? 죽는 사람이 더 많을 것이라고 저는 생각합니다. 이처럼 국가는 매우 특수한 상황에서는 국민들의 생명 결정권을 소유할 수 있다고 생각합니다.

이번 디베이트의 쟁점은 국가는 과연 어떤 상황에서도 국민들의 생명 결정권을 소유할 수 없는가라고 생각합니다. 지금까지 인류의 역사가 지속되어온 이래 인류는 국가와 소위 말하는 사회계약을 하지 않았습니다. 국민과 국가의 계약으로 나라가 성립된 것이 아니라 전쟁 혹은 항복 등으로 나라가 바뀌었고, 그동안 법전에는 언제나 사형제도가 존재했습니다. 국민들의 생명 결정권을 소유한 것이죠. 사형제도 말고도 전시상황 등이 있는데 전시상황에는 국가의 명령에 따라 많은 국민들이 희생되었습니다. 하지만 그것을 잘못되었다고 생각하는 사람은 없을 것이라고 생각합니다. 현실적으로 생각해야 했기 때문입니다. 하지만 홉스는 매우 이상적인 방법으로 국가와 국민이 계약을 맺었다고 표현하였습니다. 그러면서 주장하였던 생명권 주장은 현실과는 동떨어진 불가능한 주장이라고 생각합니다.

저는 사형제도가 제가 앞서 말했던 가치 전제인 사회 정의를 위해 꼭 필요하고 정당하다고 다시 한 번 이야기하고 싶습니다. 감사합니다.”

●● 찬성팀의 두 번째 반박 순서다. 이 순서를 통해 찬성팀은 반대팀에 대한 재반박, 쟁점에 대한 정리, 우리팀이 이긴 이유 등을 설명해야 한다.

찬성측은 국가는 매우 특수한 상황에서는 국민들의 생명 결정권을 소유할 수 있다는 것을 강조했다. 그래서 이번 디베이트의 가장 큰 쟁점인 '국가는 과연 어떤 상황에서도 국민들의 생명 결정권을 소유할 수 없는가'라는 문제에 동의할 수 없다고 했다.

이로써 모든 디베이트가 끝났다. 학생들은 열심히 임했다. 오늘 디베이트에서 제일 재미있었던 부분은 홉스의 사회계약론 및 생명권과 관련된 부분이었다. 해당 학생들이 고등학교 1학년이라는 것을 감안하면 날카로운 관점이었다. 옥에 티라면, 발언 시 중문과 복문을 너무 많이 사용하여 듣기 힘들 때가 있었다는 정도였다.

| 주제 | 동물실험은 정당하다

이번 디베이트에 참여한 학생들은 전성빈(중산고1), 박준하(원촌중3) 학생이다.

동전 던지기로 찬반이 결정된다. 전성빈 학생이 찬성을, 박준하 학생이 반대를 맡는다. 찬성팀은 왼쪽에, 반대팀은 오른쪽에 앉는다.

전성빈 | 찬성   박준하 | 반대

동전 던지기로 찬성과 반대가 정해지면 자리에 앉는다. 그리고는 바로 디베이트를 시작한다.

• 찬성팀의 입안 |6분|

찬성팀 입안이다. 찬성팀인 전성빈 학생이 나와 발언을 시작한다.

전성빈 학생이 일어나서 찬성팀 입안 발언을 하고 있다. 발언 제한 시간은 6분이다.

전성빈 | 찬성   박준하 | 반대

다음은 전성빈 학생의 찬성팀 입안 발언 요지다.

링컨 더글러스 디베이트의 첫 번째 순서인 입안에서는 해당 주제에 대한 우리팀의 입장이 왜 옳은지 가치 구조를 먼저 제시하고, 이어서 논거를 제시한다.

"안녕하십니까? 이번 〈동물실험은 정당하다〉에 대해서 찬성팀 입장을 맡은 전성빈입니다.

우리는 아플 때 약을 먹고 아침에는 샴푸를 사용하여 머리를 감습니다. 그런데 우리가 사용하고 있는 이 모든 제품들은 모두 동물실험을 거친, 안전이 증명된 제품입니다. 만약 이 제품들 중 동물실험을 거치지 않은, 인간에게 유해한 제품이 출시되었다면 어떻겠습니까? 인체를 대상으로 하는 실험은 윤리적 문제로 인해 실행할 수 없습니다. 그래서 그 대안으로 동물실험을 계속해왔습니다. 하지만 최근 동물권에 관한 인식이 확산되면서 동물을 인간의 필요에 의해 죽이는 일이 과연 합당한가라는 의문이 제기되었습니다.

용어정의를 하겠습니다. 동물실험이란 동물을 대상으로 하는 실험을 뜻하며, 주로 생물학·심리학· 제약·화장품 회사의 연구 개발에서 인체의 임상 실험 전 단계로 행해집니다. 오늘의 주제를 이러한 동물실험을 계속 실행하는 것이 과연 옳은가라고 해석하겠습니다.

저는 오늘의 주제를 판단함에 있어 가장 중요한 가치를 생명의 존엄성이라고 전제합니다. 여러분, 생각해보십시오. 이 세상 그 무엇이 생명을 대신할 수 있겠습니까? 저는 그 구체적인 가치 기준으로 생명 중에서도 가장 귀한 인간의 생명이 얼마나 보장되고 있는가를 들겠습니다. 무릇 생명이 있지만 인간의 생명이 가장 우선이라는 것을 인정해야 하지 않겠습니까? 이를 기준으로 한다면 오늘의 주제는 당연히 찬성이 맞습니다. 이를 감안하여 저는 오늘의 주제에 대해 찬성합니다. 제가 오늘의 주제에 찬성하는 데는 크게 세 가지 논거가 있습니다. 첫 번째는 동물실험의 유용성, 두 번째는 동물실험 대안의 실효성, 세 번째는 동물권과 인권에서의 우선순위입니다.

첫 번째 동물실험은 유용성이 증명되었습니다. 동물들이 인간과 많이 다르긴 해도 대부분의 동물실험은 인간의 경우를 꽤 잘 예측합니다. 동물실험이 인간에게 도움이 된 예로는 이반 페트로비치 파블로프의 개 실험 그리고 안전을 확인하기 위해 우주비행사보다 먼저 우주로 나가는 개와 원숭이 등이 있습니다. 여러분, 최초의 우주비행사 유리 가가린이 우주에 나가기 전 먼저 우주에 나간 생명체가 무엇인지 아십니까? 바로 라이카라는 이름의 개입니다. 라이카는 인간의 최초 우주비행에 앞서 우주비행사의 안전을 확인하기 위해 유리 가가린보다 먼저 우주로 나섰습니다. 그 이후 라이카의 뒤를 따라 다른 50여 마리의 개들이 우주비행사의 안전을 확인하기 위해 우주로 나갔습니다. 이 개들의 희생으로 인해 최초의 우주비행사 유리 가가린이 성공적으로 우주비행을 끝마칠 수 있었습니다.

두 번째는 동물실험 대안의 실효성입니다. 동물실험을 대체할 방안 중 근본적인 해결책은 없습니다. 동물실험은 현재 우리의 기술력으로 할 수 있는 가장 정확하고 효과적인 실험입니다. 동물실험의 대안으로 알려진 실험관 시험, 인공배양 조직, 시뮬레이션 등으로는 생물 개체 단위의 복잡한 생명 활동을 모두 대체할 수 없습니다. 예를 들어서 생물의 체내에 독성물질이 들어가면 뇌에서도 반응을 일으키는데 컴퓨터나 줄기세포로도 그 반응을 알기 힘듭니다.

마지막으로 동물권과 인권에서의 우선순위입니다. 동물권 위에 인권이 있는 것은 불가피한 현실입니다. 인간은 만물의 영장이므로 동물에 대한 권리를 가지는 것이 당연합니다. 만약 인권과 동물권을 동일시한다면 인간은 더 이상 생존할 수 없습니다. 저희 인간은 동물을 먹고 살기 때문입니다. 동물권을 존중하려고 동물실험을 그만둔다면 논란이 많은 인체실험이 불가피할 것입니다. 감사합니다."

●● 전성빈 학생은 오늘 주제에서 가치 전제로 '생명의 존엄성'을 제시했다. 이어 이를 판단하는 기준으로 '인간의 생명이 얼마나 보장되고 있는가'를 제시했다. 오늘 주제를 판단함에 있어 '생명의 존엄성'이란 가치를 인정하고, 그 판단 기준으로 '인간의 생명이 얼마나 보장되고 있는가'를 감안한다면 심판과 청중은 찬성측의 손을 들어 줘야 한다.

찬성팀 첫 번째 주장은 '동물실험은 유용성이 증명되었다.'이고, 두 번째 주장은 '동물실험을 대체할 방안 중 근본적인 해결책은 없다.'이며, 세 번째 주장은 '동물권 위에 인권이 있는 것은 불가피한 현실이다.'였다.

• 교차조사 |3분|

찬성팀 입안이 끝나자 반대팀 교차조사가 시작된다.

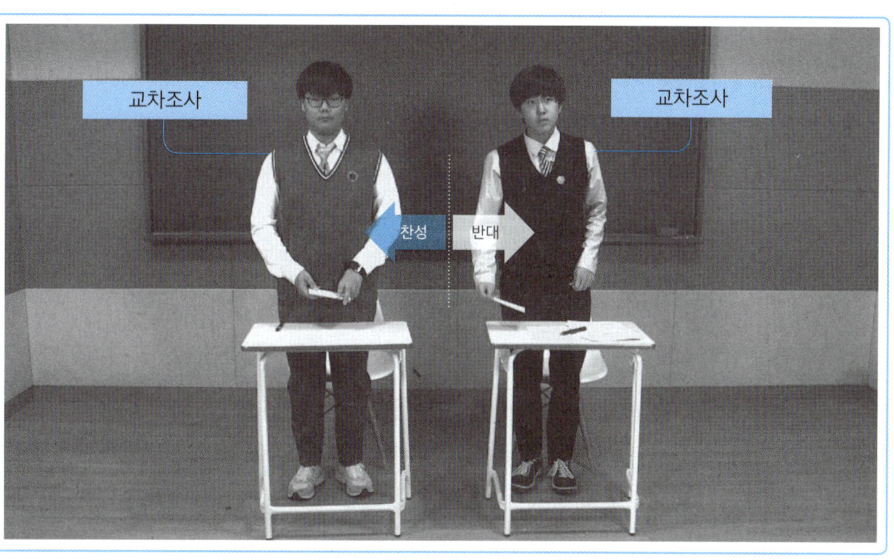

전성빈 학생과 박준하 학생이 교차조사를 하고 있다. 이때 반대팀은 질문만 하고, 찬성팀은 답변만 한다. 발언 제한 시간은 3분이다.

전성빈 | 찬성   박준하 | 반대

다음은 전성빈 학생과 박준하 학생 교차조사의 발언 요지다. 박준하 학생이 질문하고 전성빈 학생이 대답한다.

• **박준하 학생**: 아까 가치 전제를 이야기하셨을 때 인간의 생명권이 가장 최우선한다고 하셨는데 이것이 맞나요?

• **전성빈 학생**: 예, 맞습니다.

• **박준하 학생**: 그럼 동물의 생명에 대한 입장을 이야기해주십시오.

• **전성빈 학생**: 물론 동물의 생명도 인간의 생명만큼 소중합니다. 하지만 이 동물권과 인권이 충돌할 때 저는 불가피하게 인권을 선택할 수밖에 없을 것입니다.

• **박준하 학생**: 예, 잘 알겠습니다. 그리고 동물과 인간의 비슷한 점, 또는 유사성에 대해서 이야기해주시기 바랍니다.

• **전성빈 학생**: 물론 동물과 인간은 종 자체부터 다르기 때문에 유사한 점은 적습니다.

• **박준하 학생**: 네, 알겠습니다. 동물실험들에 대한 대안이 많이 나오고 있는데요. 그에 대한 입장을 밝혀 주시기 바랍니다.

• **전성빈 학생**: 동물실험의 대안으로 알려진 시뮬레이션 인공배양조직 같은 것으로는 인체 생물의 체내에서 일어나는 복잡한 생명활동을 관찰하기 힘듭니다.

• **박준하 학생**: 즉, 동물실험의 대안은 충분하거나 해결책이 될 수 없다는 것을 말씀하시는 건가요?

• **전성빈 학생**: 네, 맞습니다.

• **박준하 학생**: 예, 알겠습니다. 그리고 동물실험의 부작용에 대한 많은 사건들이 있는데 그것에 대한 생각은 어떻습니까?

• **전성빈 학생**: 모든 실험에 100%의 성공확률은 없습니다. 부작용이 발생할 수도 있습니다.

• **박준하 학생**: 하지만 그것은 동물실험도 마찬가지 아닌가요?

• **전성빈 학생**: 예, 맞습니다. 하지만 그 동물실험이 바로 우리가 행할 수 있는 가장 효과적이고 정확한 실험방법입니다.

• **박준하 학생**: 그러니까 동물실험이 가장 좋은 대안이고, 동물실험의 대안보다는 동물실험을 채택하겠다는 이야기로 해석해도 되나요?

• **전성빈 학생**: 아니요. 만약 그 대안이 완벽하고 동물실험을 100% 대체 가능한 것이라면 저는 그 대안에 대해서 환영합니다. 왜냐하면 더 이상의 동물은

두 팀이 모두 일어나 교차조사를 실시한다. 방금 찬성팀이 한 발언에 대해 반대팀이 질문한다.

저도 죽이고 싶지 않기 때문입니다.

- **박준하 학생**: 네, 잘 알겠습니다.

• 반대팀의 **입안** │7분│

이어서 반대팀의 입안 발언이 시작된다. 박준하 학생이 자리에서 일어나 입안을 시작한다.

박준하 학생이 일어나서 반대팀 입안 발언을 하고 있다. 발언 제한 시간은 7분이다.

전성빈 │ 찬성　　　　박준하 │ 반대

다음은 박준하 학생의 반대팀 입안 발언 요지다.

"전 세계적으로 1초에 20마리의 동물들이 실험실에서 죽어갑니다. 1년에 최소 6억 3,000만 마리의 동물들이 사용되고 있는 것입니다. 한국에서 한 해에 400만 마리 이상의 동물들이 사용되고 있으며 향후 5년에서 10년 후에 연간 1,000만 마리를 넘어설 것이라고 예상된다고 합니다.

하지만 이러한 대량의 동물실험들이 과연 꼭 필요한 것일까요? 현재는 법적으로 인간실험이 불가능합니다. 그로 인해 동물실험의 빈도수가 증가하였습니다.

하지만 동물의 권리를 높여야 한다는 의견들이 많아지면서 동물실험에 대한 정당성이 논란이 되며 이러한 주제에 다다르게 하였습니다.

용어정의로 동물실험이란 과학의료 연구의 목적으로 동물에게 하는 모든 의료 행위를 말합니다. 그래서 저는 이번 주제를 과학의료 연구의 목적으로 동물들에게 행해지는 모든 행위가 정당 또는 옳다고 해석하겠습니다. 그리고 저는 이 의견에 대해 반대합니다. 그에 대한 가장 큰 이유로는 바로 동물의 동물권 보호입니다.

또한 제가 이번 토론에서 가장 중요하다고 생각하는 가치는 바로 생명의 존엄성입니다. 그리고 저의 논거는 크게 두 가지입니다. 첫 번째는 실효성의 문제, 두 번째는 동물실험에 대한 대안입니다.

첫째, 동물실험은 실효성이 없습니다. 인간이 가지고 있는 3만 가지 병 중 동물과 공유할 수 있는 병은 350가지밖에 되지 않습니다. 또 병을 공유한다고 해서 약도 일치하는 것은 아닙니다. 한 예로 어느 제약회사에서 개발 중인 심장병 치료약 에랄딘을 쥐, 개 그리고 원숭이에게 실험한 적이 있습니다. 이때는 동물들이 전혀 부작용을 보이지 않았다고 합니다. 하지만 약을 출시한 후 7,000명 이상의 사람들이 심각한 부작용을 보였고, 그중 일부는 눈이 멀고 23명은 사망하였습니다. 이처럼 동물실험은 효과가 없는 사례들도 많습니다.

또 지난 100년간 암에 대한 치료라는 명목으로 동물실험을 한 사례들은 매우 많았으나 해결책이 보이지 않고 암 발병률은 현대에도 증가하고 있습니다. 또 다른 예로는 탈리도마이드 사건이 있습니다. 이 약은 1957년 10월 1일 독일에서 처음 출시되었습니다. 이 약은 일종의 진통 또는 진정제로 알려지면서 당시에는 별다른 부작용이 없고, 많이 복용해도 부작용이 거의 없는 약이라고 알려졌습니다. 그 이유는 바로 동물실험에서 부작용이 전혀 나오지 않았기 때문입니다. 하지만 이 약을 인간이 복용한 후 출산한 신생아들의 대부분이 기형아로 태어났습니다. 이 때문에 유럽에서만 8,000명, 전 세계적으로 48개국에서 1만 2,000명 이상의 기형아가 태어났습니다. 이러한 끔찍한 사건은 일명 콘테르간 스캔들로 명명되었고 현대 의학 역사상 최악의 사건 중 하나로 기록되었습니다.

이처럼 이러한 사건들은 아까 찬성측 입장에서 말하는 근거의 실효성이 있다는 것과 전혀 상반되는 의견입니다. 이러한 많은 희생사례를 낸 사건들에 대해 어떻게 동물실험이 실효성이 있다고 할 수 있겠습니까?

둘째, 대안이 있습니다. 동물실험 중 가장 많이 쓰이는 물건들 중 가장 대표적인 것은 바로 샴푸와 화장품 등입니다. 하지만 과연 이러한 상품들의 개발에서까지 동물실험이 반드시 필요한 것일까요? 또한 토끼, 기니피그, 햄스터, 쥐 등의 실험동물은 화장품, 샴푸 실험에 의해 모두 시력을 잃고 죽임을 당하거나 독성실험에 이용됩니다. 이처럼 저희들이 말씀드리는 물건들 중에는 동물실험에 의해 생산되는 물건들이 많습니다.

하지만 우리가 동물들의 희생으로 물건들을 쓸 수 있다고 생각해서는 안 된다고 생각합니다. 왜냐하면 이러한 희생들은 아주 쉬운 방법으로 막을 수 있기 때문입니다.

현재 현존하는 5,000개 이상의 재료만으로도 안전한 제품 생산이 가능합니다. 또 피부약 실험들도 대체 가능합니다. 바로 인공 인체조직 실험이 토끼를 대상으로 하는 실험보다 더욱 효율성이 있다는 연구결과가 있기 때문입니다. 또 동물독성실험 역시 현재 시험관 실험으로 대체 가능합니다. 이처럼 동물실험도 대안들이 많습니다. 많은 부작용을 일으키고 대체 방법도 많은 동물실험이 과연 윤리적인 관점에서 당당하게 정당하다고 할 수 있는 것일까요? 반박으로 찬성팀은 아까 두 번째 논거에서 그리고 교차조사 시간에도 대안이 해결책은 될 수 없다고 하셨습니다.

하여간 저희팀은 아까 말한 입안에서도 현존하는 재료만으로도 대체가 가능하다는 것을 입증하였습니다. 또한 그에 대한 해결책 역시 마련했습니다. 또 희생을 최소화하는 방법을 제시하였습니다. 저희팀도 아까 말했듯이 인권과 동물권을 고르라면 인권이 동물권보다 높다고 생각합니다. 하지만 이것이 인간이 동물을 함부로 학대하고 마음대로 생명을 훔쳐갈 권리를 주지는 않습니다. 고로 동물실험이 주는 많은 피해와 학대와 같은 행위들은 중단되어야 한다고 생각합니다. 감사합니다.”

●● 박준하 학생은 가치 전제로 ‘생명의 존엄성’을 제시했다. 이어 가치 기준으로 ‘동물의 동물권 보호’를 제시했다. 오늘의 주제를 판단함에 있어 ‘생명의 존엄성’이란 가치를 인정하고, 그 기준으로 ‘동물의 동물권 보호’를 감안한다면 심판과 청중은 반대팀의 손을 들어 줘야 한다.

이 상황에서 찬성팀과 반대팀은 모두 가치 전제로 '생명의 존엄성'을 제시했다. 그런데 가치 기준이 다르다. 그렇다면 향후 디베이트에서 찬성팀과 반대팀은 서로의 가치 기준이 더 우월함을 입증해야 한다.

반대팀 첫 번째 주장은 '동물실험은 실효성이 없다.'였고, 두 번째 주장은 '동물실험은 대안이 있다.'는 것이었다. 링컨 더글러스 디베이트의 반대팀 입안에는 반박도 포함된다. 이때 상대팀의 전략과 자기팀의 전략을 비교해가며 설명하는 것이 좋다.

• 교차조사 │3분│

이어서 찬성팀의 교차조사가 시작된다. 전성빈 학생이 질문하고 박준하 학생이 대답한다.

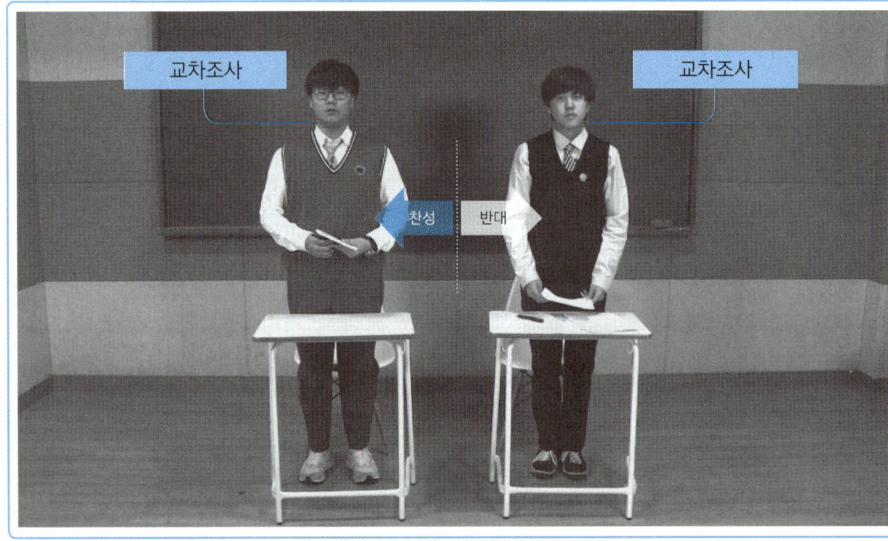

전성빈 학생과 박준하 학생이 모두 일어나 교차조사를 하고 있다. 이때 찬성팀은 질문만 하고, 반대팀은 답변만 한다. 발언 제한 시간은 3분이다.

전성빈 │ 찬성　　　　박준하 │ 반대

다음은 전성빈 학생과 박준하 학생 교차조사의 발언 요지다.

두 팀이 모두 일어나 교차조사를 실시한다. 방금 반대팀이 한 발언에 대해 찬성팀이 질문한다.

• **전성빈 학생**: 반대측 토론자께 질문드리겠습니다. 혹시 설파닐아미드란 약을 아십니까?

• **박준하 학생**: 아니요.

• **전성빈 학생**: 설파닐아미드란 1937년에 개발되어, 신약 개발 이후 바로 투여했을 때 독성 때문에 107명이 죽은 약입니다. 그 이후 동물실험을 했는데 동물들 역시 모두 사망했습니다. 동물실험을 했더라면 죽어간 107명의 사람들을 살릴 수 있었을 것입니다. 이에 대해 어떻게 생각하십니까?

• **박준하 학생**: 그 사건은 1937년으로 현재와 비교하면 과학기술이 현저하게 떨어진 사건입니다. 현대 의약품 개발로는 시험관 실험을 통해서는 독성을 쉽게 판별할 수 있는 방법이 있는데, 만약에 이러한 약이 지금 판매되었다면 쉽게 독성을 알아낼 수 있을 것이라고 예상합니다.

• **전성빈 학생**: 네, 다음 질문으로 넘어가겠습니다. 동물실험의 대안으로 알려진 시험관 시험, 인공배양 조직 그리고 시뮬레이션 같은 것들이 생물 개체의 복잡한 생명 활동을 대체할 수 있습니까?

• **박준하 학생**: 이것은 다른 해결책, 예를 들어 테코탐이라고 하는 것으로, 또 시뮬레이션 실험을 통해서 동물의 신체 구조를 볼 수 있는 시뮬레이션인데 그를 통해 충분히 대처가 가능하다고 생각합니다.

• **전성빈 학생**: 네, 다음 질문드리겠습니다. 당신의 눈앞에는 지금 물에 빠져 죽어가는 인간과 강아지가 있습니다. 인간을 살리려면 강아지를 죽여야 하고, 강아지를 살리려면 인간을 죽여야 합니다. 반대측 토론자께서는 어느 쪽을 살리실 것입니까?

• **박준하 학생**: 물론 둘 다 구할 수 있으면 좋겠지만, 만약 둘 중 하나를 고르라면 저희도 역시 인권이 더 중요하다고 생각하므로 아마 인간을 구할 것이라고 생각합니다. 하지만 이 의견은 지금 이야기하는 가치 전제와는 일치하지 않는다고 생각합니다.

• **전성빈 학생**: 왜죠?

• **박준하 학생**: 왜냐하면 지금 저희팀은 동물을 살려야 된다, 인간을 살려야 된다에 대해 토론하고 있지 않기 때문입니다.

• **전성빈 학생**: 네, 감사합니다.

이어서 진행될 순서는 찬성팀의 반박이다. 찬성팀에게는 두 차례의 반박 기회가 있는데, 그 첫 번째 순서다.

전성빈 학생이 일어서서 찬성팀 반박 발언을 하고 있다. 발언 제한 시간은 4분이다.

다음은 전성빈 학생의 찬성팀 반박 발언 요지다.

"상대측의 의견을 정리해보면 생명의 존엄성을 전제할 때 동물권을 보호해야 한다는 가치를 제시해주셨습니다. 이어서 동물실험이 실효성이 없으며 대안이 존재하기 때문에 동물실험을 중지해야 한다고 말씀하셨습니다.

결국 오늘의 디베이트를 정리하면 일단 저희측과 상대측 모두 가치 전제는 생명의 존엄성으로 같았습니다. 그러므로 그 부분에 관한 이견은 없습니다.

하지만 다음과 같은 세 가지 점에서 제 가치 기준은 생명 중 인간의 존엄성이었고, 상대측의 가치 기준은 동물권이었습니다. 이에 관해서 리뷰해보겠습니다.

우선 저희도 동물의 생명권 역시 존중해야 하는 소중한 권리라는 것은 어느 정도는 동의합니다. 하지만 인권과 동물권이라는 두 가치가 충돌하여 어쩔 수 없이 한 가지 선택해야 할 때 저희는 불가피하게 인권을 선택할 수밖에 없습니다.

찬성팀의 첫 번째 반박에는 상대팀 입안 내용에 대한 반박, 상대팀의 반박에 대한 재반박이 포함된다.

반대측께서는 동물실험이 실효성이 없는 실험이기 때문에 중단할 수밖에 없다고 하셨는데 이에 대해서도 저희도 어느 정도 동의하는 바입니다. 왜냐하면 동물과 사람의 신체구조는 다르기 때문입니다. 하지만 동물실험들로 사람의 목숨을 구한 많은 사례들로 봐서 동물실험은 어느 정도는 유용성이 있다고 말할 수 있겠습니다.

둘째, 동물실험에 대한 대안이 있다고 말씀해주셨는데 그러한 대안이 있다면 저희도 환영입니다. 저희도 더 이상의 무분별한 희생은 원치 않기 때문입니다. 그러나 그 대안은 아직 완벽하지 않고 동물실험을 100% 대체할 수가 없습니다. 또한 동물실험은 현재 우리의 기술력으로 시행할 수 있는 가장 정확하고 효과적인 실험방법입니다.

그러므로 동물실험은 유용성 있고 대안이 확실치 않은 현재로서는 최선의 방안이라고 생각됩니다.”

●● 찬성팀의 첫 번째 반박에는 방금 전 들었던 반대팀의 입안에 대한 반박과 반대팀의 반박에 대한 재반박이 포함된다. 이런 과정을 거쳐 상대팀 전략과 우리팀 전략을 명료하게 비교하며, 우리팀이 왜 옳은지를 설명한다.

우선 가치 구조에서 두 팀의 가치 전제는 모두 생명의 존엄성으로 같았지만, 가치 기준은 달랐다고 지적했다. 그러면서 인권과 동물권이라는 두 가치가 충돌할 때 불가피하게 인권을 선택할 수밖에 없다고 주장했다. 이어 반대측의 동물실험 실효성에 대한 문제제기, 동물실험의 대안에 대해 반박했다.

• 반대팀의 반박 |6분|

이어서 반대팀의 반박이 시작된다. 반대팀에게는 한 차례의 반박 기회만 있다. 그런데 이때 반대팀에서 준비시간 2분을 신청한다.

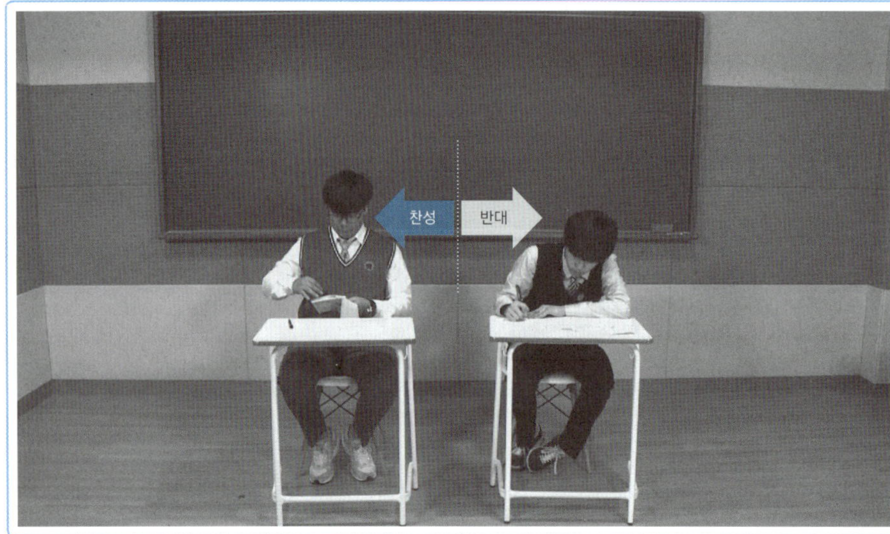

반대팀의 준비시간 2분 신청에 따라, 두 팀 모두 서로 숙고하고 있다. 상대팀이 신청한 준비시간에 우리팀도 준비할 수 있다.

전성빈 | 찬성   박준하 | 반대

준비시간이 끝난다. 반대팀의 반박이 시작된다.

박준하 학생이 연단에 서서 반대팀 반박 발언을 하고 있다. 발언 제한 시간은 6분이다.

전성빈 | 찬성   박준하 | 반대

다음은 박준하 학생의 반대팀 반박 발언 요지다.

"요약으로 아까 찬성팀은 가치 전제로서는 생명의 존엄성을 들었고 그에 대한 기준으로 인간의 생명이 얼마나 보장되는가를 제시하여 주셨습니다. 동물과 인간이 다르기는 해도 꽤 잘 예측한다며 실효성에 대한 이야기를 해주셨습니다. 또 그에 대한 예로는 파블로프의 개 실험, 우주로 보내는 동물 라이카를 들면서 유리 가가린이 동물실험을 통해 성공적인 우주비행을 할 수 있게 했다고 하였고, 또 두 번째로는 근본적인 해결책에 대해 얘기해주셨습니다. 그리고 세 번째로는 동물권과 인권의 순위에 대하여 말씀해주셨습니다.

그에 반해서 저희팀은 가치 전제로 생명의 존엄성을 들었고, 그에 대한 가치 기준으로 동물권 보호를 들었습니다. 그리고 저희에게는 두 가지 의견이 있었는데 첫 번째로는 실효성에 대해 말했습니다. 저희팀은 실효성이 없다고 하였고 그에 대한 예시로는 에랄딘 사건과 탈리도마이드 사건을 제시하였습니다. 두 번째로는 대안에 대해 얘기하였는데, 대안으로는 인공 배양 실험, 인공 인체조직 실험, 피부 자극의 실험 대체 그리고 시험관 실험을 제시하였습니다.

이렇게 보았을 때 이번 디베이트에는 세 가지 쟁점이 있었습니다. 첫 번째는 유효성에 관한 쟁점이었습니다. 저희팀은 유효성이 없다고 하였고, 상대팀은 유효성이 있다고 하였습니다. 두 번째로는 해결책에 대한 쟁점이었습니다. 저희팀은 해결책이 있고 그것이 대안이 될 수 있다고 말하였지만, 상대팀은 이것은 대안이 될 수 없다고 말하였습니다. 마지막으로는 동물권과 인간의 생명권에 대한 갈등이 있었습니다.

첫째로 유효성에서 볼 때는, 많은 사건들을 통해 동물실험은 매우 어긋나는 경우가 많다는 것을 저희팀은 증명하였습니다. 제가 아까 두 사건만 이야기하였는데도 1만 명 이상의 희생자를 낸 것으로 보아 동물실험의 근거가 매우 부족하다는 것을 증명할 수 있습니다. 또 아까 찬성측이 인정한 것과 같이 동물과 인간의 신체구조는 매우 다르다는 것을 입증하였습니다. 또 화장품과 샴푸가 없다고 해서 사람이 죽진 않습니다. 하지만 그에 대한 동물실험으로는 동물이 죽습니다. 과연 불필요한 동물실험들이 필요한 것일까요? 또한 동물들이 죽지 않는 경우도 있습니다. 바로 실험을 통해서 이것에 충분히 대처가 가능하기 때문입니다.

마지막으로 가치 전제에서는 저희팀과 상대팀 역시 생명의 존엄성을 들었습니다. 그렇기 때문에 이에 대해 저희팀 그리고 상대팀 역시 이의가 없었습니다. 하지만 가치 기준에서는 저희팀과 상대팀 입장이 달랐습니다. 저희팀도 물론 아까 말했다시피 인권이 동물권보다 중요하다고 생각합니다. 하지만 이것이 인간이 동물을 학대하고 공격할 수 있는 권리를 주는 것은 아닙니다. 샴푸와 화장품 등을 만들 때 실시하는 참혹한 동물실험만 봐도 인권이 동물권보다 앞선다고 하여 할 수 있는 행위는 아닙니다. 고로 저희팀은 동물권을 지켜야 한다고 생각합니다. 이상입니다."

●● 반대팀에게는 반박 순서가 한 번밖에 없다. 결국 이 순서를 통해 찬성팀 반박에 대한 재반박, 쟁점의 요약, 반대팀이 이긴 이유 등을 설명해야 한다.

반대팀은 오늘 디베이트의 쟁점을 첫 번째 동물실험의 유효성, 두 번째 해결책, 세 번째 동물권과 인간의 생명권에 대한 우선순위라고 정리했다. 그 관점에서 왜 반대팀이 더 옳은지를 설명하면서 결국 오늘의 디베이트에서 반대팀이 더 우위에 있다고 주장했다.

• 찬성팀의 반박 |3분|

이어서 찬성팀의 반박이 시작된다. 찬성팀에게는 두 차례의 반박 기회가 있는데, 그 두 번째 순서다. 그런데 이때 찬성팀에서 준비시간 1분을 신청한다.

찬성팀의 준비시간 신청에 따라, 준비시간을 갖고 있다.

전성빈 | 찬성   박준하 | 반대

준비시간이 끝나고 찬성팀의 반박이 시작된다.

전성빈 | 찬성   박준하 | 반대

다음은 전성빈 학생의 찬성팀 반박 발언 요지다.

찬성팀의 두 번째 반박에서는 쟁점 정리와 우리팀이 이긴 이유를 설명한다.

"찬성측의 두 번째 반박입니다. 〈동물실험은 정당하다〉라는 주제로 이루어진 오늘의 디베이트에서 저희는 저희팀이 이겼다고 생각합니다. 그렇게 생각하는 이유는 다음과 같은 세 가지입니다.

첫 번째, 저는 가치 기준을 비교해서 좀 더 우월한 가치 기준을 제시했습니다. 여러분, 저는 동물권이 필요 없다고 말하는 것이 아닙니다. 그동안 우리 인간은 동물권에 소홀했습니다. 하지만 인간의 생명권과 동물권이 충돌할 때 우리는 불가피하게 인간의 생명을 우선시해야 합니다. 쉬운 예로 만약 사람과 동물이 같이 물에 빠졌는데 하나만 구할 수 있다고 합시다. 그렇다면 누구를 구하겠습니까? 여기서 동물을 구하겠다고 말씀하시는 분이 과연 계실까요?

두 번째, 동물실험의 유용성 문제입니다. 인간과 동물은 신체구조가 다르긴 합니다. 하지만 병을 고치는 약을 개발하거나 우주의 우주비행사보다 먼저 나가서 안전을 확인하는 등의 무시하지 못할 유용성이 있기 때문에 동물실험은 정당합니다.

세 번째, 동물실험을 완벽하게 대체할 대안이 존재하지 않습니다. 만약 그런 대안이 존재한다면 저희로서는 환영입니다. 더 이상 동물이 무분별하게 희생당하는 것만큼 막고 싶기 때문입니다. 모든 실험에 100% 확률은 없지만, 동물실험은 현재 우리가 할 수 있는 실험 중 가장 정확하고 효과적인 실험이기 때문입니다.

여러분, 동물이 희생당하는 것은 정말 안타깝고, 살릴 수 있으면 최대한 많이 살리고 싶습니다. 동물의 희생을 최소화하기 위한 노력의 예로 동물실험의 3R 정책이 있습니다. 3R 정책이란 리플레이스먼트 – 대체, 리덕션 – 감소, 리파인먼트 – 개선으로 동물의 희생을 최소화하기 위한 정책입니다. 이런 정책을 우리 인간은 따라야 합니다. 하지만 최후의 순간에서 무엇인가를 결정할 때 우리는 인간의 생명을 따라야 합니다. 이것이 바로 오늘의 디베이트에서 저희팀의 손을 들어야 하는 이유입니다. 경청해주셔서 감사합니다."

●● 찬성팀의 두 번째 반박 순서다. 이 순서를 통해 찬성팀은 반대팀에 대한 재반박, 쟁점에 대한 정리, 찬성팀이 이긴 이유 등을 설명해야 한다.

찬성팀은 자기팀이 이겼다고 생각하는 이유로 첫째, 가치 기준을 비교해서 좀 더 우월한 가치 기준을 제시했고 둘째, 동물실험의 유용성을 입증했으며 셋째, 동물 실험을 완벽하게 대체할 대안이 존재하지 않음을 입증했기 때문이라고 했다.

이로써 모든 디베이트가 끝났다. 학생들은 열심히 임했다. 사실 이 두 학생은 디베이트 경험이 많지 않다. 그런데도 잘 준비했다. 옥에 티라면, 디베이트에는 심판과 청중의 지지를 얻고자 하는 목적이 있으므로 좀 더 자신의 주장을 적극적으로 개진하는 것이 좋을 뻔했다.

5 링컨 더글러스 디베이트 Q & A

링컨 더글러스 디베이트를 진행할 때 자주 마주치는 질문들에 대한 답변을 소개한다.

Q 리서치한 자료를 보여주면서 디베이트해도 되나?

A 예를 들어, 통계자료를 표로 만들어와서 보여주면서 이야기하는 경우도 있는데 그래도 좋다. 하지만 디베이트 대회는 논리의 대결을 중시한다. 프리젠테이션 대회가 아니라는 뜻이다. 보조자료를 써도 되지만, 디베이트는 논리의 대결을 보고자 하는 대회라는 점을 명심해야 한다. 극단적으로 말해서, 논리는 허술하게 처리하면서 준비물만 보여주면 좋은 점수를 받지 못할 것이다.

Q 그럴듯한 설명으로 가짜 통계를 인용했다. 어떻게 되나?

A 심판이 전지전능할 수는 없다. 그래서 그 자리에서는 먹힐 수도 있다. 하지만 이상할 경우 나중에 확인해 본다. 그때 가짜라는 것이 드러나면 모든 상훈을 박탈하고, 향후 디베이트 대회 참가가 금지된다. 디베이트에는 '정직의 의무'라는 것이 있다. 디베이트에서 제시되는 자료들은 사실이어야 한다는 규정이다.

Q 상대팀이 입안에서 용어정의를 할 때 자의적으로 제한하거나 확대 해석하는 경우가 있다. 이럴 때는 어떻게 해야 하나?

A 디베이트에서 용어정의를 할 때 이기려는 욕심에 자의적으로 제한하거나 확대 해석하는 경우가 있다. 주제를 자기 쪽에 유리하게 해석하는 것이다. 하지만 이는 곧바로 교차조사나 반박에서 "상대방은 오늘의 주제와 핵심어를 자의적으로 해석하고 있다."라는 공격을 받을 수 있다. 심판과 청중이 그 공격을 맞다고 인정하면 좋은 점수를 받을 수 없다. 결과적으로 디베이트를 오래 한 학생들은 주제와 핵심어를 '상식적'인 선에서 해석하게 된다.

Q 발언 중 정해진 시간을 넘겼다. 어떻게 행동해야 하나?

A 원래는 그 자리에서 바로 멈추어야 한다. 그런데 '5초 이내 등 가장 빠른 시간 내에 정리한다.'라는 규정을 두는 대회도 있다. 이를 무시하면 디베이트에서 큰 실책이 된다.

Q 정해진 시간을 못 채웠다. 어떻게 감점되나?

A 자신에게 주어진 시간을 제대로 이용하지 못했으니 감점 대상이다. 하지만 구체적으로 어떻게 감점이 이뤄지는지에 대한 규정은 대회마다 다를 수 있다. 대회 규정을 확인해야 한다.

Q 혼자 연단에 서서 발언할 때 시선 처리는 어떻게 하는 것이 좋은가?

A 상대방을 보면 안 된다. 눈은 심판과 청중을 향해야 한다. 심판과 청중의 눈을 지그재그로 맞추며 자신 있게 발언해야 한다.

Q 원고를 읽다시피 하고 있다. 감점 대상인가?

A 디베이트는 스피치 대회의 일종이다. 원고를 낭독하는 대회가 아니다. 원고에 지나치게 의존해서 발언하면 이는 감점 대상이다. 추천하는 방법은 손바닥만 한 메모카드에 요점을 적어 이를 가끔 보면서, 하지만 주로 심판과 청중을 주시하며 발언하는 것이다.

Q 찬반은 항상 가치 전제, 가치 기준이 달라야 하나?

A 아니다. (1) 가치 전제, 가치 기준이 모두 다를 경우, (2) 가치 전제는 같고, 가치 기준이 다를 경우, (3) 가치 전제와 가치 기준이 모두 같을 경우가 있다. (1)이라면 서로의 가치 전제, 가치 기준이 왜 우월한가에 관해 논쟁이 일어날 것이다. (2)라면 서로의 가치 기준 중 무엇이 더 우월한가에 관해 논쟁이 일어날 것이다. (3)이라면 구체적인 논거에 관해 논쟁이 일어날 것이다.

Q 교차조사 시 상대팀이 너무 답변을 길게 한다. 어떻게 처신하는 것이 좋은가?

A 그럴 때는 중간에 답변을 잘라도 된다. 또 사전에 "제 질문에 이제부터 예, 아니요로만 대답하십시오."라고 말하고 시작해도 된다. 교차조사에서 질문자는 공격 입장에, 답변자는 방어 입장에 선다. 질문자로서는 시간을 효과적으로 이용하는 것이 좋다.

Q 찬성팀 입안과 반대팀 입안이 다른 점은 무엇인가?

A 찬성팀은 아직 상대팀의 입안을 모르므로 반박할 수 없다. 그런데 반대팀은 찬성팀의 입안을 들었다. 따라서 이를 반박할 수 있다. 반대팀의 입안에는 상대팀의 입안에 대한 반박이 포함된다.

Q 찬성팀 반박은 두 번이다. 어떻게 다른가?

A 첫 번째 반박 순서에서는 반대팀 입안에 대한 반박, 반대팀 입안에 포함된 우리팀 반박에 대한 재반박을 포함한다. 두 번째 반박 순서에서는 쟁점의 정리 및 우리팀이 이긴 이유를 설명한다.

Q 반대팀은 반박이 한 번이다. 어떻게 해야 하나?

A 반대팀은 반박이 한 번이기 때문에 여기에 상대팀 반박에 대한 재반박, 쟁점의 정리, 우리팀이 이긴 이유 등을 포함시켜 발언해야 한다. 두 팀의 전략을 비교하면서 우리팀에게 유리하게 말하는 것이 좋다.

Q 상대팀이 준비시간을 신청한다. 우리팀은 그 시간에 어떻게 해야 하나?

A 우리팀도 그 시간을 이용해서 준비한다. 농구에서 상대팀이 타임을 불렀을 때 우리팀도 모여 작전을 짜는 것과 같다고 생각하면 된다.

Q 발언 시 시계를 휴대해도 되나?

A 숙련된 디베이트 참가자들은 초시계를 휴대하고 이를 보면서 한다. 하지만 시계 기능만 있는 것이어야 한다. 검색 기능이 있는 스마트폰 휴대는 금지된다.

Q 디베이트 현장에 노트북 휴대가 가능한가?

A 디베이트 현장에서 노트북은 이용할 수 없다. 디베이트가 시작되기 전 노트북 등의 전자기기 전원을 끄고 가방에 넣어야 한다. 책상 위에는 노트와 자료, 필기도구만 있어야 한다.

05

팔리시 디베이트의 진행

Policy Debate

디베이트
기본 형식
이해하기

퍼블릭 포럼
디베이트의
진행

의회식
디베이트의
진행

링컨 더글러스
디베이트의
진행

팔리시
디베이트의
진행

팔리시 디베이트는 가장 오랜 역사를 가진 디베이트 형식 중 하나다. 입증 방법도 어렵지만 진행 시간도 길다. 그래서 기존 디베이트 형식 중 가장 어렵다. 초보자들이 도전하기에는 버거울 수도 있다. 그래서 '디베이트 경험이 충분한' 중학교 고학년 이상 학생들에게 권한다. 하지만 이를 한번 경험해보면 대단한 성취감을 느낄 수 있을 것이다. 대학생들이 학사 논문을 하나 쓰는 기분으로 경험해보는 것도 좋다.

1   팔리시 디베이트의 개괄

2   팔리시 디베이트의 진행 순서와 특징

3   동영상으로 보는 팔리시 디베이트의 실제 진행 ❶

4   동영상으로 보는 팔리시 디베이트의 실제 진행 ❷

5   팔리시 디베이트 Q & A

1 팔리시 디베이트의 개괄

팔리시 디베이트(Policy Debate)의 역사는 1800년대 중반 미국 대학가에서 시작된 디베이트와 궤를 같이한다. 이때는 대학 중심이었고 형식도 지금과 달랐다. 1892년에는 하버드와 예일 사이에 최초의 대학 간 디베이트가 열렸다. 고등학교에서 디베이트가 시작된 것은 대략 1900년대 초반이고, 지금과 같은 형태로 확산된 것은 1970년대에 이르러서다. 하지만 여전히 디베이트를 조직하는 목적별로 그 형식은 조금씩 다르다.

팔리시 디베이트는 미국 연방정부가 정책을 결정해가는 과정을 상정해 만든 것이다. 즉, 새로 만들어져야 할 정책에 대해 찬성과 반대로 나누어 토론하는 디베이트다. 찬성측은 주로 문제의 중대성, 기존 정책의 한계, 새로운 정책의 필요성, 새로운 정책의 장점 등을 제시해야 한다. 반대측은 문제가 중요하지 않다거나, 이미 대안이 진행되고 있다거나, 새로운 정책이 제기된 문제를 해결할 수 없다거나, 오히려 새로운 문제를 야기할 수 있다는 점을 효과적으로 지적해야 한다. 결국 최종 판단은 찬성측이 제안한 새로운 정책이 정확한 문제 해결의 방법이 될 것인지 여부에 달려 있다.

실제 팔리시 디베이트의 주제를 살펴보자. 다음은 미국에서 진행되는 팔리시 디베이트 주제의 예다.

- **미 연방정부는 중국에 대한 외교정책을 변경해야 한다**(The United States government should substantially change its foreign policy toward the People's Republic of China)

- 미 연방정부는 미국에서 프라이버시에 대한 보호를 강화해야 한다(The United States federal government should significantly increase protection of privacy in the United States)

- 미 연방정부는 미국에서 정신건강에 대한 공공의료서비스를 강화해야 한다(The United States federal government should substantially increase public health services for mental health care in the United States)

이상에서 보는 것처럼 영어로 표현되는 팔리시 디베이트의 주제는 모두 US government……, US federal government……로 시작된다. 미국 연방정부의 정책을 다루는 디베이트라서 그렇다. 한국에서 팔리시 디베이트를 한다면 주제를 한국 정부로 바꿔야 자연스럽다. 또 팔리시 디베이트는 정책 주제를 다루기 때문에, 정부 이외에 지자체나 권위 있는 기관 등도 주체가 될 수 있다.

다음으로 팔리시 디베이트의 특징과 파생적인 특징을 알아보자.

미국에서 팔리시 디베이트의 주제는 1년에 한 가지만 제시된다. 이전에는 한 학기에 한 가지씩, 그러니까 1년에 두 가지 주제가 제시됐다. 그런데 요즘은 이를 줄여 1년에 주제를 한 가지만 제시한다. 왜 1년에 고작 한 개의 주제를 소화할까? 이는 참가자들이 1년 동안 여러 차례 그 주제만을 토론하면서, 그 주제에 관한 '준전문가'가 되는 것을 목표로 하기 때문이다. 그러니까 〈미국 정부는 중국에 대한 정책을 변경해야 한다〉라는 주제가 정해지면 1년 동안은 그 주제만을 토론한다. 결국 학년이 끝날 때쯤이면 디베이트 참가자들은 이 문제에 관한 한 정책담당관 수준의 식견을 갖게 된다. 팔리시 디베이트가 노리는 목적이 바로 이것이다.

결국 팔리시 디베이트의 장점은 한 주제에 관해 심도 있는 연구가 가능하다는 것이다. 하지만 이는 거꾸로 단점이 될 수도 있다. 처음 디베이트에 참가하거나 나이가 어린 학생들에게는 어려운 디베이트 형식이 될 수도 있다. 그래서 미국에서도 이 디베이트는 주로 대학생들이나 디베이트로 훈련된 고등학생들이 주로 한다. 디베이트 심판의 자질도 문제가 된다. 참가자들이 방대한 조사를 통해 전문 지식을 교환하기 때문에 심판 역시 주어진 주제에 정통해야 한다는 부담이 따른다. 이 디베이트에서 좋은 점수를 받기 위해서는 풍부한 자료

팔리시 디베이트는 대학생들이 주로 한다고 해서 '유니버시티 스타일 디베이트(University Style Debate)'라고도 하고, 팀 단위로 활동한다고 해서 '팀 디베이트(Team Debate)'라고도 부르며, 입안 단계의 뒤에 항상 교차조사가 붙어서 '교차조사 디베이트(Cross Examination Debate)'라고 부르기도 한다. 하지만 최근에 팀 단위 디베이트가 늘어나고, 또 대학생들 중 다른 형식으로 디베이트를 하는 경우도 늘어나면서 유니버시티 스타일 디베이트나 팀 디베이트라는 이름은 잘 쓰이지 않는다.

조사와 제시가 필요하다. 또 이를 제한된 시간 안에 말해야 하므로 결과적으로 매우 빠른 스피치 능력이 요구된다.

다음으로 팔리시 디베이트에서는 해결책을 중심으로 한 필수 쟁점(Stock Issue)이 강조된다. 필수 쟁점은 쟁점들 중에서 '반드시(=필수)' 거론되어야 하는 '쟁점'들이다. 그러니까 찬성팀이든, 반대팀이든 이 디베이트를 할 때는 필수 쟁점을 염두에 두면서 전략을 짜야 유리하다. 이렇게 필수 쟁점에 입각한 입증 부담이 팔리시 디베이트의 가장 큰 특징이다. 그래서 이 부분은 좀 더 상술한다.

팔리시 디베이트의 필수 쟁점으로는 흔히 다음의 다섯 가지가 제시된다.

- 중대성(Significance) - 주어진 사안이 왜 중요한 문제인지를 설명한다. 사안의 규모나 사이즈, 그 영향력과 유해성을 밝힌다.
- 내재성(Inherency) - 주어진 사안의 문제 해결을 어렵게 만드는 내재적 장벽과 대안 부재의 상황을 제시한다.
- 해결책(Solvency) - 주어진 사안에 대한 문제 해결을 위한 계획을 밝힌다.
- 이점(Advantage) - 제시된 해결책이 갖는 장점을 설명한다.
- 의제성(Topicality) - 의제 적합성이라고도 말한다. 주어진 사안에 해결책이 직접적인 연관성이 있음을 보인다.

예 ①: 팔리시 디베이트에서 필수 쟁점에 입각한 논리 짜기

예를 들어, 팔리시 디베이트의 주제로 〈서울시는 강남 대치동의 수해방지 대책을 세워야 한다〉가 주어졌다고 하자. 찬성팀의 입장에서 필수 쟁점에 입각한 논리를 짜는 것을 예로 들어보자. 찬성팀은 중대성 – 내재성 – 해결책 – 이점의 순서로 논리를 정리했다. 물론 실제 디베이트에서는 방대한 리서치를 통해서 근거를 제시해야 한다.

첫째, 중대성. 여기에서는 이 사안이 얼마나 중요한지에 대해 설명한다. 이렇게 논리를 만들면 어떨까?

– 대한민국의 상징이자 수도 서울의 핵심인 강남 대치동에 매년 수해가 되풀이되고 있다. 이로 인해 지역 주민들이 곤란을 겪는 것은 물론 이 사실이 전

세계에 보도됨으로써 국격이 떨어지고 있다. 즉, 이는 일개 지역의 문제가 아닌 모두가 신경 써야 할 중대한 문제다.

둘째, 내재성. 문제가 심각함에도 불구하고 대책이 없다는 것에 대해 설명한다. 이렇게 논리를 짜면 어떨까?

– 하지만 지금까지의 조사 결과 대치동의 물난리에 직접적 책임이 있는 서울시에서 아직도 이에 대한 해법을 내놓지 못하고 있다.

셋째, 해결책. 우리팀이 가진 해결책을 제시한다. 이렇게 논리를 만들면 어떨까?

– 대치동 밑에 축구장만 한 저수조를 만들어 물을 가두어놓자! 이렇게 하면 문제가 해결된다.

넷째, 이점. 해결책을 실행했을 때 파생되는 효과를 제시한다. 이렇게 논리를 짜면 어떨까?

– 이렇게 했을 때 현재 침체된 한국의 건설 부분에 활기를 불어넣을 수 있다. 저수지에 모인 물을 생활용수로 사용할 수 있는 부수적 효과도 있다.

다섯째, 의제성. 해결책이 원래의 주제에 적합한지 확인하는 과정이다. 이렇게 말하면 어떨까?

– 대치동 밑에 저수조를 만들면, 대치동에 해마다 되풀이되는 수해를 예방할 수 있다.

예 ②: 팔리시 디베이트에서 필수 쟁점에 입각한 논리 짜기

2007년 발행된 크리스티나 버젯의 저서 《Policy Debate》에서 발췌했다.

또 하나 예를 들어보자. 다음은 NSDA에서 팔리시 디베이트를 소개한 책에 나오는 팔리시 디베이트 필수 쟁점 정리의 예다. 주어진 주제는 〈미국 정부는 군인 수를 늘려야 한다〉였다. 찬성팀은 중대성 – 내재성 – 해결책 – 이점의 순서로 논리를 정리했다. 이를 통해 필수 쟁점 정리 방법을 알아보자.

첫째, 중대성. 여기에서는 이 사안이 얼마나 중요한지에 대해 설명한다.

– 미국 군사력은 현재 불충분하다.

– 이라크, 아프가니스탄, 북한, 유럽 및 세계의 분쟁지대에서 작전을 시행할 군인의 수가 불충분하다.

∷ 증거자료 삽입

- 지난 몇 년간 충분한 인원을 채용하지 못했다.
  :: 증거자료 삽입

- 군인의 부족은 미국 국내나 국외에서 적들에게 공격당할 가능성을 높인다.
  :: 증거자료 삽입

둘째, 내재성. 문제가 심각함에도 불구하고, 대책이 없다는 것에 대해 설명한다.

- 현 군인 채용 정책은 많은 이들의 입대를 제지한다.
  :: 증거자료 삽입

셋째, 해결책. 우리팀이 가진 해결책을 제시한다.

- 미국 연방 정부는 Don't Ask, Don't Tell 정책과 여군 전투 포지션 금지 정책을 폐지해서 군대에 입대할 수 있는 인원을 최대한 늘릴 것이다.
  :: 증거자료 삽입

- 동성애자들이 터놓고 군대를 다닐 수 있다면 입대자 수를 늘릴 수 있을 것이다.
  :: 증거자료 삽입

- Don't Ask, Don't Tell 정책을 폐지하면 현재 군 제대자 중 동성애자라는 이유로 제명될 위기에 처한 이들을 남겨둘 수 있다.
  :: 증거자료 삽입

- 여성에게 금지된 전투 포지션이 사라져야 더 많은 여성들이 군인을 직업으로 선택할 것이다.
  :: 증거자료 삽입

넷째, 이점. 해결책을 실행했을 때 파생되는 효과를 제시한다.

이점 1: 성차별

- 여성과 동성애자를 공개적으로 허용하는 것은 성차별과 사회적 차별을 줄인다.
  :: 증거자료 삽입

- 성차별과 사회적 차별은 사라져야 할 사회악이다.
  :: 증거자료 삽입

- 소수에 대한 어떠한 종류의 차별도 반드시 퇴출되어야 한다.

∷ 증거자료 삽입

이점 2: 군대 준비태세

– 군인의 수를 늘려야 군대의 준비태세도 향상된다.

∷ 증거자료 삽입

– 준비태세가 향상되어야 전쟁에 이길 수 있다.

∷ 증거자료 삽입

– 테러리즘 척출을 위해 준비태세를 갖추어야 한다.

∷ 증거자료 삽입

반대팀이 논리를 짤 때도 마찬가지다. 필수 쟁점을 염두에 두면서 전략을 짜야 유리하다.

- 중대성(Significance) - 주어진 사안이 왜 별로 중요하지 않은 문제인지 설명한다.

- 내재성(Inherency) - 주어진 사안 관련 대책이 이미 우리 사회에 마련되어 있음을 주장한다.

- 해결책(Solvency) - 찬성팀의 해결책이 가진 문제점을 제시하거나 더 좋은 대안이 있음을 말한다.

- 이점(Advantage) - 찬성팀이 제시하는 해결책에 오히려 난점이 있다고 설명한다.

- 의제성(Topicality) - 찬성팀의 논리가 오늘의 주제와 상관없음을 밝힌다.

한 가지 주의할 점은, 반대팀이 위의 다섯 가지 필수 쟁점 중에서 한 가지라도 확실하게 반박하면 승리한다는 것이다. 왜냐하면 정책은 완벽해야 하기 때문이다. 찬성팀은 완벽한 정책을 제시할 의무를 진다.

2 팔리시 디베이트의 진행 순서와 특징

팔리시 디베이트의 형식을 표로 정리하면 아래와 같다.

찬성 입안 1 (First Affirmative Constructive)	8분	찬성팀 1의 입안
교차조사(Cross-examination of First Affirmative by Second Negative)	3분	반대팀 2에 의한 찬성팀 1에 대한 교차조사
반대 입안 1 (First Negative Constructive)	8분	반대팀 1의 입안
교차조사(Cross-examination of First Negative by First Affirmative)	3분	찬성팀 1에 의한 반대팀 1에 대한 교차조사
찬성 입안 2 (Second Affirmative Constructive)	8분	찬성팀 2의 입안
교차조사(Cross-examination of Second Affirmative by First Negative)	3분	반대팀 1에 의한 찬성팀 2에 대한 교차 조사
반대 입안 2 (Second Negative Constructive)	8분	반대팀 2의 입안
교차조사(Cross-examination of Second Negative by Second Affirmative)	3분	찬성팀 2에 의한 반대팀 2에 대한 교차조사
반대 반박 1 (First Negative Rebuttal)	5분	반대팀 1의 반박
찬성 반박 1 (First Affirmative Rebuttal)	5분	찬성팀 1의 반박
반대 반박 2 (Second Negative Rebuttal)	5분	반대팀 2의 반박
찬성 반박 2 (Second Affirmative Rebuttal)	5분	찬성팀 2의 반박

▲ 팔리시 디베이트의 형식

표의 순서 외에 각 팀은 준비시간을 5분씩 쓸 수 있다. 팔리시 디베이트는 2:2로 진행하며 꺾쇠그림으로 그리면 아래와 같다.

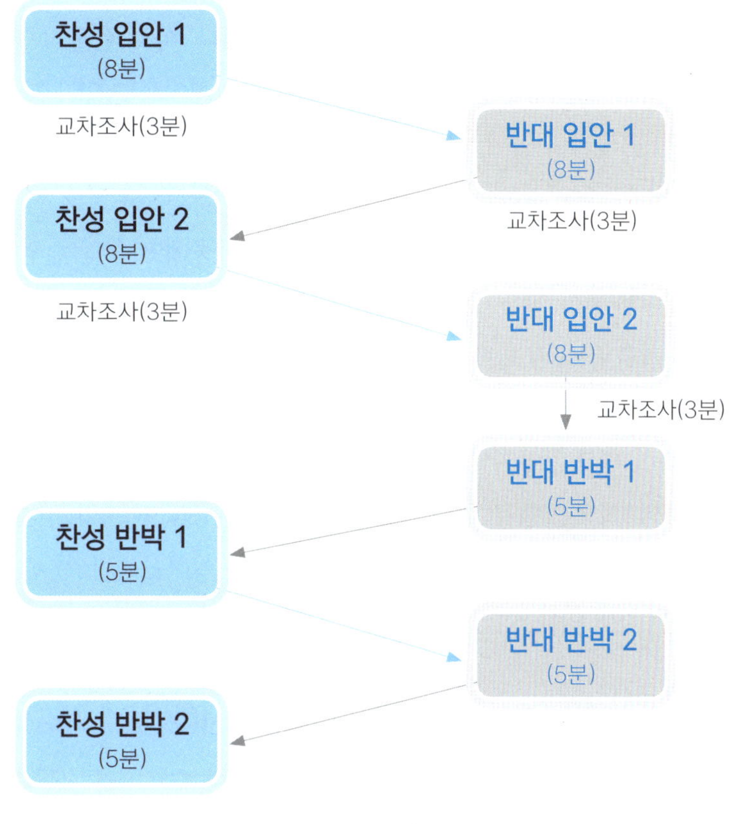

▲ 팔리시 디베이트의 순서

팔리시 디베이트 형식의 순서는 다음과 같은 특징이 있다.

첫째, 찬성측의 발언자가 처음과 맨 나중 발언을 하게 된다. 이 바람에 반대 측의 경우 연이어 발언하는 순서가 생긴다.

둘째, 역시 크게 보면 입안 – 반박의 구조로 이루어진다.

셋째, 입안의 각 순서 다음에 교차조사(Cross Examination)가 붙는다. 교차조사는 상대팀에게 질문을 던지고, 이를 통해 상대팀 논리의 허점이 부각되도록 하는 것이다. 질문이 이루어지는 동안 직전 순서의 발언자는 단상에서 계속 대기하면서 대답해야 한다.

넷째, 이상의 시간을 모두 더하면 64분이다. 팀당 주어지는 5분씩의 준비시간을 합하면 74분짜리 디베이트가 된다. 어린 학생들에게는 무리가 갈 만큼 긴 시간이다. 대학생들이 할 때는 입안 단계를 8분에서 10분으로 늘리기도 한다. 그러면 8분이 추가되어 대학생 디베이트는 82분짜리 디베이트가 된다.

팔리시 디베이트와 함께 생각해봐야 할 것이 있다. 바로 한국식 '세다' 방식 토론이다. 여기에는 계기가 있다. 한겨레신문에 디베이트를 연재할 때의 일이다. 한 현직 선생님이 이메일을 보내왔다. "세계 디베이트 기구에서 디베이트 형식을 변경했느냐?"라는 질문이었다.

나는 그 질문을 이해할 수 없어 다시 물었다. 나중에야 사정을 알아차렸다. 이 선생님은 한국식 세다 방식이 유일한 디베이트 형식인 줄 알고 있었다. 그런데 내가 퍼블릭 포럼 디베이트를 신문에 소개하니 '세계 디베이트 기구에서 디베이트 형식을 변경한 것'으로 이해했던 것이다. 이렇게 된 사정을 추측해보고, 또 정확한 사실을 알린다.

세다는 영어의 CEDA를 번역한 것이다. 이는 Cross Examination Debate Association의 이니셜을 딴 것이다. 인터넷에 보면 영어로 된 백과사전인 '위키 피디아'라는 것이 있다. 여기에 CEDA라고 검색하면 다음과 같은 문장이 뜬다.

The Cross Examination Debate Association(CEDA) is the largest intercollegiate policy debate association in the United States(세다는 미국 에서 제일 큰 대학 간 팔리시 디베이트 조직이다).

이 설명은 정확하다. 우선 세다는 미국에서 제일 큰 대학생 토론 조직의 이름이다. 이와 다르게 NDT라는 것도 있지만 세다가 더 크다. 세다에서 하는 디베이트는 교차조사 디베이트(Cross Examination Debate)로, 즉 팔리시 디베이트다. 즉, 세다는 '팔리시 디베이트를 하는 미국에서 제일 큰 대학생 토론 조직'이다.

그런데 내게 질문했던 그 선생님이 다음과 같은 설명자료를 보내왔다. 다음은 한국에서 세다를 설명하는 방식이다.

CEDA 토론방식이란: 본 대회가 채택하는 토론 방식은 미국 아카데미식 토론대회에서 가장 보편적으로 사용하고 있는 CEDA(Cross Examination Debate Association)방식이다. 지금까지의 여러 토론 프로그램과 달리 입론, 교차조사, 반박이라는 세 가지 발언의 유형과 각각에 일정한 시간제한을 두는 엄격한 형식을 갖고 있다.

결국 한국에서 세다를 설명하는 위의 자료에는 두 가지 착오가 있다. (1) 세다는 조직의 이름인데 이를 토론 방식으로 소개하고 있다, (2) 세다는 대학생 토론을 가리키는데 이 부분의 설명이 누락되어 있다. 결국 한국 자료만 본 사람들은 '아, 미국에서는 디베이트할 때 모두 이런 식으로 하는구나.'라고 오해할 소지가 있다. 이는 사실과 다르다. 세다는 대학생 토론조직의 이름이고, 여기서 하는 디베이트가 팔리시 디베이트다.

그 자료에 따르면 한국식 세다 방식은 팔리시 디베이트에 몇 가지 변형을 가했다. 2:2를 3:3으로 바꾸고 새로운 순서를 소개했다.

다음 꺾쇠그림에서 왼쪽은 팔리시 디베이트이고, 오른쪽은 한국식 세다 방식이다. 이 두 그림을 비교해보자. 한국식 세다 방식은 팔리시 디베이트에 한 가지 순서를 추가한 모양새다. 그러니까 3:3으로 바꾸면서 더욱 복잡하게 변했다. 어린 학생들이 하기에 더욱 힘들어진 것이다.

▲ 팔리시 디베이트   ▲ 한국식 세다 방식

앞서 말한 것처럼 미국의 팔리시 디베이트에서는 해당 학년도에 한 개씩 주제를 부여한다. 주제가 발표되면 학생들은 이를 리서치한다. 그리고 첫 번째 디베이트에 임한다. 첫 번째 디베이트가 끝나면 학생들은 새로운 문제의식들을 발견한다. 그에 따라 또 리서치한다. 두 번째 디베이트가 끝나고 나서도 학생들은 또다시 새로운 문제의식을 발견하고, 그에 따라 또 리서치한다. 이런 작업을 1년 내내 되풀이한다. 결국 해당 학년이 끝날 때쯤에는 해당 주제에 관한 한 준전문가가 된다.

팔리시 디베이트의 실제 진행은 동전 던지기로 시작한다. 즉, 시작하기 직전에 동전을 던져 편을 정한다. 그러고는 바로 시작한다.

동전 던지기를 할 때는 먼저 팀별로 동전의 한 면을 선택하게 한다. 동전을 던져 나온 윗면을 선택한 팀이 이긴 팀이 된다. 이긴 팀은 찬성이든 반대든 지지하고자 하는 쪽을 선택한다. 다른 팀은 나머지 선택을 한다. 예를 들어, 이긴 팀이 찬성을 선택하면 진 팀은 저절로 반대가 된다.

퍼블릭 포럼 디베이트 형식에는 동전 던지기에서 발언 순서를 옵션으로 선택할 수 있다. 그래서 반대도 먼저 발언할 수 있다. 그런데 팔리시 디베이트에서는 오로지 선택할 수 있는 것이 찬성과 반대뿐이다. 이미 자리가 정해져 있기 때문이다. 연단의 오른쪽, 그러니까 심판이 볼 때 왼쪽에 찬성팀이 앉고, 건너편에 반대팀이 앉는다. 그림으로 그리면 다음과 같다.

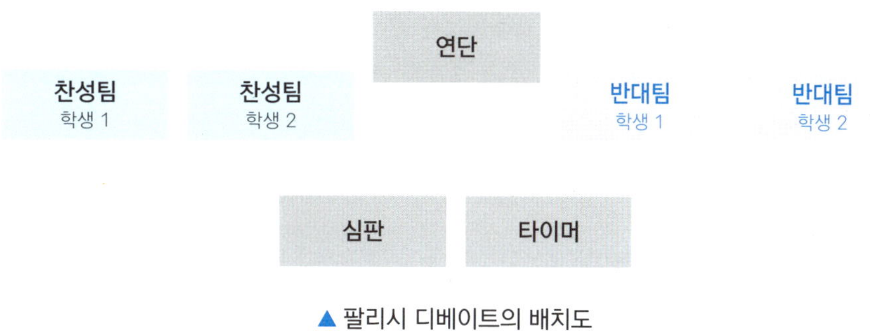

▲ 팔리시 디베이트의 배치도

위에서 학생 1, 2의 자리 순서는 큰 의미가 없으므로 바꿔도 된다. 심판과 타이머의 자리도 마찬가지다.

3 동영상으로 보는 팔리시 디베이트의 실제 진행 ①

|**주제**| KBS는 수신료를 인상해야 한다

이번 디베이트에 참가한 학생들은 이수민(예산여고2), 김정인(글로벌선진학교12), 김다솔(이대부고2), 김한나(글로벌선진학교12) 학생이다.

이번 디베이트 참여 학생들은 사실 이 주제를 1년 동안 준비하지는 않았다. 더 솔직히 말하면 2달 정도 준비했고, 집중적으로 연습한 것은 한 달 동안이다. 이 점을 감안해주기 바란다.

동전 던지기로 찬성팀과 반대팀이 결정된다. 찬성팀은 왼쪽, 반대팀은 오른쪽에 앉는다. 왼쪽부터 이수민(예산여고2), 김정인(글로벌선진학교12), 김다솔(이대부고2), 김한나(글로벌선진학교12) 학생이다.

이수민 | 찬성 2   김정인 | 찬성 1   김다솔 | 반대 1   김한나 | 반대 2

• 찬성팀 1의 입안 | 8분 |

디베이트는 찬성팀 입안으로 시작한다. 찬성팀 중에서 한 명이 나와 오늘의 주제인 〈KBS는 수신료를 인상해야 한다〉에 대해 찬성 발언을 시작한다. 입안의 골격은 중대성 – 내재성 – 해결책 – 이점 – 의제성의 순서다. 이 중 어느 부분까지 하고, 나머지 어느 부분을 찬성팀 2에 맡길지는 팀의 재량이다. 찬성팀 1은 현재 상대팀으로부터 아무런 이야기도 듣지 못한 상태다. 따라서 상대팀에 대한 반박 발언은 포함되지 않는다.

찬성팀 1을 맡은 김정인 학생이 나와서 입안을 시작한다.

찬성팀 1을 맡은 김정인 학생이 연단에 서서 찬성팀 첫 번째 입안 발언을 하고 있다.

이수민 | 찬성 2   김정인 | 찬성 1   김다솔 | 반대 1   김한나 | 반대 2

다음은 김정인 학생의 찬성팀 입안 발언 요지다.

필수 쟁점은 중대성 – 내재성 – 해결책 – 이점 – 의제성의 순서로 제시한다. 찬성팀에게는 입안 순서가 두 번 있는데, 둘의 역할 분담은 팀별 재량이다.

"안녕하십니까? 〈KBS는 수신료를 인상해야 한다〉의 첫 번째 찬성팀 입안을 맡은 김정인입니다. 시작하기에 앞서 여러분께 몇 가지만 여쭤 보고 싶습니다. 여러분의 가정에 있는 TV의 채널 개수가 몇 개입니까? 보통 가정집에 해당하는 저희 집만 하더라도 근 100개의 채널이 제공됩니다. 아마 여러분의 집 채널 개수도 특별한 경우가 아닌 이상 다 비슷할 것이라고 생각되는데요. 또한 TV의 화질은 점점 좋아지고 얇아지고 넓어지고 있습니다. 무료 다시 보기 사이트나 인터넷 동영상 사이트가 더 발전하고 보편화되고 있기도 하는데요. 우리가 흔히 말하는 본방사수를 위해 하던 일을 멈추고 텔레비전이 있는 집으로 향하는 것이 이제 많이 발생하고 있지 않다는 것을 말씀드리고 있는 것입니다. 닐슨 코리아 미디어 리서치에 의하면 1년 전만 하더라도 3사 방송국에서 평균 드라마 시청률은 25%였지만, 2016년 현재에는 14%대에 그치고 있습니다.

공영방송의 정의를 먼저 내리고 시작하고 싶은데요. 공영방송이란 방송의 목적을 영리에 두지 아니하고 시청자로부터 징수하는 수신료 등을 주 재원으로 하여 오직 공공의 목적을 위해서 행하는 방송을 말하는데요. 공영방송은 재원 조달을 수신료 등 공적 재원과 광고 수입 등 사적 재원으로 나누어 각각 차지하는 비중에 따라 순수 공영방송, 혼합적 공영방송, 상업적 공영방송으로 나눌 수 있습니다. 이 중 대한민국의 유일한 공영방송인 KBS는 수신료 등 공적 재원이 50% 미만, 방송 광고 등 상업적 재원이 30% 이상인 상업적 공영방송에 속합니다. 지금 현 KBS 수신료 정책에 대해서 말씀드리겠습니다. 방송통신위원회에 따르면 2012년 결산기준 KBS의 총재원은 1조 5,680억 원으로, 이 중 수신료는 5,851억 원으로 37.3%밖에 되지 않는 데 비해, 방송광고 및 기타 수입은 9,829억 원으로 총 62.7%입니다. 이 중 가장 큰 비중을 차지하는 것은 광고인데 무려 6,236억 원으로, 39.8%의 비율을 나타내고 있는데요. 수신료가 주 재원이 되어야 하는 공영방송임에도 불구하고 광고와 정부보조금 등 수신료 외 재원이 KBS의 주 재원이 되고 있는 것이 현실입니다.

KBS가 수신료를 인상해야 하는 가장 큰 이유는 크게 세 가지로 나눌 수 있는데요. 우선 공영방송의 정체성 확립과 공익적 책무의 확대를 위해서 KBS는 수신료를 인상해야 합니다. 수신료가 지금 전체 재원에서 차지하는 비중이 작기 때문에, KBS는 공공성에 위협을 받고 있는데요. 유료 상업방송의 팽창 속에서 공영방송 KBS의 위상과 입지는 상대적으로 줄어들 수밖에 없고, 재원 구조의 한계는 상업 매체와의 경쟁 속에서 어려움을 가중시키고 있습니다.

또한 이런 부족한 재원을 충당하기 위해 광고확보 경쟁을 하게 되는데요. 이러한 광고확보 경쟁은 공영방송이 상업방송과는 다른 차별화된 청정방송으로서의 역할을 하지 못하게 하고, 시청률 경쟁에 얽매일 수밖에 없는 환경을 초래합니다. 더구나 공영방송의 상업화는 물론, 자본 권력에 대한 감시와 비판 기능에도 영향을 주는 등 공영방송의 정체성 위기에 혼란을 불러일으키고 있습니다. 공영방송은 우선적으로 재정이 안정되어야 본연의 역할에 충실할 수 있습니다. 공영방송이 광고 수입에 지나치게 많이 의존할 경우 프로그램을 통한 시청률 경쟁에서 벗어나기 힘든 것은 당연한 이치입니다. 정부로부터 국고나 보조금을 받는 경우에는 정부로부터 또 정치적으로부터 자유롭기 힘듭니다. 그래서 수신료라는 공적인 재원 구조를 통해 공영방송을 운영함으로써, 공영 방송의 공적 책임과 공공성, 공익성을 담보하는 것입니다. 공익성을 담보하기 위한 공영방송 운영 재원으로서 아직까지는 수신료보다 더 나은 방안은 없는 것으로 평가되고 있습니다.

2014년 출간된 미디어 법제화 정책 해설에 따르면 매켄지 조사가 나와 있는데요. 공영방송의 재원 조달 방식은 그 사회 내의 방송 문화의 건전성과도 상관관계를 보인다고 합니다. 공영방송의 재원을 수신료에 의존할수록 공영성이 강해지고, 민영방송들도 공영방송의 공영성에 영향을 받아 건전한 방송을 하게 된다고 매켄지에서 조사를 했는데요. 예를 들어 공영방송의 재원으로 80%를 수신료에 의존하는 영국이나 스웨덴 같은 경우에는 주요 방송사들이 전체 방송시간 가운데 건전성을 나타내는 보도, 시사, 문화 및 어린이 프로그램 편성 시간 비율이 다른 나라보다 월등히 높게 나타난다는 것입니다. 반면 수신료와 광고를 재원으로 하는 독일, 이탈리아, 프랑스 등에서는 이런 프로그램 편성 비중이 상대적으로 낮으며, 정부보조금과 광고를 재원으로 하는 우리나라 같은 상업적 공영방송의 포르투갈에서는 이러한 비중이 더욱 낮아진다고 합니다.

두 번째로 말씀드리고 싶은 것은 KBS의 적자구조입니다. KBS는 2011년 650억 원의 적자, 2013년에 6,800억 원의 누적 적자가 있었는데요. 이런 적자가 생기는 것은 단순히 KBS 자체만의 문제가 아니라 지금 미디어 시장이, 특히 지상파의 시장이 전체적으로 축소되고 있는 현상입니다. 지상파의 위기를 보여주는 통계는 많이 나와 있는데요. 대표적인 것은 광고 매출입니다. 2011년을 기점으로 하락 추세인 지상파 TV 광고 매출은 2012년 처음 인터넷에 1위 자리를 내준 이래 재역전 기미가 보이지 않고 있고요. 한국방송광고진흥공사에 따르면 지난해 국내 전체 광고시장은 2012년 대비 2.9% 성장한 데 비해, 지상파 3사는 3.2% 감소했습니다.

또한 저희가 말씀드리고 싶은 것은 이러한 수많은 문제점이 있음에도 불구하고 KBS의 수신료는 35년간 동결돼왔다고 말씀드리고 싶습니다. 지금 KBS에서는 공영방송을 위한, 단순히 시청률만을 위한 것이 아닌, 공영방송의 기본적인 역할을 수행하기 위한 '사랑의 가족' 같은 프로그램을 하고 있는데요. 이것은 시청률이 5.5%밖에 되지 않지만, 유일한 장애인들의 삶과 희망을 이야기하는 장애인 전문 프로그램입니다. 또한 KBS는 다문화 가정에 대해 이야기하는 '러브인아시아' 등 사회적 약자 배려 프로그램을 진행하고 있습니다. 이것은 단순히 시청률을 위한 프로그램이 아니라, 공영방송의 기본적 역할을 수행하기 위한 프로그램들입니다.

마지막으로 말씀드리고 싶은 것은 이것을 해결하기 위한 방안으로 광고총량제가 실시되었다는 것을 말씀드리고 싶습니다. 광고총량제는 사실상 지금 현 상태로서는 거의 무효라고 볼 수 있는데요. 이 문제로 설사 적자난을 해결한다고 하더라도 이것은 오히려 광고에 더 의존하게 하고, 광고 의존도를 낮출 수 없습니다. 공영방송의 공공성 확보에 영향을 주지 못한다는 근본적인 이유도 있습니다. 더불어 이것의 필요성 또한 의심받고 있는 상황인데요. 즉, 광고총량제로는 KBS의 예산 문제를 해결할 수 없습니다. KBS 예산을 채울 수 있는 수단은 현시점에서 수신료 인상밖에 없다고 생각합니다. 우리는 지금 닭이 먼저냐, 달걀이 먼저냐 하는 문제에 직면했다고 생각합니다. 수신료, 공공성 문제 모두 중요합니다. 그렇지만 지금 우리는 한 가지 선택을 해야 하는 위기에 놓여 있고, 저희는 그 수많은 선택 가운데 지금 위치에서 최선의 선택은 수신료 인상이라고 생각합니다. 감사합니다."

●● 김정인 학생은 우선 오늘 주어진 주제에 대한 배경을 설명하고, 이어서 공영방송에 대한 용어정의를 했다. 이어서 중대성, 내재성의 순서로 이야기했다. 중대성에서는 '공영방송인 KBS의 수신료 문제가 얼마나 큰 문제인지'를 설명하고, 이어 내재성에서는 '그 대안 중의 하나인 광고총량제가 실효성이 없다'는 이야기를 했다. 결과적으로 수신료 인상은 불가피하다는 이야기다. 김정인 학생은 아직까지 구체적인 해결책을 내놓고 있지는 않다. 이 부분은 찬성팀 입안 2에서 말할 계획이다.

• **교차조사** |3분|

　찬성팀 1의 입안 발언이 끝난 후, 준비시간 요청이 없는 한 바로 교차조사가 시작된다. 이때 찬성팀 1은 계속 연단에 남아 있는다. 반대팀 2를 맡은 학생이 일어서서 질문한다.

찬성팀 1을 맡은 김정인 학생은 계속 연단에 남아 있고, 반대팀 2를 맡은 김한나 학생이 일어서서 질문을 시작한다. 발언 제한 시간은 3분이다.

이수민 | 찬성 2　　　김정인 | 찬성 1　　　김다솔 | 반대 1　　　김한나 | 반대 2

　김한나 학생과 김정인 학생의 질문과 답변 요지는 다음과 같다.

방금 찬성팀 1이 한 발언에 대해 반대팀 2가 질문한다. 이때 반대팀은 질문만 하고, 찬성팀은 답변만 한다.

• **김한나 학생**: 저희측 질문드리겠습니다. 아까 35년 동안 수신료가 동결되었다고 말씀하셨는데, 그것으로 인해서 KBS에 실질적으로 수신료로 인한 피해 규모가 있는지 여쭤보고 싶습니다.

• **김정인 학생**: 그 부분에 대해서는, 단순히 2,500원으로 동결되었을 뿐만 아니라, 그 당시 그것을 측정한 것은 신문 구독료에 비교해서 측정한 것인데요. 신문 구독료는 지금 약 6배 정도 인상됐고요. 이것을 통해 알 수 있는 것은 그만큼 물가가 상승했음에 비해 수신료는 계속 동결되어왔음을 말씀드리고 싶습니다.

• **김한나 학생**: 그렇다면 동결된 것은, 저희측에서 말씀드리고 싶은 것은 동결되었지만 비록 실제적으로 KBS가 수신료를 통해 얻게 된 이익은 무려 그 책정 기준으로 보았을 때 9배나 상승되었다는 것을 말씀드리고 싶습니

다. 즉, 지금 현재 KBS는 수신료가 동결된 것으로 인한 재정적 피해는 없다는 것을 말씀드리고 싶습니다. 두 번째 질문 드리겠습니다. 광고총량제에 대해 언급하셨는데요. 광고총량제가 책정된 기간에 대해 여쭤보고 싶습니다.

· **김정인 학생**: 네, 작년 2015년 10월에 책정된 것으로 알고 있습니다.

· **김한나 학생**: 그렇다면 기간이 채 1년도 되지 않는 것으로 나오는데요. 과연 적절한 결과가 나왔다고 판단되십니까?

· **김정인 학생**: 저희가 이것에 대해 말씀드리고 싶은 것은 이거 자체에 대해서, 광고총량제는 광고에 의존하게 하기 때문에 적절하지 못하다고 말씀드린 것인데요.

· **김한나 학생**: 아, 그럼 결과가 나오기 전부터 구조적인 문제가 있다는 것을 말씀하시는…….

· **김정인 학생**: 네, 광고총량제가 실시되기 전부터 수많은 전문가들의 조사가 있었고, 그 조사에 따르면 광고총량제는 오히려 광고를 수입의 목적으로 하기 때문에 이것은 단순히 지금 나온 결과로서 말씀드리는 것이 아니라, 그 전에 나왔던 결과로 말씀드리는 것입니다.

· **김한나 학생**: 상대측에서 말씀해주신 것은, 광고로부터의 재원 자체가 잘못되었다는 것이죠?

· **김정인 학생**: 네, 구조적으로 봤을 때 광고로부터의 재원이 40% 정도 되었다는 것은 잘못되었다고 말씀드리는 것입니다.

· **김한나 학생**: 마지막 질문으로서, 수신료는 누구로부터 나온다고 생각하십니까?

· **김정인 학생**: 수신료는 당연히 국민으로부터 나온다고 생각하는데요.

· **김한나 학생**: 그렇다면 KBS가 아까 말씀해주신 것처럼 광고 재원으로부터의 피해를 수신료를 통해 메운다는 것으로 설명드리는 거 아닙니까?

· **김정인 학생**: 네, 맞습니다.

· **김한나 학생**: 그렇다면 KBS의 실책으로 인한 그리고 구조적 문제로 인한 광고로부터의 재원으로 인한 부족을 국민이 메우는 것이 과연 최선의 방법이라고 생각하십니까?

· **김정인 학생**: 네, 저희가 이것을 최선의 방법이라고 생각하는 이유는 KBS

가 공영방송이기 때문에 KBS의 주인은 국민이 되어야 하고, 국민이 KBS
를 통해서 더 좋은 방송을 얻기 위해서는 어느 정도 값어치를 지불해야 된
다고 생각합니다.

- **김한나 학생**: 알겠습니다.

●● 김한나 학생은 교차조사를 통해 (1) KBS의 수신료가 동결되었기는 하지
만 실질적으로 9배나 상승했다는 점, (2) 광고총량제에 대한 평가는 아직 이르
다는 점, (3) KBS의 재원 부족 사태는 KBS의 자체 실책, 혹은 구조적 문제인
데, 이 부담을 국민에게 전가하는 발상이 옳은지에 대해 질문했다. 김한나 학
생의 의도는 이 질문을 통해 '상대편의 논리에는 문제점이 있다'는 사실을 부
각하는 것이다.

• 반대팀 1의 입안 |8분|

찬성팀 1의 입안 직후 교차조사가 끝나자 반대팀에서 준비시간을 요청한다.
처음에는 30초를 요청했는데, 추가로 또 30초를 요청해서 결과적으로 준비시
간 1분을 가진다.

반대팀의 김한나 학생이 준비시간을 요청하고 있다. 그런데 꼭 손 모양을 저렇게 해야 하는 것은 아니다. 그냥 말로 "준비시간 30초 쓰겠습니다."라고 말해도 된다.

김다솔 | 반대 1 　　　　　　 김한나 | 반대 2

추가 준비시간 30초 동안 팀별로 상의하고 있다. 상대팀이 요청한 준비시간에 우리팀도 준비할 수 있다.

이수민 | 찬성 2   김정인 | 찬성 1   김다솔 | 반대 1   김한나 | 반대 2

준비시간에 이어 반대팀 1의 입안이 진행된다. 김다솔 학생이 나와 발언을 시작한다.

반대팀 1을 맡은 김다솔 학생이 연단에 서서 반대팀 첫 번째 입안 발언을 하고 있다.

이수민 | 찬성 2   김정인 | 찬성 1   김다솔 | 반대 1   김한나 | 반대 2

다음은 김다솔 학생의 반대팀 입안 발언 요지다.

"안녕하십니까? 〈KBS는 수신료를 인상해야 한다〉의 반대측 첫 번째 입안을 맡은 김다솔입니다. 먼저 본격적인 말에 앞서서, 찬성측에 반박을 시작하겠습니다. 상대측은 매켄지의 사례를 들며 KBS의 광고 축소가 다른 방송에 가게 되어 미디어 활성화를 촉진시킨다고 주장하셨는데요. 저희측은 이렇게 다른 방송에 주는 것이 결국 한국 미디어 산업의 상업화를 촉진시킨다고 판단이 되면서 결국 축소의 결과로 국민에게 수신료를 부담시키는 것으로 판단된다고 주장합니다. 2014년 2월 27일 JTBC 뉴스의 여론조사 결과에 따르면 KBS 수신료를 2,500원에서 4,000원으로 인상하는 데 찬성하는 비율은 오직 19.8%에 불과했습니다. 2007년 수신료 인상을 언급했을 때부터 지속적으로 국민의 반발이 있었지만, KBS는 여전히 수신료 인상을 요구 중입니다. 최근 1월 말에는 방송통신위원회가 수신료 제도 개선을 위해서 공영방송재정연구위원회를 설립하겠다는 계획을 내놓기도 했는데요. 최성준 방통위원장은 공영방송이 공영방송다운 품격 있는 방송을 하기 위해서는, 그에 걸맞은 재원이 필요하다면서 구체적인 세부 일정과 구성 계획을 검토 중이라고 밝혔습니다.

저희는 본격적인 말에 앞서서 공영방송이 일부 수신료를 통해 공공의 이익을 위해서 만들어지는 방송이라고 정의합니다. 좋은 방송을 위해서 충분한 재원, 즉 돈이 필요하며 재정이 심각하니 수신료를 인상해야만 공영방송을 할 수 있다는 KBS와 방통위 측의 말은 얼핏 들었을 때 그럴듯해보입니다. 그러나 이러한 말 뒤에는 여러 부분을 짚어봐야 함을 잘 인지해야 합니다.

저희 반대측에서는 공영방송을 만들기 위해 수신료 인상이 불가피하다는 KBS의 입장이 과장된 것이며, 내부개혁을 통해 충분히 이러한 문제를 바로잡을 수 있다는 것을 주장합니다. KBS는 지금까지 재정 부족과 공영방송의 확립을 위해 수신료를 인상해야 한다는 의견을 밝혀왔습니다. 저희 반대측은 이러한 KBS 재정 부족에 주목했는데요. 2009년 한국콘텐츠진흥원의 논문에 따르면 2003년을 계기로 완만한 하락세를 보이고 있던 KBS가 2007년부터 급격하게 하락세를 보이면서 적자를 기록하였음을 알 수 있습니다. 이후 KBS는 재정 위기 극복을 위해 해결책으로 수신료 인상을 선택, 이를 지속적으로 추진했는데요. 2007년 시기는 KBS가 친정부적이라는 비판을 받으며 공영방송의 위신이 하락할 때입니다.

이를 통해 KBS의 재정 부족이 결국 공영방송의 진정성 부족과 직결되어 있음을 알 수 있었습니다. 또한 2014년 '머니투데이' 기사에 따르면 KBS 직급별 인건비 현황 자료를 공개하였는데, KBS 전체 직원 4,805명 중 2012년 억대 연봉자는 전체 직원의 57%인 2,738명이었다고 합니다. 고위층 연봉 또한 2010년 1억 1,862만 6,000원에서 2013년 1억 3,321만 6,000원으로 3년간 평균 상승률이 약 3.8%를 기록하였으며, 상위 직급인 관리자 정원도 지속적으로 상승하는 추세를 보였습니다. 전체 인력 5년간 인건비 또한 평균 4.4%의 상승률을 기록하였고요. 이에 비해 2016년 '동아일보' 기사 '2014년 연말정산 결과 억대 연봉자 현황 자료'에 따르면 한국 전체 근로자인 1,668만 7,079명 중 억대 연봉자는 52만 2,689명으로 전체의 단 3.2%에 불과하였습니다. 전체의 3.2%에 불과하지만 KBS에 57% 억대 연봉자가 있다는 것은 KBS에 인사조정이 꼭 필요함을 알 수 있는 부분입니다.

지금까지 언급하였던 것과 같이 많은 내부개혁이 필요하고 또 재정부족이 열세임에도 불구하고 KBS는 그저 돈이 없다며 공영방송이라는 말 뒤에서 국민에게 수신료 인상을 지속적으로 요구하고 있습니다. 30여 년간 수신료가 오르지 않았다며 수신료 인상이 필요하다는 KBS의 입장은 한 측면에 불과합니다. 과거 시청자들이 수신료 납부에 협조하지 않아 징수율이 44%에 그쳤던 사건 이후, KBS는 전기세에 수신료를 포함시키는 강수를 두며 어쩔 수 없이 수신료를 내게 하는 방안을 냈습니다. 또한 케이블이나 IPTV, VOD 프로그램을 사용하는 국민은 수신료뿐만이 아니라 이용료까지 이중으로 부담하고 있는 실정입니다. 하지만 그 이용료가 상당 부분 KBS로 다시 흘러들어가는 것은 주목해야 할 부분입니다. 케이블, IPTV, VOD 방송은 KBS 방송을 내보냄으로써 절대적으로 사용료를 지급해야 하는 구조인데요. 저희측에서 조사한 결과 '디지털타임스' 기사에 따르면 이 재송신료로 KBS가 거머쥔 이익은 501억 원에 달합니다.

앞서 말했듯이 KBS는 현재 친정부적이며, 공영방송을 실천하지 못한다는 비판을 면치 못하고 있습니다. 2014년 5월 '미디어오늘' 기사에 따르면 KBS 보도국장이 세월호 관련 보도로 사임을 할 때 KBS 사장과 정부의 연관성을 언급하며 논란이 된 사건이 있었습니다. 또한 이 KBS 사장과 관련된 논란은 선발 과정에서도 지속적으로 있었던 일인데요. 지금 현재 KBS 사장은 이사회에서 입후보한 후보들 중 하나를 최종 후보로 낙점하여 청와대에 이를 승인 요청하면 임명되는 그런 구조입니다. 공영방송의 의무를 다해야 하는 KBS임에도 불구하고 사장 임명에 국민의 의사가 적극적으로 반영되기 어렵고, KBS 자체적으로 뽑지 못해 이와 관련하여 여러 가지 말이 오갔습니다. 작년만 해도 사장 후보들의 자질이나 청와대 개입 논란이 여럿 있었습니다.

또한 '한국일보'에 따르면 2011년 KBS 기자의 민주당 대표실 회의 도청 의혹이 있었는데요. 이 회의가 KBS 수신료 인상과 관련되었다는 점에서 주목할 만합니다. KBS는 방송법에 의하여 공영방송을 실천해야 하는 의무가 있습니다. 이런 공영방송을 통해 국민에게 이익을 안겨다주고 공정한 방송을 해야 하는 의무가 있는데요. 지금 현재 KBS가 이 의무를 다하고 있는지 의심스럽습니다. 이러한 의무를 다하기 위해 저희 반대측은 KBS가 꼭 내부개혁을 통하여 이러한 방안을 추진해야 한다고 보고, 수신료 인상을 통해서가 아니라 스스로 이러한 적자 문제를 해결할 수 있다고 봅니다.

지금까지 저희 반대측은 이런 내부개혁으로 KBS 수신료 인상이 아니라 이러한 적자를 해결할 수 있다고 보았고, 이를 통해서 KBS가 내부개혁을 통해 이러한 적자를 해결함으로써 공영방송의 위신을 되찾기를 바라는 바입니다. 감사합니다."

●● 김다솔 학생은 우선 찬성측의 발언 중 문제시되는 부분에 대해 언급하면서 발언을 시작했다. 이어서 이 주제의 배경과 용어정의를 마치고, 반대팀 입안을 이어갔다. 현재까지 반대팀의 입장은 (1) 수신료 인상을 주장하는 상대팀은 현재 문제의 본질을 제대로 인식하고 있지 못하며, (2) KBS의 재정 문제는 KBS 내부의 개혁으로 충분히 해결할 수 있음을 들어 수신료 인상에 대해 반대한다는 것이다.

• 교차조사 |3분|

반대팀 1의 입안 직후 찬성팀에서 준비시간 1분을 요청한다.

이수민 | 찬성 2   김정인 | 찬성 1

준비시간이 끝나자 교차조사가 시작된다. 이때 반대팀 1을 맡은 학생은 계속 연단에 남아 있는다. 찬성팀 1을 맡은 학생이 일어서서 질문한다.

이수민 | 찬성 2   김정인 | 찬성 1   김다솔 | 반대 1   김한나 | 반대 2

김정인 학생과 김다솔 학생의 질문과 답변 요지는 다음과 같다.

• **김정인 학생**: 질문드리도록 하겠습니다. 상대측께서는 KBS가 광고를 없애게 될 시 KBS의 광고를 다른 광고 시장으로 몰아주면서 미디어 활성화가 되는

것이 아니라 상업화를 촉진할 것이라고 첫 번째로 말씀하셨는데, 맞습니까?

- **김다솔 학생**: 네, 맞습니다.

- **김정인 학생**: 이에 대해서 저희가 말씀드리고 싶은 것은, 흘러내림 효과라는 것은 가장 큰 광고 시장인 KBS가 광고를 받지 않았을 때, 다른 방송들이 광고 확보 경쟁을 하지 않음으로써 시청률 지상주의를 조금 벗어날 수 있다는 것인데, 이에 대해서는 어떻게 생각하십니까?

- **김다솔 학생**: 저희측에서는 결국 광고를 다른 방송에 주는 것이 한국 미디어 산업에서 상업화를 촉진하는 것이며 그리고 이러한 것이 결국에는 정부의 정책을 찾아보았을 때, 정부가 지금까지 종편을 살리는 그런 정책을 이끌고 있지 않나라는…… . 그런 면에서도 친정부적인 면을 띠고 있다고…… .

- **김정인 학생**: 그러면 예, 알겠습니다. 저희가 질문드리고 싶은 것은 KBS와 EBS 외에 다른 공영방송이 있습니까?

- **김다솔 학생**: MBC도 공영방송이라고…… .

- **김정인 학생**: MBC는 정확하게 공영방송에 속하지 아니하고요. 그 외 종편이나 케이블 TV 같은, 또 지상파 SBS 같은 경우에도 민영방송에 포함됩니다. 이런 방송이 주 재원을 광고료나 다른 상업 재원으로 한다는 것에 동의하십니까?

- **김다솔 학생**: 네, 동의합니다.

- **김정인 학생**: 그렇다면 방송광고 산업의 활기를 띨 수 있다고 생각하고요. 또한 아까 말씀드렸다시피 광고확보 경쟁을 벗어남으로써 시청률 지상주의가 팽배한 지금 광고 미디어 시장의, 그런 사회적 분위기를 바꿀 수 있다고 생각합니다. 추가 질문드리겠습니다. 2014년 '머니투데이'에서 다룬 KBS 직급별 현황을 말씀하시면서 지금 대한민국의 전체 근로자에 비교하여 억대 연봉자가 많다고 말씀하셨는데 맞습니까?

- **김다솔 학생**: 네, 맞습니다.

- **김정인 학생**: 그럼 타 방송사 직원의 평균 고위직 연봉이 얼마인지 아십니까?

- **김다솔 학생**: KBS와 다른 지상파 방송이 비슷한 거로 알고 있습니다.

- **김정인 학생**: 그렇다면 왜 KBS에만 똑같은 잣대를 들이대며 한국 전체 근로자의 억대 연봉 비율을 비교하는 것이 옳다고 생각하십니까?

- **김다솔 학생**: 저희측의 입장을 설명드리겠습니다. SBS나 MBC는 지금 수신

료를 받는 입장이 아니지만, KBS는 국민에게 수신료를 받고 있는 입장이기 때문에 인사 조정이 필요함을 말씀드리고 싶습니다.

• **김정인 학생**: 제가 말씀드리고 싶은 것은 상대팀께서는 지금 한국 전체 근로자의 억대 연봉자가 3.2%인 것에 비해, KBS의 억대 연봉자는 57%인 것을 언급하며, 지금 똑같은 다른 방송사도 분명히 1억 원 이상의 억대 연봉자가 많음에도 불구하고 KBS에만 같은 잣대를 들이대고 있다는 것을 말씀드리고 싶고요.

• **김다솔 학생**: SBS나 MBC는 수신료를 받고 있지 않기 때문에 저희가 특별히 관여할 수가 없지만, KBS는 지금 수신료를 받고 있음에도 불구하고 인사 조정으로 지나치게 많은 돈을 낭비하고 있다는 생각이 들어서 말씀드렸던 것입니다.

• **김정인 학생**: 저희팀에서 말씀드리고 싶은 것은, 방송사 임원의 연봉 비교가 아닌 현재 한국인 연봉 기준으로 비교한다는 것은 알맞지 않다고 생각합니다. 감사합니다.

●● 김정인 학생은 교차조사를 통해 (1) KBS의 광고가 다른 방송으로 넘어갈 때 시청률 경쟁이 완화되어 미디어 환경이 개선될 수 있다는 점, (2) KBS의 억대 연봉자 비율을 한국 전체 근로자의 억대 연봉자 비율과 비교하는 것은 적절하지 않고, 다른 방송사와 비교할 때 문제가 되지 않는다는 점에 대해 질문했다. 이에 대해 김다솔 학생은 (1) KBS의 광고가 다른 방송으로 넘어갈 때 오히려 상업화가 촉진될 수 있으며, (2) KBS는 수신료를 받는 조직이기 때문에 다른 방송사의 임금 수준과 비교하는 것은 적절하지 않다고 응답했다.

• 찬성팀 2의 입안 │8분│

이어서 찬성팀 2를 맡은 이수민 학생이 나와서 입안 발언을 이어간다.

이수민 | 찬성 2　　　김정인 | 찬성 1　　　　　　김다솔 | 반대 1　　　김한나 | 반대 2

다음은 이수민 학생의 찬성팀 입안 발언 요지다.

"안녕하십니까? 찬성측 두 번째 입안자 이수민입니다. 방송법 제56조에서는 국가 기관인 공영방송의 역할을 수행하기 위한 기본 재원을 수신료로 충당하기로 정해놓았습니다. 하지만 수수료가 1981년도부터 35년째 2,500원으로 동결되어 있습니다. 그로 인해서 공영방송인 KBS의 전체 재원 중 상업 재원인 광고료의 비중이 날로 늘고 있습니다. 2012년 방송통신위원회에서 제공한 KBS 결산 기준에 총재원은 1조 5,680억 원이고, 이 중 수신료는 5,852억 원으로 37.3%를 차지합니다. 방송 광고는 6,236억 원으로 39.8%를 차지하고 있다는 것을 확인할 수 있습니다. 결국 수신료가 40%도 안 된다는 말씀을 드리고 싶습니다. 퍼센티지로는 2.5%의 차이에 불과하지만 이것을 금액으로 바꾸어보았을 때는 385억 원이라는 엄청난 금액의 수익 차이가 발생합니다.

이것은 공영방송의 기본 재원구조가 왜곡된 것이며, 기존 재원구조로 돌아가 공영방송의 역할을 다 하기 위해서는 수신료 인상을 통해 현재 실질적 주 재원인 상업재원을 줄여야 한다는 것이 저희측 의견입니다. 지금부터 저희측 해결 방안에 대해 말씀드리겠습니다. 저희측 해결 방안은 기존 2,500원이었던 수신료를 4,000원으로 인상하자는 것입니다.

그에 대한 이점부터 바로 말씀을 드리겠습니다. 첫 번째 이점은 상업 재원의 의존도를 낮춤으로써 공영성 회복에 힘을 실어줄 수 있다는 것이 저희측의 생각입니다. 4:6의 비율을 6:4로 바꿈으로써 우선 공영성에 대한 비율을 훨씬 높일 수 있다는 데에서는 공영방송의 역할을 다할 수 있다고 생각합니다. 그리고 EBS 지원이 증대되면 불안정한 공영방송의 입지를 굳힐 수 있습니다. EBS 같은 경우는 특출한 경우로서 EBS 수능교재 등 자구적으로 얻는 수익이 대다수입니다. 그렇기 때문에 공영방송이지만 공영방송이라고 말하기 어려운 특징들이 있습니다. 그렇기 때문에 더 불안한 것도 사실입니다. 그렇기 때문에 수신료를 인상했을 때 EBS에 공영방송으로서 안정을 도모할 수 있다는 것이 저희측의 의견입니다.

세 번째는 더 넓은 세계시장에 나서기 위한 재원적 여유를 확보할 수 있을 것입니다. KBS 같은 경우에는 KBS 월드를 비롯해서 더 많은 세계적인 일을 도모하고 싶지만 사실상 재원적으로 많이 부족한 상황입니다. 그렇기 때문에 한국에 국한되어 있을 뿐만 아니라 더 넓은 세계시장에 나서기 위해서는 KBS 수신료를 인상해서 국내의 입지를 굳히고, 그 이후에 세계 시장에 발맞춰나가는 것이 알맞은 방안이라고 생각했습니다. 그리고 네 번째로는 재원 규모가 커지는 것과 별개로, 과도기를 맞이한 미디어 시장으로 인해 적자로 향하고 있는 공영방송인 KBS에 안정을 도모할 수 있겠습니다.

우선 뉴미디어가 많이 나옴으로 인해서 인터넷 방송과 다시보기 사이트 등이 너무 많이 나오고 있습니다. 그 발전으로 인해서 KBS의 본방사수, 그러니까 시청률이 사실상 많이 줄어들고 있는 입장입니다. 이것은 KBS뿐만 아니라 다른 방송사에서도 같이 고민하고 있는 문제라는 생각이 듭니다. 그렇기 때문에 공영방송의 쇠퇴를 막기 위해서는 수신료 인상으로 인해서, 시청률에 국한되지 않는 KBS만의 시점을 갖는 것이 가장 중요하다고 생각됩니다. 또한 KBS는 아직까지 뉴스, 드라마 시청률 1위 방송사이고, 프로그램 품질 지수도 KBS 1TV와 2TV가 1, 2위를 차지하고 있다는 것을 알아주셨으면 좋겠고, KBS 콘텐츠 도달률이 90% 이상을 항상 유지하고 있다는 점도 참고해주셨으면 좋겠습니다. 또한 이렇게 미디어 산업이 발전하면서 시청률이 분배될 수밖에 없는데도 불구하고 시청률 1위를 고수하고 있다는 것 자체는 엄청난 KBS만의 특징이라고 생각합니다. 그렇기 때문에 KBS가 공영방송으로서 역할을 다 못 하고 있다는 데 대해서는 많은 의문이 가는 바이고요. 많은 사람들이 수신료 인상을 KBS가 공영방송의 역할을 다하지 않는다는 이유로 거부하고 있는데, 이 세 번째 중대성 내용에서 이야기를 들으면 KBS가 다른 민영방송에서는 할 수 없는 공영방송으로서의 역할을 다하기 위해 얼마나 많은 지원을 감행하고 있는지 알 수 있다고 생각합니다.

수신료가 오르는 것은 싫어하지만 더 질 높은 서비스만을 계속 바라는 것은 욕심으로 비칩니다. 공영방송의 주 재원이 되어야 할 수신료가 현재 30%대를 아등바등 유지하고 있는 실정에다 매년 떨어지는 추세이기 때문에 개선이 꼭 필요한 내용이라고 생각하고, 공영방송으로서 공영성을 바라는 국민이라면 수신료가 다시 KBS의 실질적 주 재원 역할을 할 수 있도록 해야 한다고 생각합니다. 그것이 국가 권력이나 상업 자본으로부터 독립적 자율적인 위치에서 공정성과 공익성을 추구함과 동시에 다양하고 보편적인 서비스를 제공할 수 있는 방송 문화의 공공복지 향상으로 갈 수 있는, 현재로서 가장 합리적인 해결책이라고 생각합니다.

팔리시 디베이트에서는 입안 단계에서 상대팀 반박이 시작된다.

저는 우선 상대편의 내용을 다시 되짚어보겠습니다. 아까 내부개혁을 통해 스스로 적자 문제를 해결할 수 있다고 반대팀에서는 보셨는데요. 저희는 그렇게 보지 않습니다. 왜냐하면 스스로 적자 문제를 해결할 때 자신의 살을 깎는 것과 다를 바 없이 직원들을 깎아내리는 것만이 방법이라고 생각하지 않기 때문입니다. 우선 시청률을 통해서도 올릴 수 있는 한계가 있고, 사실상 뉴미디어에 대한 내용을 계속 드렸다시피 한국 방송사에서는 지금 한계를 맞이하고 있는 실정입니다. 그렇기 때문에 그 국면에서 다른 국면으로 넘어가기 위한 절차가 계속해서 필요한 입장입니다. 그런데 자기 살을 자꾸 깎아내는, 정말 인재들을 높은 연봉을 받고 있다는 이유로 깎아낸다는 것은 저희는 맞다고 보지 않습니다. 그렇기 때문에 상대편의 해결 방안이 과연 실질적으로 어떤 혜택을 줄 것인지에 대해서 궁금하고요.

아까 말씀드렸다시피 우리나라는 공영방송이 KBS와 EBS, 이 두 가지라고 보고 있습니다. 그 외에는 다 민영방송이기 때문에 주 재원인 광고료나 다른 상업 재원으로 한다는 것에 동의할 수밖에 없는 내용이라고 생각합니다. 그렇기 때문에 광고에 대해서는 다른 방송사 역시 환영할 수밖에 없는 입장이라고 생각하고요. 저희가 다른 방송사의 광고 쏠림까지 함께 생각하고 그런 결정을 내려야 하는가에 대해서는 다시 한 번 의문이 가는 바입니다.

저희 입장에서는 KBS는 공영방송이기 때문에 상업성을 줄이기 위해서는 이런 방법이 부득이하게 필요한 것인데, 다른 방송사에 광고가 쏠릴 것이라는 이유로 광고 비중을 줄이는 것에 반대한다면 이것은 아무것도 할 수 없다는 뜻이라고 생각합니다. 여기까지 하겠습니다.”

●● 이수민 학생은 찬성팀 1의 입안자에 이어서 해결책을 제시했다. 수신료를 4,000원으로 올리자는 구체적인 입장이다. 이어서 이런 해결책을 채택했을 때 생기는 이점을 네 가지로 정리해서 말했다. 이어서 반대팀이 제시하는 해결책, 즉 KBS의 내부개혁이란 방법이 가지는 한계에 대해 지적하고, 반대팀이 제기하는 찬성팀 해결책의 부작용에 대해 반박했다.

• 교차조사 |3분|

찬성팀 2의 입안 발언이 끝난 후 교차조사가 시작된다. 이때 찬성팀 2를 맡은 학생은 계속 연단에 남아 있는다. 반대팀 1을 맡은 학생이 일어서서 질문한다.

찬성팀 2를 맡은 이수민 학생은 계속 연단에 남아 있고, 반대팀 1을 맡은 김다솔 학생이 일어서서 질문을 시작한다. 발언 제한 시간은 3분이다.

이수민 | 찬성 2　　　김정인 | 찬성 1　　　　　　김다솔 | 반대 1　　　김한나 | 반대 2

김다솔 학생과 이수민 학생의 질문과 답변 요지는 다음과 같다.

• **김다솔 학생**: 질문 시작하겠습니다. 아까 저희가 인사 조정이 필요하다는 것에 대해서 KBS의 살을 깎는다는 표현을 쓰셨는데, 맞습니까?

• **이수민 학생**: 네.

• **김다솔 학생**: 하지만 지금 KBS의 구조는 하위직이 인력이 줄어들고 연봉은 정체되어 있는 반면에, 고위직은 오히려 증가하는 역피라미드 구조로 이런 인력 체제가 비이상적이라고 말씀드린 건데, 이에 대해서 어떻게 생각하십니까?

• **이수민 학생**: 고위직이 능력이 없다는 것에 대해서도 조사를 하신 내용입니까?

• **김다솔 학생**: 저희측은 지금 고위직이 오히려 계속 증가함으로 인해서 역피라미드를 띠게 되면, 이것이 인력 체제로서 불안정하다는 말씀을 드리고 싶은 것입니다.

• **이수민 학생**: 하지만 그 조사 결과에 대해서는 그 고위직이 정말로 능력이 있어서 올라가는 것인지, 능력이 없는데도 올라간 것인지에 대한 자세한 내용은 들어 있지 않은 것으로 생각이 됩니다.

• **김다솔 학생**: 저희는 그저 인력 구조에 대해서만 말씀드린 것으로, 다음 질문 드리겠습니다. 저희측에서는 이제 내부개혁을 해결방안으로 내세웠는데요. KBS는 그 내부개혁 전에 수신료 인상부터 말하는 입장입니다. 그럼 과연 지금까지 KBS의 내부개혁에는 무엇이 있었는지 궁금합니다.

• **이수민 학생**: 다시 한 번 말씀해주십시오.

• **김다솔 학생**: KBS의 내부개혁 시도로 무엇이 있었는지 알고 계십니까?

• **이수민 학생**: 우선 고위직보다는 하위직을 더 많이 깎아내렸다고 생각합니다. 거기에 대해서는 저희측도 많은 말을 할 수가 없고요. 그런데 고위직을 자른다는 내용이 방송사의 입장에서도 쉬운 일이 아니라는 것을 감안해주셨으면 좋겠습니다.

• **김다솔 학생**: 두 번째 질문드리겠습니다. KBS는 방송법에 의해서 국민에게 공영방송을 제공할 의무가 있다는 것에 동의하십니까?

• **이수민 학생**: 네.

• **김다솔 학생**: 지금 KBS 입장은 공영방송으로서 위신을 지키기 힘들다는 것인데요. 지금은 불가능하다는 것은, 지금도 국민이 권리를 침해당하고 있다는 것에 동의하십니까?

• **이수민 학생**: 지금이 불가능하다는 것이라기보다는 수신료가 올라갔을 경우 더 질 높은 서비스를 제공할 수 있기 때문에 저희는 수신료 인상을 주장하는 것입니다.

• **김다솔 학생**: 다음 질문을 드리겠습니다. 아까 KBS의 수신료가 30년간 동결되었다는 점을 말씀하셨는데요. 저희측 조사에 따르면 이중부과나 또 9배 이상의 수익을 얻었다는데, 그런 말씀을 입안에서 드린 바 있습니다. 이에 대해 어떻게 생각하십니까?

• **이수민 학생**: 우선 최근 그처럼 9배가 증가하였다고 하더라도 최근에는 물가 인상률이나 여러 가지 방안을 고려하면 더 많은 재원이 필요한 것이 사실입니다. 9배 인상률만 가지고 말씀하셨을 경우에는 저희측에서도 할 말이 많을 것 같습니다.

• **김다솔 학생**: 또 다른 질문드리겠습니다. 욕심이라고 아까 언급하셨는데, 국민이 수신료를 더 인상해주지 않으면서 공영방송의 위신을 지키기만 원한다는 것을 욕심이라고 말씀하셨는데 국민도 공영방송을 유지하고 품격 있는 모습을 보여야 수신료 인상에 기꺼이 동의하지 않을까요?

• **이수민 학생**: 우선 KBS는 그에 대한 보완을 하기 위해서 난시청 해소, KBS 교향악단과 국악, 관현악단을 통한 품격 높은 공연문화를 제공하고, 방송문화 발전 증진에 도움을 주고 있으며, 시청자 상담실을 운영하면서 시청자 권익보호…….

여기까지 발언했을 때 교차조사 시간이 종료된다.

●● 김다솔 학생은 교차조사를 통해 (1) KBS의 인적구조가 변하고 있다고 하나 그 내용을 살펴보면 역피라미드 형으로 문제가 많다는 점, (2) KBS의 내부개혁의 실질적인 내용이 부족하다는 점, (3) 공영방송으로서 KBS가 제 역할을 못한다면 이는 국민의 권리를 침해하는 것이라는 점, (4) 그동안 KBS 수신료는 동결되었으나 총수입액은 오히려 대폭 늘었다는 점, (5) 수신료 인상과 KBS의 공영방송 의지는 병행되어야 한다는 점을 지적하고 있다.

• 반대팀 2의 입안 │8분│

반대팀 2를 맡은 김한나 학생이 나와서 입안을 시작한다.

이수민│찬성 2   김정인│찬성 1   김다솔│반대 1   김한나│반대 2

반대팀 2를 맡은 김한나 학생이 연단에 서서 반대팀 두 번째 입안을 하고 있다. 발언 제한 시간은 8분이다.

다음은 김한나 학생의 반대팀 입안 발언 요지다.

팔리시 디베이트에서는 입안 단계에서 상대팀 반박이 시작된다.

"안녕하십니까? 〈KBS는 수신료를 인상해야 한다〉의 반대측 두 번째 입안을 맡은 김한나입니다. 먼저 저희측의 해결책을 제시하기 전 상대측께서 말씀해 주신 해결책에 대하여 먼저 말씀드리겠습니다. 상대측에서는 KBS가 공영방송으로서의 제 역할을 감당하기 위해서는 수신료 인상이 그 해결책이라고 말씀해주셨는데요. 저희는 두 가지 이유를 들어 이에 대하여 반대하는 바입니다. 첫 번째로는 정확한 구체적인 해결책과 제도의 개선 없이 먼저 수신료 인상을 요구하는 것은 근본적인 해결 방안이 아님을 말씀드리고 싶습니다. 두 번째 이유는 주 재원의 상업적인 면을 낮추기 위해 광고의 퍼센티지를 낮추고 수신료의 퍼센티지를 인상한다는 것은 표면적이고 단순한 발상이라는 것을 말씀드리고 싶습니다.

반대팀 해결책:
KBS의 내부개혁과 경영 마인드 쇄신으로 해결 가능하다.

이에 대해서 구체적이고 근본적인 해결방안을 저희측에서 제시하도록 하겠습니다. 저희측에서는 첫 번째로 공정성과 공공성의 확립이 KBS 공영방송으로서의 제 역할을 감당하는, 필수적인 상황이라고 말씀드리고 싶습니다. 구체적인 설명을 하자면 KBS가 적자구조를 직면하게 된 것은 친정부적이란 지적을 받았던 시기와 일치합니다. 이것을 본다면 KBS가 공정성과 공공성 확립을 통하여서 국민의 신뢰를 회복하게 되면 시청률이 회복되게 될 것이고 그에 따른 광고 수요 또한 해결될 것입니다. 그리고 이 광고 수요가 증가됨에 따라서 계약체결 과정 중 KBS가 주도권을 얻게 될 것이고 이를 통하여서 자본으로부터의 자유와 권력기관으로부터의 자유, KBS가 공영방송으로서 취합해야 하는 이 두 가지 사항들을 모두 다 얻게 될 것이라는 점입니다.

또한 저희가 제시한 해결책은 경제적으로 효율적인 것이라는 점을 말씀드리고 싶습니다. 이에 대한 구체적인 설명으로 2010년 기준 33.7%인 5,689억 원을 KBS는 수신료를 통해 재원으로 충당하고 있습니다. 총 1조 4,495억 원인 예산 중에서 말씀드린 것입니다. 이에 대해 KBS가 주장하는 것과 같이 4,000원으로 수신료를 인상하게 될 시 총 9,102억 원으로 인상되게 됩니다. 즉, 실제 인상 폭은 3,413억 원입니다. 하지만 저희측에서 말씀드린 것을 토대로 공공성과 공정성이 확립된 방송을 통하여서 국민의 신뢰도를 확보하게 된 KBS 광고 수익률을 계산해보면 8,300억 원으로 훨씬 더 큰 증가 폭이 있는 것으로 계산되었습니다.

두 번째 해결책으로는 KBS 경영 마인드의 변화를 말씀드리고 싶습니다. KBS와 직접적인 상관관계를 가지고 있는 EBS의 예를 들어보겠습니다. 2010년 EBS 뉴스를 토대로 보자면 EBS는 2,500원 중 70원, 즉 수신료의 2.4%만을 사용하고 있습니다. 이것은 KBS의 40%에 달하는 수신료 의존도에 비하면 굉장히 적은 양입니다. 그러나 EBS는 수능교재 판매, 카페 운영 등 다양하고 창의적인 발상들을 통하여서 경영 마인드로 이에 대한 문제점들을 해결하고 자체적으로 재원을 충당하고 있습니다.

그리고 또 다른 예로서는 좋은 방송 프로그램을 제작하여서 실제로 이익을 봤던 사례입니다. '대장금' 드라마를 예로 들면 '동아일보'에 실린 고정민 삼성경제연구소 수석연구원 자료에 의하면 '대장금'의 생산 파급효과는 10여 년에 걸쳐서 1,119억 원으로, KBS는 이를 통해 엄청나게 큰 규모의 수입을 10년 동안 취합하였습니다. 이것으로 볼 수 있듯이, 경영 마인드 변화를 통하여서 좋은 방송들을 만들어나가고 다양한 방법들을 모색한다면 자체적으로 재원 충당의 가능성은 충분하다고 말씀드리고 싶습니다.

그리고 찬성측께서 말씀해주신 수신료 인상의 해결책에 대한 난점으로는 KBS가 국민의 동의 없이 현재처럼 계속 수신료 인상을 주장하게 되면, 수신료를 내는 국민의 거부감이 점점 더 커질 것이고, KBS가 공정성과 공공성에 대한 해결책 없이 이 주장을 계속하게 된다면 국민의 신뢰도는 점점 더 떨어지고, 그렇게 된다면 광고 수입도 점점 더 줄어들 것입니다. 그리고 그로 인해 부족해진 재정을 결국 다시 정부에 의존하게 되어 더욱더 정부측에 편향된 시각을 보이게 될 것입니다. 이것을 악순환의 과정이라고 말씀드리고 싶은데요. 결국 근본적인 해결책은 수신료 인상을 요구하는 것이 아니라, 국민이 원하는 공정성, 공공성 확립을 충실히 이행하고 그리고 경영 마인드의 변화로 창의적이고 혁신적인 방법을 통하여 국제사회의 발전에 발맞춰야 KBS의 발전 또한 가능할 것이라고 말씀드리고 싶습니다.

이제 마지막으로 상대방이 앞서 하여주신 반박에 대하여 저희측의 입장을 분명히 하겠습니다. 첫 번째로 저희쪽이 제시한 적자구조 해결에 대해 상대측은 내부개혁 방안이 잘못된 방향이라고 말씀해주셨는데요. 저희는 이것에 대하여 다시 한 번 말씀을 명확히 해드리고 싶습니다. 내부개혁은 반드시 필요한 것이라고 생각합니다. 능력에 따라서 고위직이 늘어나는 것은 당연한 것이라고 생각됩니다. 그러나 저희가 말씀드리고 싶은 것은 이것이 과잉되었다는 것입니다. 하위직은 9.7% 줄어들고, 고위직은 7.6%로 계속하여 증가하고 있습니다. 이것이 과연 맞는 방안일까요? 저희가 말씀드리고 싶은 것은 현 고위직의 문제가 아닌, 계속해서 추가되고 있는 이 인력에 대한 것임을 분명히 말씀드리고 싶습니다.

그리고 두 번째로 상대측에서는 KBS와 EBS를 제외한 다른 방송들은 민영방송이기 때문에, 민영방송이 광고를 통하여서 재원을 마련하는 것은 옳은 방법이라고 말씀해주셨습니다.

그러나 저희측에서 말씀드리고 싶었던 것은…… 맞습니다. 다른 민영방송들은 광고를 통하여 수입을 얻는 것이 맞습니다. 그러나 그 주요 수입원이 광고인 것이지 자본에 휘둘리는 것은 결코 국민의 입장으로서는 좋은 것이 아니고, 우리 한국 미디어의 환경 또한 상업적으로 몰아가는 것이 결코 옳은 것이 아님을

찬성팀 해결책의 난점:
찬성팀의 해결책은 국민의 거부감을 불러일으킬 것이고, 신뢰도를 떨어뜨릴 것이다.

찬성팀의 반박 내용에 대한 재반박을 통해 반대팀의 입장을 분명히 하고 있다.

말씀드리고 싶습니다.

그리고 마지막으로 상대측에서 9배 증가한 것은 너무 포괄적인 것이 아니냐고 말씀하셨는데요. 이에 대한 자세한 자료를 말씀드리도록 하겠습니다. 2016년 3월 9일에 나온 신문 기사에 의하면 2008년 5,468억 원이었던 수신료는 2014년 6,080억 원으로, 즉 11.2%나 증가하였습니다. 이것은 불과 2년 전의 일인데요. 이것을 통하여 KBS가 수신료를 통해 얻게 된 수입이 결코 줄어드는 것이 아니라 오히려 지속하여 상승세를 보이고 있다는 것을 다시 한 번 말씀드리고 싶습니다. 감사합니다."

●● 김한나 학생은 반대팀 입안자 1에 이어서 해결책을 제시했다. 우선 찬성팀이 제시한 해결책에 여러 가지 문제점이 있음을 지적하고, 내부개혁과 경영 마인드 쇄신이라는 반대팀의 해결책이 더욱 타당하다는 점을 제시했다. 이어서 반대팀의 해결책을 채택할 때 생기는 이점을 정리해서 발언했다. 이어서 찬성측의 반박 내용을 재반박하면서 반대팀의 입장을 옹호하고 있다.

• 교차조사 │3분│

반대팀 2의 입안 직후 찬성팀에서 준비시간 1분을 요청한다.

준비시간 중 상의하는 모습이다. 반대팀도 이때 같이 상의해도 되는데, 김한나 학생은 연단에 서서 따로 준비하고 있다.

이수민 │찬성 2   김정인 │찬성 1   김다솔 │반대 1   김한나 │반대 2

준비시간이 끝난 후, 교차조사가 시작된다. 이때 반대팀 2를 맡은 학생은 계속 연단에 남아 있는다. 찬성팀 2를 맡은 학생이 일어서서 질문한다.

반대팀 2를 맡은 김한나 학생은 계속 연단에 남아 있고, 찬성팀 2를 맡은 이수민 학생이 일어서서 질문을 시작한다. 발언 제한 시간은 3분이다.

이수민 | 찬성 2　　김정인 | 찬성 1　　　　김다솔 | 반대 1　　김한나 | 반대 2

이수민 학생과 김한나 학생의 질문과 답변 요지는 다음과 같다.

방금 반대팀 2가 한 발언에 대해 찬성팀 2가 질문한다. 이때 찬성팀은 질문만 하고, 반대팀은 답변만 한다.

- **이수민 학생**: 예, 찬성측 질문하겠습니다. 우선 아까 제도의 개선이 없는 KBS 수신료 인상은 방안이 아니라고 말씀하셨는데 제도의 개선이 꼭 인력 감축이어야만 합니까?

- **김한나 학생**: 아닙니다. 저희가 말씀드린 것은…….

- **이수민 학생**: 여기까지 하고 제 이야기 계속하겠습니다. 우선 KBS가 '정도전'과 '장영실' 등 사극을 17개국에 수출을 추진하고 있다는 점에 대해 알고 계십니까?

- **김한나 학생**: 네, 알고 있습니다.

- **이수민 학생**: 그렇게 했을 경우에 아까 말씀하셨던 '대장금'의 이야기와 맞지 않는다는 생각이 듭니다. 경영 마인드가 많이 변하고 있다는 이야기로 들리는데 거기에 동의하십니까?

- **김한나 학생**: 아닙니다. 단순히 좋은 프로그램 하나가 해외 수출 중에 있다고 하여서 그것이 경영 마인드의 변화가 있다는 것으로 판명되지는 않습니다.

• **이수민 학생**: KBS 입장에서는 수신료 인상에만 집중하는 것이 아니라 해외 수출을 위한 자구적인 목표를 추구하고 있다는 것인데, 거기에 대해서 그렇게 말씀하시는 것에 대해서는 경영 마인드 변화라고 보지 않는다는 것이 맞지 않는다고 보입니다. 다른 질문을 하겠습니다. 우선 EBS의 예시를 들었는데 공영방송의 존립에는 안정적인 재원이 있어야 합니다. 그런데 EBS의 경우가 특수한 사례라는 것을 인정하십니까?

• **김한나 학생**: 네, 인정합니다.

• **이수민 학생**: 그렇기 때문에 공영방송으로서는 불안전한 구조라는 것에도 동의하십니까?

• **김한나 학생**: 네, 그 불안전한 구조를 구축한 것은 바로 KBS와 EBS 사이에 수신료 분할 과정에서 있었던 것으로 판명됩니다.

• **이수민 학생**: 하지만 EBS 같은 경우에는 다른 재원을 충분히 얻을 수가 있기 때문에 KBS 같은 경우에는 그런 적은 비중이 어쩌면 불가피한 내용이라고 보여집니다.

• **김한나 학생**: 그에 대해서 말씀드리겠습니다. EBS는 단순한 교육방송입니다. 그러나 KBS는 교육에 국한되어 있지 않고, 더욱더 많은 사례들과 많은 주제들을 다룰 수 있음에도 불구하고 그에 착안한 창의적인 방안들을 내놓지 않았습니다. 그럼으로써 오히려 EBS보다 더욱더 많은 기회가 주어졌음에도 불구하고 그것을 통하여서 극복하지 못하는 것으로 생각됩니다.

• **이수민 학생**: 저희가 보기에는 17개국에 수출을 계속 준비하고 있다는 내용만으로도 충분히 경영 마인드의 변화에서는 맞는 역할을 하고 있다고 생각이 들고요. 아까 9배 인상이 너무 포괄적이라고 말씀하셨는데 저희는 그렇게 말씀드린 적이 없습니다. 거기에 대해서 인정하십니까?

• **김한나 학생**: 언어의 선택이 잘못되었지 결국 상대측에서 말씀하신 것이 그것과 같은 선상에 있다고 말씀드리고 싶습니다.

• **이수민 학생**: 저희는 9배 인상이라는 수치에만 집중할 것이 아니라 우선 다른 물가상승률도 고려해야 한다는 의견이었는데 제가 보기에는 맞지 않는다고 생각됩니다.

• **김한나 학생**: 물가상승률을 고려해서 9배가 증가했다는 것을 말씀드리고 싶

습니다. 물가상승에 대해서 인정합니다. 그러나 물가상승과 비교해서도 9배가 증가했다는 것은……

• **이수민 학생**: 저희가 또 조사한 것으로는 9배 증가한 것이 기존 수취방식이 변화하면서부터라고 알고 있습니다. 그것에 대해서 알고 계십니까?

• **김한나 학생**: 네.

●● 이수민 학생은 교차조사를 통해 (1) KBS는 이미 드라마의 해외 수출 노력 등 자구적인 노력을 하고 있다는 점, (2) KBS와 EBS는 비교할 수 없는 상황이라는 점, (3) 그동안 수신료 총수입이 9배 인상되었으나, 이는 물가상승률을 고려하지 않았다는 점을 지적하고 있다.

• **반대팀 1의 반박** |5분|

반대팀 2의 입안 직후 교차조사 후 반대팀에서 준비시간 1분을 요청한다.

준비시간 동안 팀별로 상의하고 있다.

이수민 |찬성 2   김정인 |찬성 1   김다솔 |반대 1   김한나 |반대 2

반대팀의 준비시간 종료 후, 또다시 반대팀에서 준비시간 30초를 요청한다.

추가 준비시간 30초 동안 팀별로 상의하고 있다.

이수민 | 찬성 2　　　김정인 | 찬성 1　　　　　　김다솔 | 반대 1　　　김한나 | 반대 2

반대팀 1의 반박이 시작된다. 팔리시 디베이트에서는 반대팀 2의 입안 후 연달아 반대팀 반박이 이어지는 것에 유의한다. 　팔리시 디베이트에서 반박은 반대팀부터 시작한다.

반대팀 1을 맡은 김다솔 학생이 반대팀 첫 번째 반박 발언을 하고 있다.

이수민 | 찬성 2　　　김정인 | 찬성 1　　　　　　김다솔 | 반대 1　　　김한나 | 반대 2

김다솔 학생의 발언 요지는 다음과 같다.

"안녕하십니까? 〈KBS는 수신료를 인상해야 한다〉의 반대측 첫 번째 반박을 맡은 김다솔입니다. 먼저 반박에 앞서 찬성측 리뷰를 해보겠습니다. 지금 찬성측에서는 KBS가 재정난에 시달리고 있는 상황을 언급하면서 이의 대안으로 수신료 인상이 유일하다는 점을 밝혔습니다. 30여 년간 동결되었던 수신료로는 공영방송으로서의 질을 올리기가 힘들며, 지금 수신료를 2,500원에서 4,000원으로 인상한다면 여러 가지 이점이 있다고 밝혔는데요. 그 이점의 첫 번째로는 상업의존도를 낮춤으로써 공영성을 회복할 수 있다, 두 번째로는 EBS에 더 많은 지원을 함으로써 EBS의 질을 높일 수 있다, 세 번째로는 세계 시장으로 도약해서 더 발전할 수 있다, 네 번째로는 과도기 미디어 시장과 뉴미디어의 활성화로 수신료 인상이 불가피하다는 것을 밝혔습니다.

지금부터 저희 반대측에서 하나씩 반박을 해보겠습니다. 첫 번째로 상업의존도를 낮추고 공영성을 회복할 수 있다고 하였는데, 상업의존도를 낮출 수 있다는 것은 광고를 줄임으로써 공영성을 회복할 수 있다는 입장으로 보입니다. 하지만 저희 반대측 생각으로는 광고만 줄인다고 공공성과 친정부적이라는 비판을 받고 있는 방송을 과연 되돌릴 수 있을까 하는 의문이 든다는 점입니다. 이에 대한 대답이 확실치 않기 때문에 국민의 반발이 심한 것으로 판단이 됩니다. KBS가 지금까지 내부개혁을 지속적으로 시도하고 공공적인 태도를 유지하도록 노력했다면, 국민 또한 수신료 인상에 대해 조금의 반발은 있었겠지만 그래도 따라주었을 것이라고 생각이 듭니다. 그러나 아까 언급했던 것처럼 JTBC 여론조사에 따르면, 지금 현재 수신료 인상에 대해서는 19.8%만이 찬성하고 있는 입장입니다. 수신료 인상을 통해서 광고를 줄이겠다는 입장은 나쁘진 않겠지만, 사업의존도를 줄인다고 해서 그런 방송의 질이 다시 회복될 수 있을지는 의문점입니다.

또한 지금 두 번째 이점으로 EBS에 대해 찬성측에서 말씀하셨는데요. 지금 현재 수신료 2,500원 중에서 EBS가 가져가고 있는 돈은 단 75원에 불과합니다. 이것은 현저히 낮은 수치로서 EBS가 아무리 수능 교재를 출판하고 따로 자체적으로 운영하고 있다고 해도 이것은 현저히 낮은 수치라고 생각이 듭니다. 지금 EBS가 이러한 현저히 낮은 수치의 수신료를 받으면서도 충분히 운영이 되고 있다면, KBS에서도 이에 대해서 무언가 많은 생각을 해봐야 한다고 생각이 듭니다.

세 번째로는 세계시장으로 도약할 수 있다고 말씀하셨는데, 저희측에서는 지금 현재 KBS가 국내에서 많은 비판을 받고 있고 여러 문제를 일으킨다고 보기 때문에 이러한 문제를 먼저 해결해야지 세계시장으로 도약할 수 있을 것이라고 봅니다. 지금까지 찬성측과 반대측에서 여러 가지 쟁점이 오갔는데요. 첫 번째 쟁점은 수신료 인상을 통해서 하는 광고 철폐가 과연 미디어 시장의 활성화를 일으킬 것인가 아니면 상업화를 이룩할 것인지였습니다. 찬성측에서는 KBS에서 광고를 폐지하게 되면 전체적인 미디어 활성화가 일어날 것이라고 예상했지만, 저희측에서는 이것이 결국 광고가 옮겨지는 현상만 남길 것이라고 보며, 이러한 공약 또한 KBS가 친정부적인 이면을 띠고 있다고 비판하는 바입니다. 정부는 지금 현재 종편 키우기 정책을 이끌고 있는데 KBS가 광고를 폐지하게 되면 이는 결국 종편으로 광고가 넘어가게 되고, 이것이 결국 친정부적인 경향을 띤다는 것이 저희측의 입장입니다.

또한 지금 현재 내부개혁으로 KBS가 이런 적자를 탈피할 수 있을까 하는 것이 또 다른 쟁점이었다고 보는데 찬성측에서는 내부개혁이 불가능하다, 내부개혁으로 적자를 해결하는 것이 불가능하다고 본 반면, 저희측에서는 이것이 충분히 가능하다고 보고 있습니다. 아까 앞서서 언급했던 것처럼 저희측에서는 인사 조정에서도 크게 개선되어야 된다고 보고, 또한 KBS 사장을 뽑는 그런 구조라든가 아니면 체계적인 경영권을 도입하여 충분히 해결할 수 있을 것이라고 봅니다.

저희 반대측은 이러한 입장에서 KBS가 내부개혁을 통해 충분히 이러한 적자를 탈피할 수 있을 것이라고 보고, 더 좋은 프로그램을 만들어서 KBS 스스로가 국민의 힘을 빌리지 않고 일어날 수 있을 것이라고 믿는 바입니다. 이상입니다.”

●● 김다솔 학생은 반대팀 첫 번째 반박 순서에서 우선 찬성측의 논거에 대해 하나하나 반박했다. 이어서 오늘의 디베이트에서의 쟁점을 두 가지로 정리했다. 첫 번째 쟁점으로는 수신료 인상을 통해서 하는 광고 철폐가 과연 미디어 시장을 활성화시킬 것인가, 아니면 오히려 상업화를 촉진할 것인가라는 점을 지적했다. 또 두 번째 쟁점으로는 내부개혁으로 KBS가 적자를 탈피할 수 있을

• 찬성팀 1의 반박 | 5분 |

반대팀 1의 반박 직후 찬성팀에서 준비시간 2분을 요청한다.

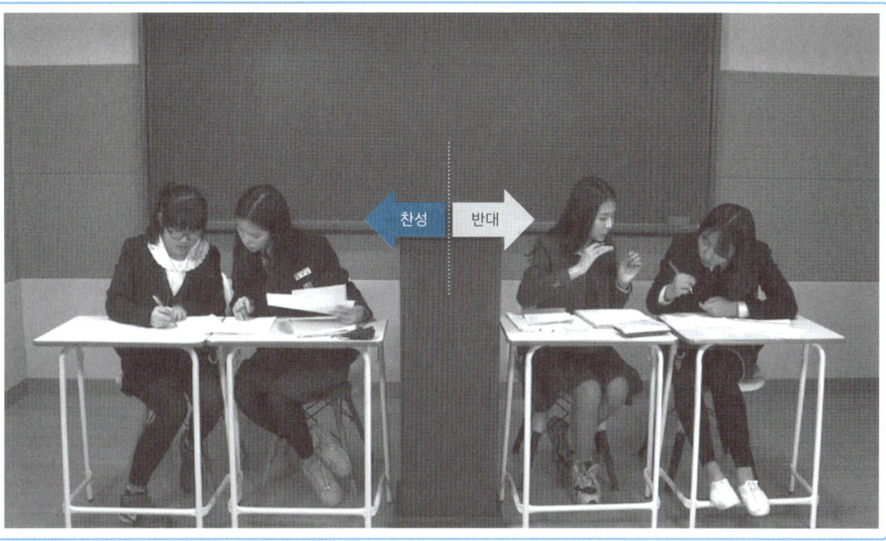

이수민 | 찬성 2   김정인 | 찬성 1   김다솔 | 반대 1   김한나 | 반대 2

찬성팀 1을 맡은 김정인 학생이 반박을 시작한다.

이수민 | 찬성 2   김정인 | 찬성 1   김다솔 | 반대 1   김한나 | 반대 2

다음은 김정인 학생의 찬성팀 반박 발언 요지다.

"안녕하십니까? 〈KBS는 수신료를 인상해야 한다〉의 첫 번째 반박을 맡은 김정인입니다. 먼저 반박에 앞서 지금까지 찬성팀과 반대팀에 대한 리뷰를 해보도록 하겠습니다. 우선 저희팀의, KBS가 수신료를 인상해야 하는 첫 번째 이유는 공영방송의 정체성 확립과 공익적 책무를 위해서였는데요. 이에 대해 상대팀께서는 다른 해결방법이 있다고 말씀하시며 공정성을 확립하게 된다면 시청률이 올라가게 될 것이고 시청률이 올라가게 된다면 광고 주도권을 잡게 되어 부족한 재원을 회복할 수 있을 것이라고 말씀하셨습니다.

또한 두 번째 적자구조에 대해서는 KBS의 현 적자구조는 KBS의 경영의 문제이지 단순히 수신료 부족이 아니라고 말씀하시면서 이에 대한 사례로 EBS와 '대장금'의 사례를 언급하였습니다. 또한 마지막으로 저희팀에서는 수신료가 35년간 동결되었다는 점을 강조하면서 KBS가 수신료를 인상해야 한다는 점을 언급했는데요. 이 부분에 대해서 상대팀께서는 실제 수입은 한전에 포함되면서 9배 인상되었고, 또한 이중과세에 대한 이야기를 하시면서 지금까지 이런 이야기가 오고갔는데요. 이에 대해 저희팀의 반박을 시작해보도록 하겠습니다.

우선 상대팀께서는 다른 해결방법이 있고 이것은 공정성 확립을 통해서 시청률을 높이는 것이라고 말씀하셨는데, 이에 대해서 저희가 드리고 싶은 말씀은 이것은 근본적인 해결 방법이 아니라고 말씀드리고 싶습니다. 왜냐하면 지금 KBS 자체에서 수신료 비중이 너무 높기 때문에 상업적 공영방송으로 분류되며 공영방송 역할을 하지 못하고 있는데, 이것을 또다시 광고로 해결한다는 것은 광고로서 잘못된 것을 광고로 다시 해결한다는 점에서 논리에 맞지 않는다고 생각하고요. 이것은 오히려 시청률 지상주의나 또한 광고 시장 경쟁 등을 더욱더 가중시키는 해결방안으로 생각됩니다.

또한 두 번째로 KBS 적자구조에 대해서는 KBS 경영 마인드를 이야기하시면서 EBS를 언급하셨는데, 이에 대해서 저희팀이 드리고 싶은 말씀은 EBS는 정말 특별한 케이스임을 말씀드리고 싶습니다. EBS는 교육부에서 EBS를 수능 교재 등으로 지원하면서 대한민국의 수많은 고등학생들은 모두 EBS로 수능을 준비하면서 나아가는데, 이것을 지금 KBS와 비교하는 것은 옳지 않다고 생각합니다. KBS가 지금 당장 EBS처럼 또 다른 교육방송으로서 문제집을 만들 수 있는 것도 아니고, 이것을 단순히 EBS가 자구적으로 해결하였다고 보아 KBS가 공영방송의 역할을 하고 있지 않다고 말씀하시는 것은 억지라고 생각되고요.

또한 말씀드리고 싶은 것은 이에 대한 사례로 '대장금'을 말씀하셨는데 '대장금'은 2004년에 57.8%의 놀라운 시청률을 나타낸 것은 사실이지만, 우리가 주목해야 될 것은 2004년이나 KBS가 최고 시청률 63.5%를 기록했던 1999년의 경우에는 케이블 또는 종편방송 등이 없었을 때입니다. 이러한 때는 아무래도 지상파 방송 3군데나 혹은 케이블 TV의 수도 얼마 되지 않았기 때문에 이런 시청률이 나올 수 있었다고 생각되고요.

또한 상대팀께서 지금 상업 의존도 비율을 낮추면 친정부적인 지금의 KBS의 모습을 되돌릴 수 있는가라고 말씀하셨는데, 제가 말씀드리고 싶은 것은 이렇게 수신료를 높였을 때 우리가 상업적인 부분에서 어느 정도 자유로울 수 있다는 점을 말씀드리고 싶습니다. 예를 들어서 삼성에서 근무하던 어떤 사람이 백혈병이라는 문제를 갖게 됐을 때 KBS는 삼성이 그 누구보다도 큰 광고주 중의 하나였기 때문에 이것에 대한 보도를 할 수 없었고요.

또한 지금 상대팀에서 계속 말씀하고 계신 것은 KBS가 광고를 받지 않게 된다면 전체적 미디어 시장의 확산이 아니라 오히려 종편으로 광고를 몰아주는 것이 아니냐고 말씀하셨는데, 이에 대해서 저희팀이 말씀드리고 싶은 것은 아무리 종편의 시청률이 높다고 한들 지금 3월 8일 자료에 의하면 KBS와 SBS, MBC가 각각 27.5%, 14.2%, 12.9%의 시청률을 나타내고 있는 것에 비해 종편이나 케이블은 JTBC 3.8%, tvN 3.6%를 나타내고 있습니다. 이걸 통해서 알 수 있는 것은 그런 광고 흘러내림 현상으로 가장 이득을 보는 것은 우선적으로 SBS와 MBC 같은 지상파 방송이지, 결코 절대적으로 종편 몰아주기가 아님을 다시 한 번 말씀드리고 싶습니다. 감사합니다."

●● 김정인 학생은 첫 번째 반박 순서에서 우선 찬성팀의 입장을 다시 한 번 정리했다. 이어서 반대팀의 논거별로 왜 찬성팀이 동의할 수 없는지를 하나하나 반박했다.

찬성팀 1의 반박 직후 반대팀에서 남은 준비시간 2분 30초를 모두 쓰겠다고
요청한다.

준비시간 동안 반대팀원끼리
상의하고 있다.

김다솔 | 반대 1　　　　　　　　　　김한나 | 반대 2

반대팀 2의 반박이 시작된다. 반대팀으로서는 마지막 발언 기회다.

반대팀 2를 맡은 김한나 학생
이 반대팀 두 번째 반박 발언
을 하고 있다. 발언 제한 시간
은 5분이다.

이수민 | 찬성 2　　　김정인 | 찬성 1　　　　　김다솔 | 반대 1　　　김한나 | 반대 2

김한나 학생의 발언 요지는 다음과 같다.

"〈KBS는 수신료를 인상해야 한다〉의 반대측 두 번째 반박을 맡은 김한나입니다. 저희는 이번 디베이트의 쟁점으로 세 가지를 추려보았는데요. 첫 번째는 KBS의 수신료, 두 번째는 광고제도 폐지, 세 번째는 경영마인드 부족입니다. 첫 번째 쟁점, KBS의 수신료에 대한 상황으로는 찬성팀에서는 KBS 수신료 인상이 공영방송으로서의 역할을 충실히 하기 위해서 필요하고 이것은 국민이 마땅히 내야 하는 책임이라고 말씀하셨습니다. 그러나 저희측에서는 이것은 KBS가 본인들 입장에서만 취합해낸, 이끌어낸 결론일 뿐이고 오히려 국민에게 책임을 전가하고 부담을 주는 것이라고 말씀드리고 싶습니다.

두 번째 광고제도 폐지에 대해서는, 광고제도 폐지가 아닌 광고의 퍼센티지를 낮추는 상황에 대해서 첫 번째로 찬성측에서는 이것을 통하여 자본으로부터 해방될 수 있다고 말씀해주시면서 삼성의 예를 들어 주셨습니다. 그러나 저희측에서는 광고 퍼센티지를 낮춤으로써 자본으로부터 해방된다는 것은 굉장히 단면적이고 너무 흑백적인 해결책이라고 말씀드리고 싶습니다. 저희는 오히려 이 광고제도를 옳은 방법으로 잘 활용하여 사회적으로 더 좋은 영향을 미칠 수 있다는 것을 말씀드리고 싶은데요. 시청률은 사람들이 얼마나 그 방송을 많이 시청하고 있는지에 따라 달라집니다. 현재 시청률 지상주의는 부정적인 의미로 받아들여지는데요. 그런데 저희는 이것을 긍정적인 의미로 해석하고 싶습니다. 국민이 좋아하고 국민이 선호하는 방송을 통해서 이끌어낸 시청률을 통한 광고에 대한 수요 인상, 그것을 통한 주도권을 획득함으로써 국민이 원하는 방송을 이끌어내고 자본으로부터 독립된 방송을 이끌어낼 수 있는 것이라고 말씀드리고 싶습니다. 삼성에 대한 예를 살펴보면, KBS가 삼성의 말을 들을 수밖에 없었던 이유는 삼성이 큰 재원으로서의 역할을 하고 있었기 때문인데요. 저희가 말씀드린 이런 해결책을 통하여서는 KBS가 삼성이 아닌 다른 많은 재원들을 다른 많은 광고주들 중에서 채택할 수 있게 됨으로써, 단순히 큰 기업이나 거대한 기업의 재원으로부터 영향받는 것이 아니라 그것을 적절하게 골라내고 산출해낼 수 있어서 KBS에 있어서 긍정적인 역할을 할 수 있다는 것을 말씀드리고 싶습니다.

그리고 마지막으로 경영 마인드에 대해서는 KBS측에서는 이미 해외 진출 등이나 다양한 방법을 통하여 진행되고 변화되고 있다고 말씀해주셨습니다. 그리고 EBS와의 구조적인 문제는 다른 것이므로 이것과의 비교는 옳지 못하다고 말씀해주셨는데요. 그 점에 대해서는 첫 번째로 단순히 해외시장에 드라마를 보급하는 것만으로 경영 마인드가 바뀌고 있다고 말씀하는 것은 옳지 않다고 말씀드리고 싶습니다. 저희가 말씀드리고 싶은 구조적 변경은 단순히 표면적이고 일부 부분적인 것이 아니라, 정부의 구도를 따르고 있는 KBS의 이사회 같은 구조적인 문제들과 또한 새로운 방송을 창의적으로 이끌어내는 EBS가 교육방송으로서 교육과정에 부합한 해결책을 이끌어낸 것처럼, KBS가 공영방송으로서 국민의 방송으로서 그에 부합한 더욱 창의적이고 다양한 방송들을 만들어내겠다는 경영 마인드의 변화였습니다.

마지막으로 저희 반대측에서 말씀드리고 싶은 것은 KBS는 현재 공영방송으로서의 역할을 다하지 못한 결과를 국민에게 수신료를 부과하여 만회하려고 하고 있습니다. 이것은 명백한 책임전가이고 자신들의 업무와 역할을 충실히 하지 못한 것을 메우기 위한 수단으로 국민의 수신료, 즉 국민의 돈을 요구하고 있는 것인데요. 과연 KBS가 최선의 노력을 다하고 그에 대한 피치 못할 사항으로서 수신료 인상을 요구하는 것인지, 아니면 단순히 자신들이 해결하지 못한 문제를 국민에게 부담시키고 있는 것인지 다시 한 번 재고해보기를 요청하는 바입니다. 감사합니다."

●● 김한나 학생은 오늘 디베이트의 세 가지 쟁점을 정리했다. 첫 번째는 KBS 수신료 인상이 공영방송을 위한 필연적 선택인지의 여부, 두 번째는 광고제도 폐지와 공영방송의 관계, 세 번째는 KBS 자체의 경영 마인드 부족 여부였다. 김한나 학생은 이들 세 가지 쟁점에 대해 자기팀의 입장을 옹호하고, 이어서 마지막으로 자기팀의 입장을 정리했다. 'KBS 수신료 인상 요구는 공영방송으로서 제 역할을 다하지 못하면서 오히려 국민에게 부담을 지우려는 억지일 뿐이고, KBS는 스스로 노력을 통해 이 문제를 해결해야 하는 것이 맞다.'라는 것이다.

반대팀 2의 반박 직후 찬성팀에서 남은 준비시간 1분을 모두 쓰겠다고 요청한다.

준비시간 동안 찬성팀원끼리 상의하고 있다.

이수민 | 찬성 2　　　　　　김정인 | 찬성 1

찬성팀 2의 반박이 시작된다. 찬성팀으로서도 마지막 발언이다.

찬성팀 2를 맡은 이수민 학생이 찬성팀 두 번째 반박 발언을 하고 있다. 발언 제한 시간은 5분이다.

이수민 | 찬성 2　　　김정인 | 찬성 1　　　　김다솔 | 반대 1　　　김한나 | 반대 2

이수민 학생의 발언 요지는 다음과 같다.

"〈KBS는 수신료를 인상해야 한다〉의 찬성측 두 번째 반박을 맡은 이수민입니다. 지금까지 앞의 내용을 되짚어보겠습니다. 우선 저희 찬성측에서는 수신료 인상이 가장 합리적인 해결책이라고 주장하였습니다. 반대측에서는 내부개혁을 통한 재정 감축을 주요 해결책이라고 이야기하셨습니다. 또한 경영 마인드를 변화시켜 '대장금'의 예와 같이 다른 나라들에 수출 계획 등을 세워야 한다고 말씀하셨습니다. 또한 반대측에서는 종편 몰아주기가 되는 것이 아니냐는 우려를 말씀하셨고 저희측에서는 어차피 혜택이 간다면 지상파 위주지, 종편에 먼저 혜택이 간다는 것에 대해 동의하지 않는다는 내용을 앞서 말씀드렸습니다. 여기에 대해서 저희쪽에서 계속 말씀드리겠습니다.

우선 거듭 말씀드렸다시피 KBS는 '장영실', '정도전' 등의 드라마 수출을 적극적으로 추진하고 있을 뿐만 아니라 이미 시리즈 대부분을 수출하고 있습니다. 특별한 성공 예시를 이야기하면서 KBS는 아무런 노력을 하지 않는다고 이야기하신다면, 조금 더 해외에서 반응이 올 때까지 지켜봐야 할 것이 아니냐는 것이 저희측의 의견입니다. 우선 KBS는 최대한 자구적 노력을 하기 위해 방안을 모색하고 있는 입장이기 때문에 국민의 입장에서는 KBS가 더 나은 해결방안을 찾을 때까지 지켜봐주는 것이 맞다고 보입니다.

또한 KBS가 국내에서 많은 비판을 받고 있다는 것에 대해서는, 정치적인 색깔에 대한 것을 지금 수신료 인상 문제에서 다룰 문제는 아니라고 생각했습니다. 또한 시청률이 올라가면 광고 주도권을 잡게 될 것이라고 말씀하셨습니다. 하지만 이것은 어쩌면 광고총량제와 다를 바가 없다고 생각합니다. 상업성이 높아진다는 것은 광고를 사용했을 때 어쩔 수 없이 불가결하게 다가오는 문제입니다. 그것을 해결하기 위해서 공영방송이 있는 것인데, 공영방송의 입지를 다지려고 지금 수신료 인상 문제를 이야기하는데, 상대편에서는 자꾸 광고를 잘 이용하라고 말씀하신다면 맞지 않는 해결방안이라고 보입니다. 그것이 저희측의 의견이고요. 아까 말씀하신 이상적인 해결방안이라고 한 것 말씀입니다. 시청률이 올라가면 광고 주도권을 잡게 될 것이라고 말씀하셨던 거 말입니다. 예시로 들었던 MBC '대장금'이 높은 시청률을 기록했지만 2003년도라는 연도도 잘 기억해놔야 될 것 같고, 지상파 위주의 방송이 진행되었던 시점이라는 것도 다시 한 번 인식해주셨으면 좋겠습니다. MBC가 드라마 왕국이라고 불렸던 때라는 것도 함께 기억해주셨으면 더 좋을 것 같고요. 9배 물가대비에 대해서도 리서치가 잘못되었다고 저희측은 주장합니다. 저희가 주장하는 내용에서는 9배라는 내용은 기존의 수취 방법이 바뀌면서 9배가 늘었다는 데서 나온 금액인 것 같고요.

BBC 이야기도 하셨습니다. BBC는 물가연동제이기 때문에 물가연동 플러스마이너스 1.5%로 매년 수신료를 갱신하고 있습니다. BBC와 같은 결과를 얻기 위해서는 우리도 마땅한 물가연동제를 사용해야 맞는 결과를 이루어낼 수 있는 내용이라고 생각하기 때문에 반대측의 입장은 맞지 않는 논리라고 생각됩니다. 재원 규모 자체가 같지가 않습니다. 그런데 어떻게 똑같은 결과를 추구할 수 있겠습니까? 그리고 다시 한 번 말씀드리지만 EBS 같은 경우는 특출한 경우입니다. 개인적인 자원 규모를 누리고 있는 입장에서 똑같은 수신료 비율을 받는다는 것 자체도 말이 되지 않을 뿐만 아니라, 우선 이 수신료 인상을 통해서 지금 불안정한 EBS의 재원 규모를 안정적으로 바꾸자는 의견이기 때문에 우선 수신료 인상을 통해서 전체적인 안정을 취하자는 것이 저희측의 의견입니다. 그리고 KBS는 시청자위원회를 통해서 시청자들과 계속된 의견을 나누고자 합니다. 하지만 다른 사람들이 그런 내용을 모르면서 KBS는 독자적으로 행동하려 한다고 말씀하시는 것에 대해서도 다시 바로잡아야 할 내용이라고 생각합니다. 그렇기 때문에 저희측은 KBS 수신료 인상에 적극적으로 찬성하는 바입니다. 감사합니다."

●● 이수민 학생은 찬성팀과 반대팀의 해결책을 비교하면서 이미 KBS는 자구 노력을 충분히 하고 있다고 옹호했다. 이어서 광고 주도권을 통한 문제 해결이라는 상대팀의 관점은 공영방송이라는 KBS의 정체성을 감안할 때 해결책이 될 수 없다고 지적하고 있다. 또한 EBS와 KBS를 수평 비교하는 것도 적절하지 않다고 지적하고 있다. 결국 찬성팀은 'KBS의 현재 문제를 해결하기 위한 수신료 인상은 불가피한 선택이다'라고 주장하고 있다.

이로써 모든 디베이트가 끝났다. 참가 학생들은 열심히 임했다. 팔리시 디베이트는 쉽지 않다. 1시간 넘게 디베이트를 해야 하고, 준비하는 데도 시간이 많이 든다. 하지만 이런 식으로 같은 주제로 1년간 디베이트를 하면 참가자들은 그 주제에 관한 한 준전문가가 된다. 바로 이것이 팔리시 디베이트의 목표다.

4 동영상으로 보는 팔리시 디베이트의 실제 진행 ②

| **주제** | KBS는 수신료를 인상해야 한다

이번 디베이트에 참여한 학생들은 김정인(글로벌선진학교12), 김한나(글로벌선진학교12), 김서희(글로벌선진학교12), 원종현(청심국제고2) 학생이다.

동전 던지기를 통해 찬반이 결정된다. 찬성팀은 왼쪽, 반대팀은 오른쪽에 앉는다. 찬성팀은 왼쪽부터 김정인(글로벌선진학교12). 원종현(청심국제고2), 반대팀은 김한나(글로벌선진학교12), 김서희(글로벌선진학교12) 학생이다.

김정인 | 찬성 2   원종현 | 찬성 1   김한나 | 반대 1   김서희 | 반대 2

이번 동영상 제작에 참여한 학생들 중 두 명은 팔리시 디베이트 첫 번째 동영상에 나왔던 학생들이다. 중간에 사정에 생겨 두 학생이 빠졌기 때문이다. 리서치 부담이 너무 커서 같은 주제를 주었다. 역시 두 달 정도 준비했고 집중적으로 연습한 것은 한 달이다. 이 점을 감안해주기 바란다.

• 찬성팀 1의 입안 │8분│

찬성팀 입안으로 디베이트를 시작한다. 찬성팀 중에서 한 명이 나와 오늘의 주제인 〈KBS는 수신료를 인상해야 한다〉에 대해 찬성 발언을 시작한다. 입안의 골격은 중대성 – 내재성 – 해결책 – 이점 – 의제성의 순서다. 이 중 어느 부분까지 하고, 나머지 어느 부분을 찬성팀 2에 맡길지는 팀의 재량이다.

찬성팀 1은 현재 상대방으로부터 아무런 이야기를 듣지 못한 상태다. 따라서 상대방에 대한 반박 발언은 포함되지 않는다.

찬성팀 1을 맡은 원종현 학생이 나와서 입안을 시작한다.

찬성팀에서 한 명이 나와 첫 번째 입안 발언을 시작한다. 원종현 학생이 연단에 서서 발언하고 있다.

김정인│찬성 2   원종현│찬성 1   김한나│반대 1   김서희│반대 2

다음은 원종현 학생의 찬성팀 입안 발언 요지다.

팔리시 디베이트의 입안에서는 해당 주제에 대한 우리팀의 입장이 왜 옳은지 필수 쟁점을 중심으로 논거를 제시한다. 필수 쟁점은 중대성 – 내재성 – 해결책 – 이점 – 의제성의 순서로 제시한다.

찬성팀에게는 입안 순서가 두 번 있는데, 둘의 역할 분담은 팀별 재량이다.

"안녕하십니까? 〈KBS는 수신료를 인상해야 한다〉의 찬성측 첫 번째 입안을 맡은 원종현입니다. 1981년 한국방송공사인 KBS가 한 달 수신료를 2,500원으로 책정한 이후 지금 2016년까지 동결되었습니다. 단 한 번도 오른 적이 없었습니다. 그러나 KBS의 유지비용은 지속적으로 늘어가며 2013년 6월 말을 기준으로 적자가 약 266억 원에 육박하는 것으로 드러났습니다. 동결된 수신료 탓에 KBS는 다른 재원을 찾아 나서야 했으며, 그 일환으로 찾게 된 것이 광고 재원과 정부지원금입니다. 허나 이를 충당할 수 있을 만큼 광고 수익이 크지 않은 상태에서 KBS는 지속적인 자금난에 시달리게 되었고, 이는 교착 상태에 이르게 되었습니다. 이런 측면에서 저희측은 이제 KBS는 수수료를 인상할 수밖에 없다고 생각합니다.

KBS는 방송법 제4장 44조 1항에 의거하여 방송의 목적과 공적 책임, 방송의 공정성과 공익성을 실현하도록 하는 것을 목적으로 삼고 있습니다. 즉, 국가나 특정 집단의 간섭을 막고 편집 편성권에 자율권을 보장하고자 독립적으로 운영하는 방송이라는 것입니다. 그렇기 때문에 정치적·상업적 공영성은 언제나 KBS가 추구해야 할 필수불가결한 가치라는 것입니다. 이 가치를 고수하는 과정에서 KBS의 제도적·경제적 쇄신이 필요하다고 판단하게 되었습니다. 그리고 이에 대한 해결책으로 제시하는 방법이 KBS 수신료 인상입니다. 제가 이번 논제에 대한 중대성 및 내재성에 대해서 다루고 두 번째 입안자께서 해결책과 그 이점 및 의제 적합성에 대해 다루도록 하겠습니다.

먼저 KBS가 처한 현재의 상황을 살펴보겠습니다. 우선 저희팀은 KBS의 자본으로부터의 공공성 확보 위해서는 수신료 인상이 필수적이라고 생각합니다. 현재 KBS의 수입 중 40%만이 수신료를 통해 확보되고 있으며, 약 60%가 광고 재원을 통해 거둬들여지고 있습니다. 즉, 과반수의 수입이 공공성 확보에 걸림돌이 될 수 있는, 영업 이윤을 위해 일하는 기업들로부터 온다는 것입니다. 저희는 이런 추세가 장기화되면 공공성이 충분히 침해될 우려가 있다고 판단합니다.

KBS가 심각한 재정난에 시달리고 있는 상황에서 광고비를 많이 지원하겠다는 기업은 당연히 매력적인 옵션일 것입니다. 이로 인해 기업과 KBS가 유착하면 결과적으로 공공성이 침해된 방송이 만들어질 수도 있을 것이라고 우려하며, 이것은 KBS, 즉 공영방송의 본 취지와 맞지 않을 것이라는 우려가 듭니다. 따라서 수신료의 비중을 높여서 KBS의 공공성을 높이는 것이 옳다고 생각합니다. 더불어 KBS가 정부의 지원금에 의존하는 것도 KBS의 정치적 자율성에 일정 정도 영향을 끼칠 수 있다고 생각합니다.

KBS가 제출한 2006년에서 2010년의 5년간 정부 및 정부산하기관 기획제작국 협찬 내역을 확인해보면, 2006년에 약 6.9억 원에 달하던 정부지원금이 2010년에 이르러 약 49.5억 원까지 확대되었다는 것을 확인할 수 있습니다. 이 상황에서 정부로부터 받는 지원금이 늘어나면 정치적 자율성 또한 침해당할 수 있다고 우려됩니다. 그런데 만약 수신료 인상을 통해 KBS가 정부지원금에 의존하는 것을 줄일 수 있다면 권력으로부터 공공성도 확보할 수 있을 것이라 생각합니다. 이와 함께 수신료를 인상하는 것은 지극히 자연스러운 현상이라는 것을 다시 한 번 말씀드리고 싶습니다.

그동안 상당한 물가 인상이 있었습니다. 그러나 약 30년 동안 동결된 수신료는 이런 물가상승을 고려하지 않고 있습니다. 다른 미디어와 비교하면 이 격차가 얼마나 큰지 확인할 수 있습니다. 신문의 경우 1981년 한 달 구독료는 KBS 수신료와 같은 2,500원이었습니다. 그러나 현재 한 달 평균 신문 구독료는 약 1만 2,500원으로 그동안 약 1만 원 정도 오른 것으로 확인할 수가 있습니다. 대한민국 통계청 자료에 의하면 2010년 기준 소비자 물가지수를 약 100이라 한다면 1980년의 소비자 물가지수는 24.2로 지난 30년간 소비자 물가지수 상승률이 약 300%였음을 알 수 있습니다. 즉, 원래 TV 수신료가 2,500원이었다면 지금 2016년에는 약 7,500원을 넘어선 비용이 되어야 한다는 것입니다. 그러나 현재 방송 수신료가 얼마입니까? KBS의 수신료는 2,500원입니다. 즉, 수신료가 제자리걸음입니다. 결국 KBS가 수신료를 올리는 것은 지극히 자연스러운 현상이라고 판단하게 되었습니다. 국민소득도 높아진 만큼 더 양질의 방송을 추구하고, 더 공공성 있는 방송을 추구한다면 그에 대해 더 많은 비용을 내는 것이 더 합당하고 정당하다고 생각합니다.

다음으로 이 문제 해결을 위한 그동안의 노력을 살펴보겠습니다. 일각에서는 KBS의 자금난을 해결하기 위해 지금까지 무수한 노력이 있어왔다고 주장합니다. 오히려 문제의 핵심은 KBS의 제도적이고 불투명한 경영관리에 있다고 합니다.

그러나 저희는 KBS가 지닌 문제들을 해결하기 위해 이전에 실시되었던 문제점들을 검토하고자 합니다. KBS를 비롯한 지상파 방송국의 문제점을 해결하기 위해 2015년부터 광고총량제가 실시되었습니다. 광고총량제는 광고의 횟수나 종류를 일일이 제한하기보다 전체 광고 시간만 정해주는 새로운 광고제도입니다. 이를 통해 KBS를 비롯한 지상파 방송국들이 더 많은 재원을 확보할 수 있게끔 하는 것이 본 취지였는데요. 2015년 10월 실시된 지상파 광고총량제의 경우 지난 5개월간 큰 실효성이 없었음을 확인할 수 있었습니다. 그러나 잠재적인 더 큰 문제는 오히려 이러한 광고총량제가 잘된다고 하더라도, 저희가 우려하듯 사업성에 의한 공공성이 더 침해될 수 있다는 점입니다. 결국 광고총량제는 잘되어도, 잘되지 않아도 KBS의 정치적·상업적 공공성 확보에 도움을 주지 않습니다.

결국 저희는 수신료 인상이 현존하는 최고의 해결방안이라고 주장합니다. 지금까지는 KBS가 왜 수신료를 인상해야 하는가에 대한 중대성과 내재성을 설명드렸습니다.

다음 입안에서는 예고했던 바와 같이 수신료를 어느 정도 선까지 인상해야 할지 그리고 이 이점이 어떨지 설명드리도록 하겠습니다. 경청해주셔서 감사합니다."

●● 찬성팀은 입안 1을 맡은 학생이 중대성과 내재성을, 입안 2를 맡은 학생이 해결책, 이점, 의제성을 맡기로 역할을 분담했다.

입안 1을 맡은 원종현 학생은 중대성으로 현재 공영방송인 KBS의 상황이 수지구조면에서 얼마나 큰 문제를 안고 있는지 설명하고, 이어서 이 문제를 해결하기 위한 그동안의 노력으로 광고총량제를 소개했다. 그리고 광고총량제가 성공하든 실패하든 이는 공영방송인 KBS의 문제를 해결할 수 없음을 설명했다.

• 교차조사 ｜3분｜

찬성팀 1의 입안 발언이 끝난 후, 준비시간 요청이 없는 한 바로 교차조사가 시작된다. 이때 찬성팀 1은 계속 연단에 남아 있는다. 반대팀 2를 맡은 학생이 서서 질문한다.

김정인 | 찬성 2   원종현 | 찬성 1   김한나 | 반대 1   김서희 | 반대 2

찬성팀 1을 맡은 원종현 학생은 계속 연단에 남아 있고, 반대팀 2를 맡은 김서희 학생이 일어서서 질문을 시작한다. 발언 제한 시간은 3분이다.

김서희 학생과 원종현 학생의 질문과 답변 요지는 다음과 같다.

방금 찬성팀 1이 한 발언에 대해 반대팀 2가 질문한다. 이때 반대팀은 질문만 하고, 찬성팀은 답변만 한다.

- **김서희 학생**: 네, 그럼 저희 반대측에서 질문드리겠습니다. 상대팀께서는 2013년 6월 말을 기준으로 적자가 266억 원에 육박한다고 말씀하셨습니다. 맞습니까?

- **원종현 학생**: 네.

- **김서희 학생**: 그리고 그것의 원인이 수신료라고 생각하십니까?

- **원종현 학생**: 수신료가 크게 일조했다고 생각합니다.

- **김서희 학생**: 하지만 방송이 친정부적으로 변하면서 시청률이 낮아지면서 그렇게 적자가 되었다고 생각하시지는 않습니까?

- **원종현 학생**: 나름의 해석이라고 봅니다.

- **김서희 학생**: 그리고 상대방께서는 현재 KBS의 수입 중 40%가 수신료고, 나머지 60%는 정부 지원금을 포함한 것이라고 말씀하셨습니다. 맞습니까?

- **원종현 학생**: 네.

- **김서희 학생**: 그중에 몇 %가 정부 지원금인지 아십니까?

- **원종현 학생**: 구체적인 비율은 말씀드리지 않았던 거로 기억합니다.

- **김서희 학생**: 저희가 찾은 자료에 의하면 정부지원금은 20%에 달합니다. 그리고 상대방께서는 정부지원금이 현재 KBS를 친정부적으로 만들고 있다고 말

씀하셨죠?

- **• 원종현 학생**: 네, 저희는 2006년부터 2010년 사이 KBS에 대한 정부지원금이 약 40억 원 가까이 확대된 점과 그 기간 동안 사람들의 신뢰도가 떨어진 점에 일정한 상관관계가 있다고 생각했습니다.

- **• 김서희 학생**: 하지만 저희 생각에는 KBS가 친정부적이라는 지적을 받은 것은 최근의 일이므로, 이것에 대해 정부지원금이 직접적으로 친정부 논란에 영향을 끼쳤다고 하시는 부분에 대해서는 너무 이른 판단이라고 생각이 듭니다. 다음 질문으로 넘어가서, 상대방께서는 신문과 방송이 같다고 생각하십니까?

- **• 원종현 학생**: 아니요, 같지 않다고 생각합니다.

- **• 김서희 학생**: 그러면 다른데도 불구하고 왜 신문 구독료와 방송 수신료를 비교하시는 거죠?

- **• 원종현 학생**: 큰 의미는 두지 않습니다. 단지 물가상승률에 따라서 다른 물건은 얼마나 더 비싸졌나 그 물가상승 폭을 비교한 것일 뿐, 그 외 다른 의미는 없었습니다.

- **• 김서희 학생**: 예, 그러면 신문 구독료는 물가의 인상에 따라서 올랐지만 방송 수신료는 오르지 않았다고 말씀하셨습니까?

- **• 원종현 학생**: 네.

- **• 김서희 학생**: 하지만 TV는 선택제인 신문과는 다르게 전기요금을 통하여 반강제적으로 징수되고 있고, 또 현재 IPTV 등 뉴미디어를 통해서 이 정도가 되고 있다는 점을 인정하십니까?

- **• 원종현 학생**: 네. 그런데 TV를 강제적으로 시청하는 것이 아니고, KBS 수신료가 현재 전기료에서 나가고 있음을 다시 한 번 말씀드리고 싶고, 이중과세 등의 문제도 인정하고 있습니다. 그리고 이중과세를 해결해야 한다고 생각합니다.

- **• 김서희 학생**: 네, 그리고 광고총량제는 언제부터 실시되었다고 말씀해주셨습니까?

- **• 원종현 학생**: 2015년 10월 기준이라고 말씀드렸습니다.

- **• 김서희 학생**: 네, 그럼 현재 시점에서 본다면 아직 5개월밖에 되지 않았네요?

- **• 원종현 학생**: 네, 물론 모집단이 적은 것은 인정합니다.

- **• 김서희 학생**: 네, 그렇게 얼마 되지 않은 기간 내에 효과가 없었다고 판단하

는 것은 너무 이르다고 생각이 듭니다. 그리고 현재 만일 정부지원금을 낮추고 광고수익을 낮추고 수신료를 높인다면, 지금 현재 공영방송으로서의 공공성이 확보 가능하다고 생각하십니까?

· **원종현 학생**: 적어도 상업적 공공성, 정치적 공공성을 더 확보할 여지는 있다고 생각합니다.

· **김서희 학생**: 네, 그러면 그런 여지가 있는데도 불구하고, 현재 한국 사회에서 수신료 인상안이 두 번이나 무산되고 국민이 시청 거부 운동을 벌이는 등 왜 이런 태도를 취해야 했는지 다시 한 번 생각해보는 계기를 가져야 한다고 생각합니다.

●● 김서희 학생은 교차조사를 통해 몇 가지 사실 확인과 더불어 (1) 정부지원금과 KBS의 친정부 성격 논란의 상관관계, (2) 신문 구독료와 TV 수신료의 차이, (3) 광고총량제에 대한 평가의 적절성, (4) 수신료 인상과 공영방송의 공공성 확립의 관계에 대해 질문했다. 김서희 학생의 의도는 이 질문을 통해 '상대편의 논리에는 문제점이 있다'는 것을 부각하는 것이다.

· 반대팀 1의 입안 |8분|

찬성팀 1의 입안 직후 반대팀에서 준비시간 1분을 요청한다.

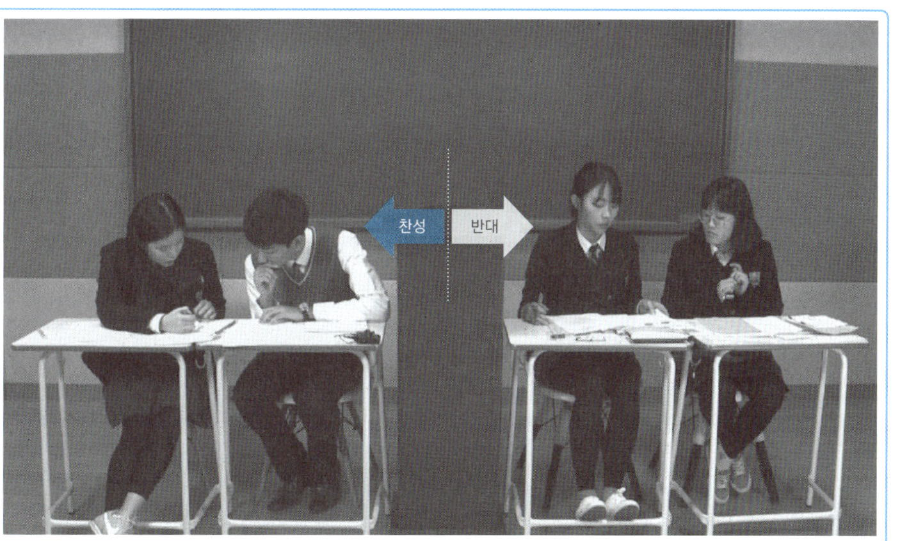

반대팀의 김한나 학생이 준비시간 1분을 요청하여 팀별로 의논하고 있다.

김정인 | 찬성 2　　　원종현 | 찬성 1　　　　　　　김한나 | 반대 1　　　김서희 | 반대 2

준비시간에 이어 반대팀 1의 입안이 진행된다. 김한나 학생이 나와서 입안을 시작한다.

반대팀 1을 맡은 김한나 학생이 연단에 서서 첫 번째 입안 발언을 시작한다. 발언 제한 시간은 8분이다.

김정인 | 찬성 2   원종현 | 찬성 1   김한나 | 반대 1   김서희 | 반대 2

다음은 김한나 학생의 반대팀 입안 발언 요지다.

"안녕하십니까? 〈KBS는 수신료를 인상해야 한다〉의 반대측 첫 번째 입안을 맡은 김한나입니다. 저희는 먼저 저희측의 입장을 말씀드리기 전에 상대측께서 말씀해주신 것에 대해 다시 한 번 더 이야기해봄으로써 저희의 의견을 더욱더 명확하게 말씀드리도록 하겠습니다.

첫 번째로 상대측에서는 우려 세 가지를 들어서 현 KBS의 수신료 인상이 꼭 필요한 것임을 말씀해주셨는데요. 첫 번째로는 KBS의 수신료 인상은 KBS가 공영방송으로서 제 역할을 하기에 꼭 필요하다는 상업적인 면에서 말씀해주셨고요. 두 번째로는 정부의 간섭에 대한 우려를 말씀해주셨습니다. 그리고 마지막으로는 필수불가결한 상황이라고 말씀해주셨습니다.

그 첫 번째 사항인 광고 의존도에 대해서는 제일 먼저 상대측 자료의 수치에 오류가 있었음을 말씀드리고 싶습니다. 2016년 방송통신위원회의 발표에 의하면 38.9%가 수신료를 통하여서 취합되었고 광고를 통한 수입은 33.4%, 즉 방송 수신료보다 낮은 수치를 기록하고 있음을 말씀드리고 싶습니다.

팔리시 디베이트에서는 입안 단계에서 상대팀 반박이 시작된다.

그리고 저희가 강조하고 싶은 것은 광고를 통한 재원의 확충이 꼭 나쁜 영향만을 미치는 것이 아니라는 점입니다. 광고제도를 올바른 제도로서 사용할 수 있다는 것을 말씀드리고 싶습니다. 방송의 광고는 시청률에 의해서 결정됩니다. 시청률은 국민이 그 방송을 어느 정도 시청하고 있는가를 뜻하는 수치입니다. 시청률이 높은 방송은, 즉 국민이 선호하고 국민이 좋아하는 방송이라는 점을 말씀드리고 싶습니다. 국민이 많이 시청하고 국민이 원하는 방송을 통하여서 방송에 대한 경쟁력을 얻게 되고, 그를 통한 재원의 확충은 올바른 방송 문화를 만들어가는 중요한 방법이라는 것을 강조드리고 싶습니다.

두 번째로 정부로부터의 간섭에 대한 우려는 현재 정부로부터 간섭은 정부보조금 등에 대한 문제가 아닌, 친정부적인 보도 등과 그런 것들로 인하여서 야기되는 것이기 때문에 상대방의 입장이 잘못되었음을 말씀드리고 싶습니다. 그리고 마지막 필수불가결 상황에 대해서는 상대방께서는 수신료가 몇십 년에 걸쳐서 동결되어 있으며 이것을 물가상승률 수치와 비교해봤을 때 인상은 당연한 사항이라고 말씀해주셨는데요. 하지만 KBS 수신료 인상안 의견 수렴 토론회의 조사 자료에 의하면 실제로 KBS가 방송 수신료를 준조세 성격을 띤 전기세를 내는 과정에 같이 포함하게 함으로써 실제적으로 얻게 된 이득은 9배 이상이라는 점입니다. 이것을 보았을 때 KBS의 방송 수신료는 현재에도 충분히 KBS가 공영방송으로서의 역할을 다할 수 있을 정도로 충분한 재원을 충당할 수 있는 수단으로 여길 수 있다는 것을 말씀드리고 싶습니다.

이제 저희쪽의 의견을 말씀드리겠습니다. 먼저 중대성으로서는 KBS에 돈은 이미 충분하다는 것입니다. 방금 전에 말씀드렸던 것처럼, 30여 년 넘게 동결되어 있지만 실제 수입은 9배 이상 올라가게 되었습니다. 그리고 수신료를 받는 것은 공영방송으로서의 제 기능을 하기 위해서가 아니라, 부실 경영과 공공성 확립 실패로 인해 겪게 된 재정 적자를 막으려는 것일 뿐임을 말씀드리고 싶습니다. 즉, 국민에게 부담을 전가하는 것이라는 뜻입니다. KBS 적자 구도는 공영방송으로서 위신 하락과 연결되어 있었는데요. 실례로 한국콘텐츠진흥원이 2009년에 발표한 논문에 의하면 KBS는 2006년까지는 흑자를 기록하고 있었습니다. 그러나 2007년부터 대통령 교체시기와 사장 관련된 문제들로 인해서 많은 공정성과 공공성 확립의 문제들이 많이 야기된 시기를 전후로 하여서 적자구도를 기록하게 되었습니다. 즉, 이 적자구도는 KBS의 실책으로 인해 일어난 것이지 결코 자연스럽게 재정이 부족하게 된 것이 아니라 그들의 잘못으로 인해 일어난 것이므로 그것을 해결하게 된다면 충분한 해결안들을 모색할 수 있음을 말씀드리고 싶습니다.

그리고 내재성으로서는 왜 이것을 해결할 해결책이 없는지에 대해서 말씀드리고 싶은 것인데요. 저희는 KBS가 이미 이것에 대한 해결책을 가지고 있다고 말씀드리고 싶습니다. 앞서 말씀드렸던 것처럼 KBS가 정부로부터 독립, 즉 공공성과 공정성을 확립하게 된다면 충분히 이 점들에 대하여 회복이 가능할 것이라고 판단되고, 이것에 관한 두 번째 사항으로서는 인사 조정안에 대해 말씀드리고 싶습니다. KBS는 현재 전체 직원 4,805명 중에서 57%가 1억 원 이상의 연봉을 받고 있습니다. 고위층의 연봉 숫자 또한 2010년 1억 1,800만 원 정도에서 1억 3,200만 원 정도로 3년 만에 3.8% 이상 상승하였습니다. 또한 전체 인력 또한 5년간 인건비가 평균 4.0%로 물가 수치 이상의 상승률을 보였습니다.

이것을 통해서 알 수 있듯이 KBS는 현재 인사 조정을 유동적으로 잘 이끌어나가는 방법을 통해서도 충분히 재정을 충당할 수 있으므로, 국민에게 수신료를 통해서 재정 충원을 요구하는 것은 적합하지 않은 태도라는 것을 말씀드리고 싶습니다. 이상입니다."

●● 김한나 학생은 우선 찬성측의 발언 중 문제시되는 부분에 대해 반박하면서 발언을 시작했다. 이어서 현재까지 반대팀의 입장은 (1) KBS는 이미 재정이 충분하다, (2) KBS의 재정 문제는 KBS 내부개혁으로 충분히 해결할 수 있다는 것으로 반대팀 입안을 이어갔다. 즉, 상대팀이 말하는 이번 주제의 중대성과 내재성은 성립하지 않는다는 입장이다.

반대팀 1의 입안 직후 찬성팀에서 준비시간 30초를 요청한다.

준비시간을 통해 찬성팀원끼리 상의하고 있다.

김정인 | 찬성 2   원종현 | 찬성 1

준비시간이 끝나자 교차조사가 시작된다. 이때 반대팀 1은 계속 연단에 남아 있는다. 찬성팀 1을 맡은 학생이 일어서서 질문한다.

반대팀 1을 맡은 김한나 학생은 계속 연단에 남아 있고, 찬성팀 1을 맡은 원종현 학생이 질문을 시작한다. 발언 제한 시간은 3분이다.

김정인 | 찬성 2   원종현 | 찬성 1   김한나 | 반대 1   김서희 | 반대 2

원종현 학생과 김한나 학생의 질문과 답변 요지는 다음과 같다.

- **원종현 학생**: 찬성측에서 교차조사 시작하겠습니다. 2016년 방통위 조사에 따르면 수신료를 통해 벌어들이는 수입이 38.9%라고 말씀하셨습니다. 맞습니까?

- **김한나 학생**: 네, 맞습니다.

- **원종현 학생**: 그러나 이 비율이 40%보다 낮다, 즉 과반수보다 낮다는 점에서 공공성이 침해될 수 있다는 점을 인정하십니까?

- **김한나 학생**: 그에 대해서는 동의하지 않습니다.

- **원종현 학생**: 네, 왜 동의하지 않는지 여쭤봐도 될까요?

- **김한나 학생**: 공정성 확보라는 것은 단순히 수신료와 광고의 비율로 매겨지는 것이 아니라고 말씀드리고 싶습니다.

- **원종현 학생**: 네, 아까 광고 재원의 확충에 있어서 광고는 악영향을 끼치지 않을 수도 있다고 하셨습니다. 맞습니까?

- **김한나 학생**: 네, 맞습니다.

- **원종현 학생**: 그러나 실제로 KBS에서 있었던 친삼성 보도에 대해서 어떻게 생각하십니까?

- **김한나 학생**: 그것과 관련된 사항으로는 두 번째 입안자인 김서희 양이 해결책을 제시하면서 대답을 드리겠습니다.

- **원종현 학생**: 지금까지는 그런 친기업적인, 그런 공영성 문제가 있었다는 점을 인정하시는 거로 넘어가겠습니다. 그리고 현재 수신료 수입이 9배 이상 늘어나면서 오히려 KBS에는 돈이 충분하다고 하셨습니다. 맞습니까?

- **김한나 학생**: 네, 맞습니다.

- **원종현 학생**: 네, 그럼 도대체 2006년에는 왜 적자가 266억 원에 육박했는지 설명해주실 수 있습니까?

- **김한나 학생**: 네, 그 점에 대해서는 저희의 조사 자료와는 다른 것으로 이야기해 드리고 싶습니다.

- **원종현 학생**: 저희가 조사한 자료가 통계청에서 나온 점을 고려한다면 상대편이 조사한 자료가 어디서 나왔는지 좀 궁금해지는 입장입니다. 그리고 2008년에 친정부적인 입장으로 돌아서면서 사람들의 신뢰도가 떨어짐에 따라서 시청률이 떨어지고, 그리고 그에 따라 KBS가 적자로 돌아섰다고 말씀해주셨습

방금 반대팀 1이 한 발언에 대해 찬성팀 1이 질문한다. 이때 찬성팀은 질문만 하고, 반대팀은 답변만 한다.

니다. 맞습니까?

- **김한나 학생**: 네, 맞습니다.
- **원종현 학생**: 그러나 2008년 디지털 전환사업이 있었다는 점, 인정하십니까?
- **김한나 학생**: 네, 그러나 그곳에 투자된 비용이 남용되었다는 사실의 보도가 있었다는 것을 알고 계십니까?
- **원종현 학생**: 남용되었다는 보도가 보도일 뿐이지, 실제적인 자료가 없었다는 점 다시 한 번 강조드리고 싶고요.
- **김한나 학생**: 그렇다면 KBS측에서도 그것을 정확하고 명확하게 제시하지 않았던 점을 말씀드리고 싶습니다.
- **원종현 학생**: 네, 좋습니다. 그리고 아까 인사 조정안에 대해서 너무 많은 사람들이 고위층으로 올라가지 않았나라는 의혹을 제기해주셨습니다. 맞습니까?
- **김한나 학생**: 네, 저희가 말씀드리고 싶었던 것은 너무 많은 사람들이 올라갔다는 것이 문제가 아니고, 그것에 대한 임금의 문제라고 말씀드리고 싶습니다.
- **원종현 학생**: 만약 그 사람들이 모두 능력이 있어서 올라가는 거라면 임금을 많이 주는 것이 이상하지 않을 텐데, 이 점에 대해서는 어떻게 생각하십니까?
- **김한나 학생**: 제가 말씀드리고 싶은 것은 50% 이상의 수치가 많다는 것을 말씀드리고 싶었고요. 당연히 능력이 많은 사람이 돈을 더 많이 받는 것은 당연합다. 그러나 그것이 과잉되었다는 점을 말씀드리고 싶습니다.
- **원종현 학생**: 네, 상대편은 단순히 지금 현재 너무 많은 사람들이 고위층에 속해 있다는 점으로 인해서 KBS의 현재 구조가 옳지 않다고 생각하고 있습니다.
- **김한나 학생**: 그러나 KBS에서도 인원에 대한 해결이 필요하다고 2015년에 말씀해주셨습니다.
- **원종현 학생**: 방금 전에 그건 질문이 아니었던 점을 다시 한 번 말씀드리고요. 마지막 질문 여쭤보겠습니다. 아까 저희 찬성측에서 우려하는 점이 잘못되었다고 말씀하셨는데 현재 정부지원금에 문제가 없다고 하셨는데…….

이 대목에서 교차조사 시간이 종료된다.

●● 원종현 학생은 교차조사를 통해 (1) 광고가 공영성에 영향을 미칠 수 있다는 점, (2) KBS가 돈이 충분하다면 2006년 266억 원의 적자는 설명되지 않

는다는 점, (3) 2008년 KBS의 적자가 국민의 신뢰성 훼손에서 비롯된 것이 아니라, 디지털 전환사업으로 인한 투자였다는 점, (4) KBS의 인력 구조에 대한 반대측의 문제제기가 가진 문제점을 지적했다.

• 찬성팀 2의 입안 |8분|

교차조사 직후 찬성팀에서 준비시간 30초를 요청한다.

준비시간 동안 팀별로 상의하고 있다.

김정인 | 찬성 2   원종현 | 찬성 1   김한나 | 반대 1   김서희 | 반대 2

준비시간이 끝나자 찬성팀 2를 맡은 김정인 학생이 입안을 이어간다.

찬성팀 2를 맡은 김정인 학생이 연단에 서서 두 번째 입안 발언을 시작한다. 발언 제한 시간은 8분이다.

김정인 | 찬성 2   원종현 | 찬성 1   김한나 | 반대 1   김서희 | 반대 2

다음은 김정인 학생의 찬성팀 입안 발언 요지다.

"안녕하십니까? 〈KBS는 수신료를 인상해야 한다〉의 두 번째 입안을 맡은 김정인입니다. 먼저 저희팀의 입장을 말씀드리기에 앞서 지금까지 나왔던 상대팀의 의견과 저희팀의 의견을 다시 한 번 정리해보도록 하겠습니다.

먼저 저희팀에서는 KBS가 자본으로부터의 공공성을 확보하기 위해서 수신료가 필요하다는 의견을 제시했고요, 또한 지금의 현재 수신료의 비중은 40%밖에 되지 않기 때문에 이것으로 인해서 자본으로부터 공공성의 위협을 받고 있다고 말씀드렸습니다. 이에 대해 상대팀께서는 지금 KBS가 갖고 있는 재원은 충분하다. 그 이유는 실제 수익이 35년 전에 비해 9배 증가하였고, 그럼에도 불구하고 수신료 인상을 요구하는 것은 KBS의 부실 경영과 공정성을 확보하지 못해서 시청률이 낮아진 것으로 인해서 생기는 적자를 국민에게 전가시키는 것이라고 말씀해주셨습니다.

또한 두 번째로는 현재의 수신료 제도로는 정부지원금에 의존하게 하여 정치로부터 자유롭지 못하다고 말씀드린 데 대해서 상대팀께서는 KBS가 2006년 또 2008년 MB 정부로 교체되는 시기에 흑자에서 적자 기록이 생겼다고 말씀하셨는데, 이에 대해서 저희팀이 말씀드리는 것은 이 시기가 단순히 정치권력이 교체되는 시기뿐만이 아니라 KBS가 국가에서 시행한 디지털 전환 사업에 참여했기 때문에 이러한 적자 기록이 있을 수밖에 없다고 말씀드리고 싶습니다. 디지털 전환 사업은 화질과 음질의 획기적인 향상은 물론 쌍방향 데이터 방송과 홈쇼핑 통신과 컴퓨터 TV가 하나 되는 스마트 TV 시대를 위해 KBS에서 국가와 결합하여서 진행한 사업인데요. 이러한 사업에 투자함으로 인해서 어쩔 수 없이 적자 기록을 기록했던 시기가 MB 정부가 교체된 시기와 겹쳤다고 말씀드리고 싶습니다.

또한 마지막으로 저희팀에서 상당한 물가 인상을 말씀드리면서 물가 인상을 고려했을 때 KBS가 수신료를 인상하는 것은 당연하다고 말씀드린 데 대해서, 상대팀께서는 단순한 적자구조를 수신료 인상으로부터 개선하는 것이 아니라 인사 조정 같은 KBS의 자체적인 내부개혁을 통해서 해야 된다고 말씀하셨습니다.

그럼 지금부터 저희팀의 입안을 시작해보도록 하겠습니다. 저희가 지금 말씀드리고 싶은 것은 수신료로 인한 공공성 확보에 대한 해결방안을 좀 더 자세하게 설명해드리고 싶은데요. 우선 저희팀이 말씀드리는 것은 지금 현 2,500원인 수신료의 비중을 4,000원으로 늘리는 것이 저희의 가장 최선의 해결방법이라고 말씀드리고 싶습니다.

저희가 이 점에서 한 번 더 강조하고 싶은 것은 공영방송은 총 세 가지로 나눌 수 있는데요. 공영방송은 재원조달 수단으로 수신료 등 공적 재원과 광고 수입 등 사적 재원으로 나누어 각각이 차지하는 비중에 따라 순수 공영방송, 혼합적 공영방송, 또 상업적 공영방송으로 나뉩니다. 이 중 대한민국의 유일한 공영방송인 KBS는 수신료 등 공적 재원이 50% 미만인, 또 방송광고 등 상업적 재원이 30% 이상인 상업적 공영방송에 속하게 됩니다. 그러한 점을 보았을 때 이렇게 수신료를 인상하는 것은 만약에 당장 공영방송 입장에서 순수 공영방송으로 가야 한다면 100% 수신료를 인상해야 할 텐데, 그러면 7,500원이라는 비용을 국민이 매달 납부해야 합니다. 하지만 저희팀에서는 7,500원이 아니라 4,000원으로 국민의 부담을 감안하여서 해결책을 제시했고, 국민의 생계에 지장을 주지 않는 선 안에서 이러한 해결방안을 주장하고 있습니다.

이렇게 2,500원에서 4,000원으로 수신료가 인상되었을 때의 이점을 말씀드리도록 하겠습니다. 우선 전에 말씀드렸던 것처럼 상업 재원의 의존도가 낮아지기 때문에 KBS의 공영성 회복에 도움을 줄 수 있습니다. 2014년 출간된 《미디어 법제화 정책 해설》이라는 책에 의하면 이 책은 매켄지 조사를 반영하고 있는데요. 매켄지 조사에 따르면 공영방송의 재원조달 방식은 그 사회의 방송 문화 및 건전성과 상관관계를 보인다고 합니다. 공영방송의 재원을 수신료에 의존하면 할수록 공영방송의 공영성이 강해지고 민영방송들도 공영방송의 공영성의 영향을 받아 건전한 방송을 하게 된다는 것인데요.

예를 들어 총 재원의 80%가 수신료로 운영되는 영국이나 스웨덴 같은 경우에는 주요 방송사들의 전체 방송시간 가운데 건전성을 나타내는 보도, 시사, 문화 및 어린이 프로그램의 비율이 다른 나라에 대해 월등히 높다는 사실입니다. 반면 수신료와 광고를 재원으로 하는 독일, 이탈리아, 프랑스 등에서는 이러한 프로그램의 편성 비중이 상대적으로 낮으며, 대한민국과 같이 정부 보조금과 광고를 재원으로 하는 상업적 공영방송인 포르투갈에서는 이러한 비중이 더욱 낮아진다고 합니다. 이런 조사 결과를 보았을 때 수신료가 4,000원으로 인상되어서 대한민국의 유일한 공영방송인 KBS가 상업적 공영방송을 탈피하고 혼합적 공영방송의 위치를 가지게 되었을 때 공영성 회복이 가능할 것이라고 여겨지고요.

두 번째 이점은 EBS 지원 증대입니다. KBS가 수신료를 인상하게 될 경우에 자연스럽게 EBS 수신료도 같이 증가될 것이라고 생각하고요. 또한 말씀드리고 싶은 것은 지금 EBS의 경영 상태도 조금은 불안정한 상태라고 말씀드리고 싶습니다. 가장 안정적인 재원은 수신료인데, EBS는 현재 수신료를 3%밖에 받지 않고 있으며, 이런 수신료를 충당하기 위해 자체적으로 수능교재 판매 등을 통해서 부족한 재원을 충당하고 있는데요. 이것 또한 결코 안정적인 재원 수단이 아님을 말씀드리고 싶고요.

또한 마지막으로 말씀드리고 싶은 것은 이러한 수신료 인상을 통해서 단순히 KBS만이 아니라 KBS 외에 다른 방송들에도 이러한 광고 흘러내림 효과가 발생할 것으로 여겨집니다. KBS가 광고를 받지 않게 된다면 KBS가 받지 않는 광고는 다른 방송사들에게 넘어가게 될 것이고요. 이렇게 된다면 단순히 KBS뿐만이 아니라 광고를 수입으로 하고 있는 모든 방송사, 또 대한민국의 모든 미디어 시장에게 활력을 불어넣을 수 있을 거라고 생각됩니다.

따라서 저희팀은 이런 세 가지 이점과 저희팀의 해결방안이 국민의 부담과 또한 우리나라의 유일한 공영방송인 KBS의 공공성 확보에 가장 최선의 선택임을 다시 한 번 말씀드리며, KBS는 수신료를 인상해야 한다고 말씀드리는 바입니다. 감사합니다."

●● 김정인 학생은 우선 상대팀과 우리팀의 입장 차이를 비교해서 설명했다. 이어 찬성팀 입안자 1에 이어서 해결책과 이점을 제시했다. 수신료를 4,000원으로 올리자는 구체적인 입장이다. 김정인 학생은 이런 해결책을 채택했을 때 생기는 이점을 세 가지로 정리해서 말했다.

찬성팀 2의 입안 발언이 끝난 후 교차조사가 시작된다.

찬성팀 2를 맡은 김정인 학생은 계속 연단에 남아 있고, 반대팀 1을 맡은 김한나 학생이 일어서서 질문을 시작한다. 발언 제한 시간은 3분이다.

김정인 │ 찬성 2 　　　　　　　김한나 │ 반대 1

김한나 학생과 김정인 학생의 질문과 답변 요지는 다음과 같다.

· **김한나 학생**: 질문드리겠습니다. 먼저 가격에서 원래는 7,500원으로 올려야 되지만 4,000원 선으로 낮췄다고 하셨습니다. 그렇다면 국민이 이 수치에 대해서 만족하고 있다고 생각하십니까?

· **김정인 학생**: 그것에 대한 국민의 만족도만을 완전히 반영하는 것은 공영방송의 확립에 완전한 도움을 주지 못한다고 생각합니다.

· **김한나 학생**: 그렇다면 국민의 의견 수렴이 아니라 국민의 판단과 본인들의 판단을 통하여서 하는 것이 맞는 것이라고 생각합니다.

· **김정인 학생**: 저희팀이 말씀드리고 싶은 것은 이것은 단순히 KBS의 의견만이 아니라 아까 말씀드렸다시피 단순히 KBS 입장으로만 보면 7,500원으로 인상해야 할 것을 국민의 의견을 반영하여 4,000원으로 인상하는 것을 해결책으로 제시했음을 말씀드리고 싶습니다.

· **김한나 학생**: 그렇다면 혹시 국민의 몇 % 정도가 반대하고 계신지 알고 계십니까?

방금 찬성팀 2가 한 발언에 대해 반대팀 1이 질문한다. 이때 반대팀은 질문만 하고, 찬성팀은 답변만 한다.

• **김정인 학생**: 정확한 수치에 대해서는 모릅니다.

• **김한나 학생**: 73.4%가 반대하고 있습니다. 그리고 이에 대해서 더 자세하게 말씀드리자면 단순히 상대팀이 말씀해주신 것처럼 가격에 대한 부담의 퍼센트는 32.9%밖에 되지 않았고 오히려 불공정 방송, 프로그램 질이 낮아서라는 답은 38.9%에 이르렀습니다. 이것을 통해서 볼 수 있다시피 KBS 수신료 인상 반대는 단순히 가격적인 면이 아니라 KBS 부실로 인한 것임을 다시 한 번 말씀드리고 싶고요. 다른 질문으로서는 EBS 수신료가 몇 % 인상된다면 몇 %를 지원하게 될 것인지 말씀해주실 수 있습니까?

• **김정인 학생**: 지금의 입장에서는 정확한 어떤 %를 인상할 것인지에 대해서는 말씀드리지 않았고요. 저희팀이 말씀드리는 것은 KBS 수수료가 높아지게 된다면 당연히 기존 3%였던 그 기준도 수적으로 높아지게 될 것임을 말씀드리고 싶습니다.

• **김한나 학생**: 알겠습니다. 그렇다면 구체적인 방안은 아직 없다고 판단됩니다. 그리고 마지막 질문으로 광고 흘러내림 효과에서 대해서 말씀해주셨는데 그럼 다른 광고를 수입으로 하고 있는 미디어 단체들이 자본으로부터 영향을 받는 것이 과연 옳은 것이라고 생각하십니까?

• **김정인 학생**: 그 부분에 대해서는 말씀드릴 수 있는 것이, KBS는 대한민국의 공영방송이기 때문에 국민의 수신료로 충당하는 것이 당연한 것이지만 다른 민영방송은 광고로 수입을 충당하는 것이 옳은 방법이라고 생각합니다.

• **김한나 학생**: 그렇다면 국민의 입장으로서는 그러한 다른 미디어 방송들이 자본의 영향을 받는 것이 옳은 것이라고 생각할까요?

• **김정인 학생**: 그것은 자본의 영향을 받는 것이 아니라, 지금 팽배하고 있는 시청률 지상주의를 없애고, 광고확보 시장에서 KBS가 물러남으로 인해서 미디어 시장에 전체적으로 활기를 불어넣는 것이라고 말씀드립니다.

• **김한나 학생**: 저희의 입장과 좀 다른데요. 이에 대해서는 나중에 추가적으로 설명드리겠습니다.

●● 김한나 학생은 교차조사를 통해 (1) KBS는 수신료 인상에 반대하는 국민들의 여론을 충분히 이해하고 감안해야 한다는 점, (2) 수신료 인상 시 EBS가 가져가는 비중을 높이겠다는 찬성팀의 입장에는 구체적인 내용이 없다는 점,

(3) 광고 흘러내림 효과와 자본 의존도 증가를 병행해서 생각해야 한다는 점을
지적하고 있다.

• 반대팀 2의 입안 |8분|

교차조사 직후 반대팀에서 준비시간 1분을 요청한다.

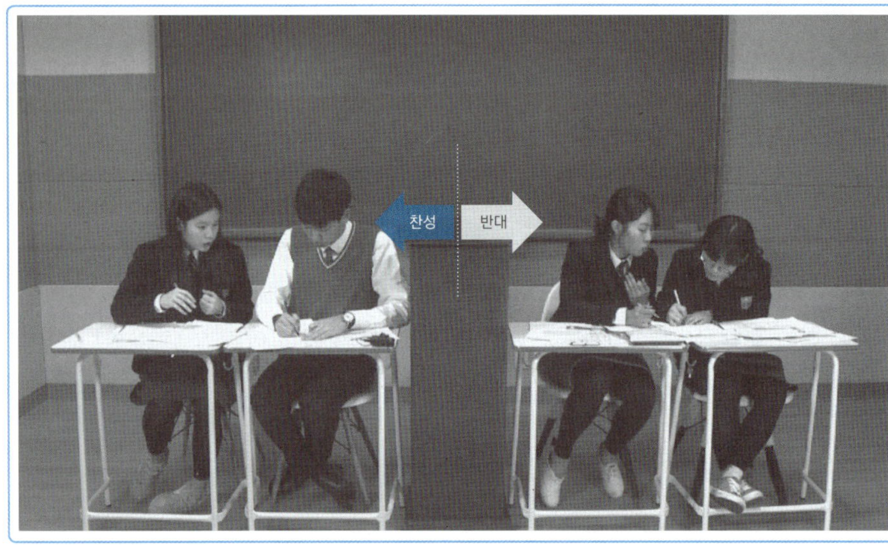

준비시간 동안 팀별로 상의하고 있다.

김정인 |찬성 2   원종현 |찬성 1   김한나 |반대 1   김서희 |반대 2

준비시간이 끝나자 반대팀에서 준비시간 30초를 추가로 요청한다.

추가 준비시간 동안 팀별로 상의하고 있다.

김정인 |찬성 2   원종현 |찬성 1   김한나 |반대 1   김서희 |반대 2

반대팀 2를 맡은 김서희 학생이 나와서 입안을 시작한다.

반대팀 2를 맡은 김서희 학생이 연단에 서서 두 번째 입안 발언을 시작한다. 발언 제한 시간은 8분이다.

김정인 | 찬성 2   원종현 | 찬성 1   김한나 | 반대 1   김서희 | 반대 2

다음은 김서희 학생의 반대팀 입안 발언 요지다.

"안녕하십니까? 저는 오늘 주제인 〈KBS는 수신료를 인상해야 한다〉의 반대팀 두 번째 입안을 맡은 김서희입니다.

찬성팀 해결책의 난점: 찬성팀의 해결책은 문제점이 많다.

저희팀의 해결책을 말씀드리기에 앞서 먼저 상대팀의 해결책에 대한 난점을 짚고 넘어가고 싶습니다. 상대팀께서는 우선 공영방송으로서의 역할을 위하여 수신료를 인상해야 한다고 말씀하셨는데요. 현재 국민이 KBS 수신료 인상을 반대하는 이유는 단순히 국민 부담이 가중되어서가 아니라 현재 KBS 방송 자체가 불공정한 편파방송이고 또 현재 KBS 프로그램 질이 낮기 때문에 국민이 KBS 수신료 인상을 반대하는 것이기 때문에 공정성이 먼저 확보되어야 한다고 말씀드리고 싶습니다.

그리고 두 번째로는 EBS 수신료를 인상할 수 있다고 말씀하셨는데요. 하지만 상대팀은 EBS 수신료를 정확히 몇 퍼센트 올려줄 것인지에 대해서는 정확한 수치를 말씀하지 않으셨고, 만일 KBS가 EBS 수신료를 처음부터 인상하려고 하였다면 지금 당장에라도 KBS는 EBS 수신료를 인상하여야 하고, 또 KBS의 현재 재원구조가 불안정하다고 말씀하셨는데 그렇다면 수신료를 KBS 수입의 과반수로 올려줄 것이 아니면, 사실 KBS의 수신료를 인상하기 위하여 국민에게 더 많은 수신료를 인상해야 한다고 말씀하시는 것은 맞지 않는다고 생각이 들고요.

그리고 상대팀께서는 또 다른 이점으로는 광고 흘러내림 효과를 말씀하셨는데, 그렇게 된다면 상대팀께서는 현재 KBS가 갖고 있는 광고를 케이블로 옮김으로써 신생 미디어가 자본의 영향을 받아도 된다고 말씀하시는 것이라고 저희는 생각합니다. 그럼 이렇게 된다면 현재 미디어 산업은 자본화가 되면서 몰락하게 될 것입니다.

이제부터 저희팀의 해결책을 설명해드리도록 하겠습니다. 저희팀은 오늘 두 가지 해결책을 제시하고 싶은데요. 우선 첫 번째는 KBS의 공정성 확립입니다. KBS는 현재 대한민국의 유일한 대표 공영방송이지만 실제로 KBS는 공영방송으로서 제 역할을 하고 있지 않습니다. 저희팀이 생각하는 공영방송이란 국민을 위한 공적이고 객관적인 방송이라고 생각합니다. KBS가 시청률이 저조해지고 국민의 신뢰를 잃게 된 시점은 KBS가 친정부적이라는 지적을 받았던 시기와 일치한다는 점을 강조하고 싶습니다. 이렇게 보았을 때 KBS가 편파적인 방송이 아니라 공정한 방송을 함으로써 국민의 신뢰를 얻게 된다면 방송의 시청률이 오르게 되고, 그렇게 된다면 이전과는 달리 광고비도 상승하게 되고 광고 체결 과정에서 주도권을 행사하게 될 것입니다. 그렇다면 KBS는 이제 더 이상 자본으로부터 억압을 받는 것이 아니라 오히려 자본으로부터 자유와 이와 동시에 권력으로부터 자유를 얻게 될 것입니다. 그렇게 되면 KBS는 공영방송으로서 제 역할을 할 수 있게 될 것입니다.

그리고 이것을 경제적 효율성으로 설명을 드리자면, 현재 2010년 기준으로 KBS의 수입은 1조 4,495억 원이었는데, 이 중 수신료는 37.3%로 총 5,689억 원이었습니다. 상대팀의 말씀과 같이 만일 2,500원이었던 수신료를 4,000원으로 인상할 시 KBS는 9,102억 원의 수신료를 얻게 되는데요. 즉, KBS는 3,414억 원이라는 수익을 얻게 됩니다. 하지만 KBS가 국민의 부담을 가중하는 수신료가 아니라 국민이 원하는 공적인 방송을 내보냄으로써 시청률이 올라가서 만일 현재 시청률보다 더 높은 두 배가 된다면 KBS가 광고 수요로 얻을 수 있는 돈은 8,300억 원으로 증가하게 될 것입니다.

그리고 이제 저희팀의 두 번째 해결책은 KBS 경영 마인드 혁신입니다. KBS는 현재 KBS의 수입 중에서 수입을 단순히 국민의 수신료에만 의지하려고 하는데요. KBS는 이제 더 이상 수신료에 의지하는 것이 아니라 다양한 방법을 통하여 수익을 올려야 합니다. 이에 대한 예로는 EBS를 들 수 있는데요. 2010년 10월 20일 EBS 뉴스 자료에 의하면 EBS는 KBS 수신료 2,500원 중 단 6.4%인 70원으로 운영되고 있습니다. EBS는 단순히 수신료가 아니라 교재 출판이나 뉴미디어 등을 통해서 대략 1,000억 원 이상의 재원을 확충하고 있음을 알 수 있습니다. 그리고 2004년 MBC에서 만들었던 '대장금' 같은 좋은 방송프로그램을 KBS에서 만들게 된다면 국민이 원하는 좋은 방송을 만들어냄으로써 시청률이 올라가게 될 것입니다. 저희가 찾은 자료에 의하면 '대장금'으로 인하여 MBC는 1,119억 원이라는 파격적인 생산 효과를 보게 되었습니다.

이렇게 KBS는 단순히 국민의 부담을 가중시켜 수신료를 인상하는 것이 아니라 KBS 내부에서 재원을 충분히 확충할 수 있기 때문에 저희팀에서는 수신료를 인상하는 것이 아니라, KBS 내부에서 개혁할 필요가 있다고 주장합니다. 감사합니다."

●● 김서희 학생은 우선 찬성팀 2의 입안자가 제시한 해결책과 그 이점들에 대해 반박했다. 이어 반대팀의 해결책을 제시했다. 반대팀의 입장은 KBS의 내부개혁이 이루어진다면 수신료 인상 없이 KBS의 재정부족 사태가 해결될 수 있다는 것이다. 결론적으로 KBS 수신료 인상은 KBS 내부에서 생긴 문제를 국민에게 부담으로 전가시키는 방법이라는 것이다.

• 교차조사 |3분|

반대팀 2의 입안 직후 찬성팀에서 준비시간 30초를 요청한다.

준비시간 동안 찬성팀원끼리 상의하고 있다.

김정인 | 찬성 2   원종현 | 찬성 1

준비시간이 끝나자 찬성팀에서 준비시간 15초를 추가로 요청한다. 이에 따라 15초간 추가 준비시간이 주어진다.

찬성팀에서 준비시간을 추가 요청하고 있다.

김정인 | 찬성 2   원종현 | 찬성 1

준비시간이 끝난 후 교차조사가 시작된다. 이때 반대팀 2를 맡은 학생은 계속 연단에 남아 있는다. 찬성팀 2를 맡은 학생이 일어서서 질문한다.

김정인 | 찬성 2　　원종현 | 찬성 1　　　　　김한나 | 반대 1　　김서희 | 반대 2

반대팀 2를 맡은 김서희 학생은 계속 연단에 남아 있고, 찬성팀 2를 맡은 김정인 학생이 일어서서 질문을 시작한다. 발언 제한 시간은 3분이다.

김정인 학생과 김서희 학생의 질문과 답변 요지는 다음과 같다.

방금 반대팀 2가 한 발언에 대해 찬성팀 2가 질문한다. 이때 찬성팀은 질문만 하고, 반대팀은 답변만 한다.

- **김정인 학생**: 저희팀이 찬성하는 가장 큰 이유를 아십니까?

- **김서희 학생**: 찬성하는 이유가…….

- **김정인 학생**: 저희팀이 수신료 인상에 찬성하는 가장 큰 이유를 알고 계시는지 묻는 것입니다.

- **김서희 학생**: KBS 공정성 확보 아닙니까?

- **김정인 학생**: 네, 저희팀이 수신료 인상을 찬성하는 이유는 물론 적자구조의 문제도 있지만 공공성 확보가 가장 먼저인데요. 지금 상대팀께서는 KBS가 수신료를 인상하는 것이 아니라 광고로서 적자를 해결하게 되었을 때의 이익을 말하셨는데, 민영방송은 이윤을 추구해도 되지만 공영방송은 공공의 이익을 위해 목적을 영리에 두지 않아야 한다고 생각합니다. 그러면 상대팀의 말대로 광고를 통해서 지금의 적자구조를 해결하는 것은 광고에 더 의존하자는 것 아닙니까?

- **김서희 학생**: 네, 만약에 상대팀의 말씀처럼 KBS가 공영방송이라는 점을 강조하신다면, 저희가 말씀드린 것과 같이 KBS는 이미 공영방송으로서 제 역할을 하고 있지 않습니다. 저희는 이러한 점을 광고로 보완해야 한다고 생각하는 것입니다.

• **김정인 학생**: 저희가 질문드리는 것은 지금 상대팀께서는 지금의 적자구조를 광고로 해결해야 한다고 말씀하셨는데, 이것은 오히려 광고의 의존도를 높여 공공성 회복에 도움이 되지 않는다고 말씀드리는 것이고요. 두 번째 질문 드리도록 하겠습니다. 광고주들은 어디에 가장 광고를 많이 공급하시는지 아십니까?

• **김서희 학생**: 시청률이 높은 방송에…….

• **김정인 학생**: 네, 맞습니다. 시청률이 높은 방송에 광고를 공급합니다. 그리고 지금 상황으로 봤을 때 아직까지도 KBS는 다른 어떤 방송보다 시청률이 높습니다. 이러한 KBS가 광고시장의 가장 큰 부분을 차지하고 있는데, 이곳에서 빠지게 된다면 광고확보 경쟁에서 물러나기 때문에 시청률 지상주의를 파타할 수 있다고 생각하는데요. 이 부분에 대해서 왜 미디어 산업의 자본화를 말씀하시는 것인지 묻고 싶습니다.

• **김서희 학생**: 네, 지금 상대팀께서는 광고가 상업적이라고 말씀하셨습니다. 하지만 만약에 이 상업적인 광고를 다른 프로그램으로 옮기게 된다면 그런 방송들도 자본으로부터의 자유를 얻지 못하는 것 아닙니까?

• **김정인 학생**: 그래서 저희팀에서 말씀드리고 싶은 것은 단순히 그렇게 된다는 것이 아니라 광고 확보 경쟁에서 물러남으로써 시청률 지상주의를 타파할 수 있다는 것이고요. MBC '대장금' 외 사례를 드셨는데 '대장금'이 언제 방영되었는지 아십니까?

• **김서희 학생**: 저희팀에서는 2004년이라고 알고 있습니다.

• **김정인 학생**: 네, 2004년에는 현재와 같이 케이블이나 종편 방송 등 다양한 채널이 많지 않았기 때문에 이러한 시청률이 생겼다고 생각하는데, 지금 상황에서도 이런 시청률을 일으킬 수 있다고 생각하십니까?

• **김서희 학생**: KBS에서 '대장금' 같은 좋은 프로그램을 만들면 충분히 시청률 높은 프로그램을 만들 수 있다고 생각합니다.

• **김정인 학생**: 네, 저희팀이 말씀드리고 싶은 것은 지금은 미디어 시장이 너무 포화상태이기 때문에 이러한 시청률을 2004년과 같이 만들 수 없다고 말씀드리고 싶습니다. 질문 여기서 마치도록 하겠습니다.

●● 김정인 학생은 교차조사를 통해 (1) 광고의 의존도를 높여 KBS 적자구조를 해결하는 것은 공영방송의 원래 목적인 공공성 회복에 도움이 되지 않는다는 점, (2) 시청률을 높이는 것이 KBS 문제를 해결하는 좋은 방법이라는 상대팀 지적에 대해 사실은 아직까지도 KBS는 다른 어떤 방송보다 시청률이 높다는 점, (3) 상대팀이 말하는 '대장금'과 같은 사례는 미디어 환경이 변한 지금 상황에서는 실현하기가 어렵다는 점을 지적하고 있다.

• 반대팀 1의 반박 |5분|

교차조사 직후 반대팀에서 준비시간 1분을 요청한다.

준비시간 동안 반대팀원끼리 상의하고 있다.

김한나 | 반대 1 　　　　김서희 | 반대 2

팔리시 디베이트에서 반박은 반대팀부터 시작한다. 반박은 찬성팀과 반대팀에 각각 두 차례 주어진다.

준비시간이 끝나고 반대팀 1의 반박이 시작된다. 팔리시 디베이트에서는 반대팀 2의 입안 후 연달아 반대팀 반박이 이어지는 것에 유의한다.

반대팀 1을 맡은 김한나 학생
이 반대팀 첫 번째 반박 발언
을 하고 있다. 발언 제한 시간
은 5분이다.

김한나 학생의 발언 요지는 다음과 같다.

"안녕하십니까? 〈KBS는 방송 수신료를 인상해야 한다〉의 반대측 첫 번째 반박을 맡은 김한나입니다. 먼저 구체적인 상황들로 반박에 들어가기 전에, 저희는 시각의 차이를 말씀드리고 싶습니다. KBS와 현재 국민은 다른 시각으로 같은 문제에 대해서 바라보고 있다는 점을 말씀드리고 싶습니다. KBS의 공정성 확립은 국민과 KBS 모두가 바라는 방향입니다.

첫 번째 반박:
KBS 수신료 인상을 바라보는 데에 시각의 차이가 있다.

KBS는 현재 자본으로부터의 자유와 권력 기관으로부터 자유의 두 가지 문제를 해결해야 하는 시점에 맞닥뜨려 있습니다. 이것을 해결하기 위한 방안으로써 KBS측에서는 방송 수신료 인상을 요구하였고, 저희 반대측에서는 광고를 올바른 방향으로 사용하여서 광고의 주도권을 잡음을 통해서 자본으로부터 독립을 이뤄내고, 그것에 앞서서 공정성과 공공성 확립이 기반이 된다는 점을 말씀드렸습니다.

또한 저희측에서 두 번째로는 경영의 혁신을 말씀드렸습니다. 이런 시각의 차이가 나는 것은 바로 시청률이라고 생각됩니다. 상대측에서는 광고에 대해서 광고를 통한 의존도는 나쁜 것이며 이것을 통하여서 자본으로부터 영향력을 받는다고 말씀해주셨는데요. 저희측에서는 이것을 오히려 해결책으로 사용하려고 합니다. 시청률을 통한, 광고를 통한 재원의 확충은 올바른 방법입니다.

저희가 말씀드렸던 해결책을 통해서 공공성과 공정성이 확립된 방법을 통한 시청률과 광고를 통한 재원 확충은 KBS에게도 이익이 되고, 국민에게도 원하는 공공성 확립을 가져다줄 수 있음을 다시 한 번 말씀드리고 싶습니다. 그리고 저희측에서 해석한 시청률은 바로 국민이 원하는 방송이라는 뜻입니다. 국민이 원하는 방송을 통한 시청률의 향상은 결국 KBS에게도 좋은 영향을 미치고, 국민에게도 추가로 수신료 인상에 대한 부담이 없어지기 때문에 KBS와 국민 사이에 올바른 소통의 기회 또한 주어질 것이라고 말씀드리고 싶습니다.

그리고 저희가 다른 점에 있어서 명확하게 말씀드리고 싶은 것은, 상대측에서는 정부보조금으로 인하여서 정부에 대한 의존도가 높아지고, 그로 인하여서 정부에 의한 영향력이 생길 것이라고 말씀해주셨는데요. 그러나 저희는 이에 대해 정부보조금은 법으로 정해져 있는 것이기 때문에 크게 문제가 되지 않는다는 점을 말씀드리고 싶습니다. 법률안 제정은 청와대에 직속된 것이 아니기 때문에 공공성과 공정성을 유지하기 쉽습니다. 그리고 법률안 제정은 야당과 여당의 입장이 모두 다 고려되기 때문에 함부로 제정하기가 쉽지 않습니다. 그리고 KBS가 현재 정부로부터 영향을 받아 친정부적인 보도들을 내보냄으로써 국민의 반발을 사고 있다는 점을 다시 한 번 말씀드리면서, 저희가 말씀드린 해결책인 공공성과 공정성 확립이 그 모든 것들을 해결하기 위한 답임을 다시 한 번 더 말씀드리고 싶습니다.

그리고 흘러내림 효과에 대해서 다시 한 번 더 설명해드리고 싶은데요. 상대측께서는 흘러내림 효과는 좋은 면이라고 말씀해주셨습니다. KBS에 들어가야 하는 광고를 통한 이익을 바로 다른 방송사들이 취할 수 있기 때문이라고 말씀해주셨는데요. 상대측에서는 광고를 통한 재원 확충은 옳지 못한 것이라고 주장해주셨습니다. 그러나 이것은 방금 상대측에서 말씀해주신 광고 흘러내림 효과에는 모순된다는 점을 말씀드리고 싶습니다. 다른 방송사들의 광고에 대한 의존도가 높아진다는 것은 즉 다른 방송들이 자본에 의해서 좌지우지된다는 것을 뜻하는 것이고, 그것은 결국 한국 전체 미디어 산업이 자본으로부터 영향을 받게 된다는 것을 의미합니다. 따라서 상대측의 지금 현재 주장은 자신들의 주장과 모순되는 점이 있다는 것을 말씀드리고 싶습니다.

마지막으로 첫 번째 반박을 맡은 제가 강조하고 싶은 것은 KBS가 자신들의 입장에서 말하는 편향된 이익을 추구하지 아니하고, 국민이 원하는 방향으로 그것들을 해결해나가는 입장을 가지기를 바란다는 것입니다. 감사합니다.”

●● 김한나 학생은 반대팀 첫 번째 반박 순서에서 우선 찬성측과 반대측이 가장 큰 차이를 보이는 것이 '시각의 차이'라고 주장했다. 찬성측은 문제를 KBS의 입장에서 보고 있고, 반대측은 국민의 입장에서 보고 있다는 것이다. KBS의 공정성 확립이라는 목표에 대해서는 모두 동의하지만, 그 구체적인 방법으로 광고나 경영혁신 등의 문제를 바라볼 때는 의견차가 있다는 것이다. 이어서 김한나 학생은 정부보조금에 대한 찬성측의 우려가 기우이고, 광고 흘러내림 효과가 결과적으로 자본에 의한 미디어 종속으로 귀결되어 찬성측이 주장하는 방송의 건전성 확보와는 다른 결과를 맞게 될 것이라고 주장했다.

• 찬성팀 1의 반박 | 5분 |

반대팀 1의 반박 직후 찬성팀에서 준비시간 45초를 요청한다.

준비시간 동안 찬성팀원끼리 상의하고 있다.

김정인 | 찬성 2　　　　　　　원종현 | 찬성 1

찬성팀 1의 반박이 시작된다.

원종현 | 찬성 1

다음은 원종현 학생의 찬성팀 반박 발언 요지다.

"시작하겠습니다. 〈KBS는 수신료를 인상해야 한다〉의 찬성측 첫 번째 반박을 맡은 원종현입니다. 그 전에 오늘의 디베이트에서 있었던 하나의 쟁점에 대해서 먼저 짚어보고 넘어가고자 합니다.

상대측에서는 현재 KBS는 수신료를 인상하기 전에 공정성 있고, 더 품질이 좋은 방송을 만들어서 사람들의 시청률을 확보해야 한다고 주장해주셨습니다. 그러나 상대측은 이것까지만 주장해주셨습니다. 어떻게 더 좋은 양질의 프로그램을 제작할 것인가에 대해서는 아무런 언급을 하지 않으셨습니다. 그러나 저희팀은 줄곧 수신료를 인상함으로써 KBS의 재원을 확충하고, 이 확충된 재원으로 양질의 프로그램을 제작함으로써 사람들에게도 더 좋은 퀄리티의 프로그램을 제공하자고 말씀드렸고, 이런 근본적인 원인에 대한 타결 방안을 제시했다는 점에서 저희 찬성측이 이 지점에서는 진짜 우위에 있다고 말씀드리고 싶습니다.

그럼 이제부터 본격적인 반박을 시작해보도록 하겠습니다. 상대측에서는 EBS를 또 다른 공영방송의 예시로 들어주시면서 KBS도 이와 같은 제도적인 혁신의 길을 가야 한다고 말씀해주셨습니다. 그러나 EBS는 KBS와는 좀 다른 성격의 공영방송이라는 것을 말씀드리고 싶습니다. 현재 EBS는 교육방송으로서 그 타이틀이 시사하고 있는 바대로 한국의 교육산업을 책임지고 있으며 심지어 수능에서는 EBS 연계교재가 문제에 출제되면서 매우 강제성을 띠고 있습니다. 이 발언의 골자는 결국에는 KBS는 EBS와 같은 교재를 만들 수 없다는, 교재를 만들어도 실효성을 볼 수 없다는 것입니다. 왜냐, 결국 필수성이라는 것이 가미되어 있지 않기 때문이죠.

그리고 아까 저희측에서 반대측한테 KBS가 2013년에 266억 원의 적자를 기록했다고 했는데 상대측에서는 이는 자신들이 조사한 자료와는 맞지 않는다고 주장하면서 동시에 친정부적인 보도 때문에 2008년에서 2013년까지 적자가 났다고 했습니다. 그러나 이 두 개의 자료는 모순되지 않나요? 도대체 반대측은 어떤 자료를 조사하신 것인지 조금 의문이 들고요. 또 KBS는 아까 돈이 충분하다고 하셨는데 수신료는 그대로인데 어떻게 늘어나는 비용을 충당한 것인지 좀 의문이 들었습니다. KBS에 돈이 충분하다는 말은 결국에는 다른 섹터에서 이러한 재원이 들어왔다는 것인데, 그 섹터는 광고재원과 정부지원금일 텐데, 이 두 개 섹터에서 들어왔다면 우리가 지금 우려하는 공공성이 침해되지 않을까라는 우려가 듭니다.

그리고 이제 KBS가 적자가 난 시기가 KBS가 친정부적 보도를 한 시기와 일치한다고 말씀해주셨습니다. 그런데 이 시기와 일치하는 게 하나 더 있습니다. 뭘까요? 네, 맞습니다. 바로 KBS에 대한 정부지원금이 늘어난 시기와도 일치합니다. KBS 정부지원금이 2006년 약 6억 원에서 아까 말씀드렸듯이 2011년 49억 원까지 이르면서 오히려 정부지원금이 늘어났는데, 저희는 이것이 바로 정부의 친정부적 보도의 로비와 관련이 있다고 생각합니다.

또한 국민이 원하는 방송을 위해서 KBS는 좀 더 소통을 많이 해야 한다고 하셨습니다. 일단 KBS도 충분히 국민이 만족하는 방송을 만들려고 합니다. 공영방송이니만큼요. 그리고 더 많은 소통의 기회가 있어야 된다고 하는데 KBS에는 홈페이지에도 아예 떠 있고 항상 보도할 때마다 시청자 상담실 그리고 시청자 위원회가 있기 때문에 그쪽에 더 나은 보도를 위해서 개선점을 자유롭게 제안할 수 있다는 점을 항상 강조하고 있습니다. 그런데 여기서 더 강조한다면 뭘 할 수 있을지 상대측이 구체적으로 제시하지 않으셨다는 점, 그 점에 대해서 다시 한 번 지적해 드리고 싶고요.

광고를 통한 재원 확충을 아까부터 이야기하고 계시는데 먼저 상대측에서는 저희측이 광고를 통한 재원 확충이 나쁘다고 주장했다고 말씀해주셨습니다. 그러나 이 점에 대해서 확실하게 하고 싶은데, 저희는 광고를 통한 재원 확충이 나쁘다고는 하지 않았습니다. 단순히 공영방송의 공공성을 침해할 우려가 있다고 말씀드렸을 뿐입니다. 그리고 이를 근거로 하여서 결국에는 광고 흘러내림 효과를 통한 케이블 방송의 광고 확충은 오히려 우리팀이 주장하는 것과 모순된 방향이 아니냐는 의문을 제기해주셨습니다.

그러나 저희가 말씀드리고 싶은 것은 공영방송으로서의 KBS와 다른 민영방송으로서의 케이블 방송은 엄연히 다른 성격을 띠고 있다는 것입니다. 케이블 방송의 주목적은 시청률을 확보하고 더 많은 수입을 확보하는 것입니다. 그렇기 때문에 양질의 방송을 확보하는 것은 오히려 그들이 더 추구하는 바일 수 있습니다. 이런 점에서 광고 흘러내림 효과가 그들에게 이득이 될 수 있다고 한 것이지 KBS 성격과 똑같기 때문에 그들에겐 항상 해가 될 것이다, 따라서 우리팀의 의견이 모순된다는 말은 적절하지 않다는 점을 다시 한 번 강조하고 싶습니다. 그리고 마지막으로 KBS가 정부로부터 독립함으로써 더 양질의 방송을 만들 수 있을 것이라고 하시면서 의회에서 야당과 여당의 사이의 의결에 대해서 이야기해주셨습니다. 그런데 한 가지 유의해야 할 점은 이미 의회의 여당석이 약 2/3에 육박한다는 점을 말씀드리고 싶고, 이 점에서 의결됐을 경우 과연 정부로부터의 완벽한 독립이 이루어질 수 있을지 의문이 들면서 다시 한 번 KBS는 수신료를 인상해야 한다고 생각합니다. 감사합니다.”

●● 원종현 학생은 반대팀 논거별로 왜 찬성팀이 동의할 수 없는지 하나하나 반박했다. (1) EBS와 KBS는 동일 선상에서 평가할 수 없다는 점, (2) KBS가 흑자를 기록한 시기와 적자를 기록한 시기에 대해 반대팀과 다른 해석이 가능하다는 점, (3) KBS가 시청자와의 소통에 노력하고 있다는 근거, (4) 광고 재원의 의미가 공영방송과 민영방송에서 다름을 지적했다. 또한 현재 의회 구성을 볼 때 정부지원금이 여당의 입김에 좌우될 수 있다는 점을 지적했다.

찬성팀 1의 반박 직후 반대팀에서 남은 준비시간 1분 30초를 모두 쓰겠다고
요청한다.

준비시간 동안 반대팀원끼리
상의하고 있다.

김한나 | 반대 1　　　　김서희 | 반대 2

반대팀 2의 반박이 시작된다. 반대팀으로서는 마지막 발언 기회다.

반대팀 2를 맡은 김서희 학생
이 반대팀 두 번째 반박 발언
을 하고 있다. 발언 제한 시간
은 5분이다.

김정인 | 찬성 2　　　원종현 | 찬성 1　　　　김한나 | 반대 1　　　김서희 | 반대 2

다음은 김서희 학생의 반대팀 반박 발언 요지다.

"안녕하십니까? 저는 오늘의 주제인 〈KBS는 수신료를 인상해야 한다〉의 마지막 반박을 맡은 김서희입니다. 오늘 저희 토론의 쟁점은 시각의 차이였다고 생각하는데요. 상대팀께서 바라보시는 광고의 의미와 저희팀이 바라보는 광고의 의미가 달라서 시각의 차이라는 쟁점이 생겼다고 생각하는데요. 상대팀께서는 단순히 광고가 나쁘니까, 광고로 인하여 자본으로부터 자유를 얻을 수 없기 때문에 광고가 나쁘다는 이유를 들면서 그냥 단순히 없애버리자, 광고를 죽이자고만 말씀하셨는데 만일 광고가 이렇게 단순하게 바로 없어지고 죽일 수 있는 것이라면, 제 생각에는 이미 충분히 KBS는 이것을 실현했을 것이라고 생각하고 상대방께서 주장하고 계시는 이 광고를 죽이자는 입장은 현실적으로는 불가능하다고 생각합니다. 저희팀에서 주장하는 광고란 이미 공정성이 확립된 KBS가 광고의 주도권을 얻어서 상업적인 면을 보이지 않는 선에서 광고를 통해 수익을 얻을 수 있다는 점을 강조하고 싶습니다.

그리고 저희팀의 해결책이었던 경영혁신에 대해서 EBS를 예로 들어 말하였으나, 상대측은 EBS는 KBS와 상황이 같지 않다, EBS는 교육방송이다라고 말씀을 하셨습니다. 저희도 EBS가 교육방송인 점은 알고 있고요. 하지만 EBS는 교육방송이라는 그런 단면적인 방송만 하고 있지만 KBS는 현재 다양한, EBS보다 훨씬 다양한 방송을 하고 있습니다. EBS는 단순히 교육방송이기 때문에 수능 교재로 돈을 벌고 있지만 KBS는 더 많은 다양한 분야로 더 많은 수익을 얻을 수 있다고 생각이 듭니다.

그리고 저희는 KBS의 수익이 충분하다고 하였지만 상대방은 충분하지 않다고 말씀하셨습니다. 저희가 말씀드린 충분하다는 의미는 현재 KBS가 고위층에게 더 많은 월급을 줌으로써 필요도 없이 뜻 없이 사용하고 있는 돈들을 막는다면 KBS가 현재 갖고 있는 수익으로 이미 충분하다는 뜻입니다.

그리고 상대팀께서는 국민과의 소통에 대하여 홈페이지에 있는 시청자 위원회를 말씀하셨는데, 저희가 실제로 시청자 위원회 시청자 상담실에 들어가 보았을 때, 시청자 상담실에 있었던 대답들은 모두 일관되어 있었습니다. 그들의 대답은 그저 검토해보겠다는 말밖에는 없었습니다.

그리고 KBS 시청자 상담실이 잘 활용되고 있지 않다는 국민의 불만이 무려 60%에 달함을 말씀드리고 싶습니다. KBS는 대한민국의 대표 그리고 유일한 공영방송입니다. 공영방송은 여러분도 알다시피 저희가 앞서 계속 강조한 바와 같이 국민을 위한 방송이어야 합니다. 하지만 현재 국민은 수신료 인상에 대해서 대략 80%의 국민이 반대를 하고 있는데요. 이렇게 KBS가 강제적으로 수신료를 인상한다면 과연 이것이 진정 공영방송이라고 할 수 있을까요. KBS는 이렇게 무조건적으로 국민에게 수신료를 인상하는 것이 아니라 KBS 내부개혁을 통해서 더 많은 수익을 얻어낼 수 있으므로, 저희팀에서는 국민의 부담을 가중시키는 수신료를 인상하는 것이 아니라 KBS 내부개혁이 필요하다고 주장합니다. 감사합니다."

●● 김서희 학생은 반대팀의 입장을 분명히 하는 과정에서 (1) 광고를 바라보는 찬성팀과 반대팀의 시각 차이, (2) EBS에 비해 오히려 더 많은 가능성을 가진 KBS, (3) KBS가 내부개혁을 이룬다면 지금의 수익으로도 충분한 이유, (4) 찬성팀이 말한 시청자와의 소통이 형식적인 것에 불과한 점을 지적했다. 이어서 마지막으로 KBS 문제를 해결하는 방법은 반대팀의 의견이 맞다는 점을 강조하며 발언을 마쳤다.

• 찬성팀 2의 반박 │5분│

반대팀 2의 반박 직후 찬성팀에서 준비시간 1분을 쓰겠다고 요청한다.

찬성팀이 준비시간을 신청하고 있다.

김정인│찬성 2   원종현│찬성 1   김한나│반대 1   김서희│반대 2

찬성팀 2의 반박이 시작된다. 찬성팀으로서도 마지막 발언이다.

김정인 | 찬성 2   원종현 | 찬성 1   김한나 | 반대 1   김서희 | 반대 2

다음은 김정인 학생의 찬성팀 반박 발언 요지다.

"안녕하십니까? 〈KBS는 수신료를 인상해야 한다〉의 두 번째 찬성팀 반박을 맡은 김정인입니다. 먼저 저희팀의 반박 내용을 말씀드리기에 앞서 지금까지 나왔던 내용들을 정리하고 상대팀께서 오해하고 계신 내용들을 한번 짚어보도록 하겠습니다.

우선 저희팀이 가장 크게 〈KBS는 수신료를 인상해야 한다〉에 찬성하는 이유는 자본으로부터의 공정성을 확보하기 위해서였는데요. 이에 대해서 상대팀께서는 광고 재원을 오히려 바른 수단으로 사용할 수 있다, KBS가 공공성을 확보하게 된다면 시청률이 높아지고 이를 바탕으로 광고를 선택할 수 있게 될 것이라고 말씀하셨습니다.

또한 저희팀은 두 번째 논거로 KBS가 지금 정부보조금을 받고 있기 때문에 정부 의존도가 높은데 수신료를 통해서 이런 것들을 낮추면 정부 의존도가 낮아져서 공정성을 확보할 수 있을 것이라는 의견에 대해, 상대팀께서는 지금 정부가 지원하고 있는 3,000억 원에 달하는 보조금은 법으로 규정되어 있기 때문에 KBS에게 오히려 자체적인 영향력을 행사하는 것 아니냐고 말씀하셨는데,

이에 대해서 저희팀이 말씀드리고 싶은 것은 지금 정부보조금이 법적으로 규정되어 있지만, KBS가 자신의 입맛에 맞지 않는다면 여당이 2/3에 달하는 국회에서 언제든지 지금 당장에라도 이 법을 바꿀 수 있다는 점을 명시해드리고 싶습니다.

또한 저희팀이 세 번째로 말한 물가인상을 고려했을 때 35년간 동결되었던 KBS 수신료가 인상되어야 한다는 점에 대해서, 지금 현 수취방법의 변화로 인해 9배에 달하는 인상이 있었고 또한 이중과세 문제점을 제시하셨습니다.

저희팀의 반박으로 넘어가도록 하겠습니다. 우선 상대팀께서는 광고를 바른 수단으로 사용한다고 말씀하셨는데, 저희팀이 말씀드리고 싶은 것은 광고를 바른 수단으로 사용하는 것 자체가 모순이라는 것입니다. 광고총량제와 같이 문제가 되었던 것이 지금 KBS의 문제는 광고의존도가 너무 높다는 것인데, 만약에 KBS가 수신료를 인상하지 아니하고 온전히 광고를 다시 선택하게 되어 광고에 의존하게 된다면 이것은 KBS의 공공성 확보에 오히려 더 큰 피해를 줄 수 있습니다.

그리고 또 말씀드리고 싶은 것은 KBS의 자구적인 노력으로 경영 쇄신을 해야 한다고 말씀하셨는데, 이 부분에 대해서는 KBS가 자구적인 노력을 하기에 앞서서 근본적인 구조 혁신이 먼저 실행되어야 한다고 생각하고요.

또한 상대팀은 경영쇄신으로써 일어나는 효과에 대해서 언급하시면서 경제적인 효과에 대해 언급하셨는데요. KBS가 광고를 더 선택하게 되었을 때 적자구조의 해결방법으로 광고를 선택하게 되었을 때 3,000억 원의 수익을 얻게 되는 수신료와 반대로 8,300억 원의 광고수익을 얻게 되어서 적자구조를 해결할 수 있을 것이라고 말씀드렸는데요. 저희팀이 이에 대해 말씀드리고 싶은 것은 상대팀께서 지금 말하고 있는 것은 한 가지 해결 방법에 불과하다는 것입니다. 지금 저희팀이 가장 크게 해결해야 하는 KBS 문제는 단순히 적자구조 문제가 아니라 공공성 확보인데, 이렇게 된다면 오히려 근본적으로 공공성을 확보하고 자본으로부터 독립하게 되는 것이 아니라 온전히 적자구조만 해결될 뿐 오히려 광고에 의존하게 된다는 것을 말씀드리고 싶습니다. 이에 대해 저희팀이 지금 말하는 수신료 인상은 단순히 그런 적자구조 회복뿐만 아니라 광고의존도를 낮추기 때문에 두 마리 토끼를 모두 잡는 정책이라고 생각되고요.

또한 이런 광고 시장에서 KBS의 광고 흘러내림 효과에 대해서 말씀드리고 싶은 것은 가장 큰 광고 시장을 차지하고 있는 KBS가 광고확보 경쟁에서 빠지게 된다면 시청률 지상주의를 좀 더 낮출 수 있고, 또한 전체적인 미디어 산업에 활기를 불어넣을 수 있다고 말씀드리고 싶고요.

마지막으로 말씀드리고 싶은 것은 KBS 수신료 문제의 가장 큰 논점은 수신료 인상이 먼저 되어야 하는가 혹은 공정성이 먼저 확보되어야 하는가가 문제였는데요. 저희는 지금 닭이 먼저냐 또 달걀이 먼저냐 하는 문제에 직면하고 있다고 생각합니다. 그러나 지금 한 가지 선택을 하여야 하는 시기이고, 그래서 저희팀에서 최선의 선택은 두 마리 토끼를 잡을 수 있는 KBS의 수신료 인상이라고 생각됩니다. 감사합니다.”

●● 김정인 학생은 우선 찬성팀의 논거에 대한 반대팀의 반박을 소개하고, 이에 대해 재반박했다. 이어서 반대팀 반박을 진행하면서 반대팀의 해결책이 가진 한계를 지적했다. 반대팀이 말한 '광고를 바른 수단으로 사용한다.'라는 말 자체가 결국은 공영방송의 공정성을 훼손할 것이라고 지적했다. 이어서 찬성팀의 해결책과 반대팀의 해결책을 비교하면서 반대팀의 해결책은 문제의 일면만을 해결하지만, 찬성팀의 해결책은 문제를 복합적으로 해결한다는 점에서 우위에 있다는 점을 강조했다. 결국 찬성팀은 'KBS의 현재 문제를 해결하기 위한 수신료 인상은 불가피한 선택이다.'라고 주장하고 있다.

이로써 모든 디베이트가 끝났다. 참가 학생들은 열심히 임했다. 특히 디베이트에 두 번 참가한 김정인 학생과 김한나 학생이 수고가 많았다. 만약 이 주제로 퍼블릭 포럼 디베이트를 진행했으면 어떻게 달라질까? 퍼블릭 포럼 디베이트에서 입증의 과제는 '변호'와 '옹호'다. 즉, 왜 이렇게 해야 하는지 이유를 조리 있게 설명하면 된다. 하지만 팔리시 디베이트에서는 '해결책의 제시'를 강조한다. 따라서 이 디베이트에서는 구체적으로 2,500원인 현행 수신료를 4,000원으로 올리자고 제안한 것이다. 이것이 팔리시 디베이트의 가장 특징적인 부분이다.

5 팔리시 디베이트 Q & A

팔리시 디베이트를 진행할 때 자주 마주치는 질문들에 대한 답변을 소개한다.

Q 꼭 동전 던지기로 찬반 및 선후를 갈라야 하나? 가위바위보로 하면 안 되나?

A 그에 대한 강제규정은 없다. 가위바위보로 해도 된다. 하지만 이건 일종의 전통이다. 나름 문화화되어 있는 부분이니 동전 던지기로 하되, 그래도 싫은 사람은 다른 방식을 선택해도 된다.

Q 디베이트 각 순서를 고지해주나?

A 그렇지 않다. 참가자가 알아서 순서를 진행해야 한다. 간혹 순서가 틀리는 경우가 있는데, 이때는 심판이 정정해줄 것이다. 하지만 감점 대상이다.

Q 조사한 자료를 보여주면서 해도 되나?

A 예를 들어 통계자료를 표로 만들어와서 보여주면서 이야기하는 경우도 있다. 이래도 좋다. 하지만 디베이트 대회는 논리의 대결을 중시한다. 프리젠테이션 대회가 아니라는 것이다. 보조자료를 써도 되지만, 디베이트는 논리의 대결을 보고자 하는 대회라는 점을 명심해야 한다. 극단적으로 말해서, 논리는 허술하게 처리하면서 준비물만 보여주면 좋은 점수를 받지 못할 것이다.

Q 그럴듯한 설명으로 가짜 통계를 인용했다면 어떻게 되나?

A 심판이 전지전능할 수는 없다. 그래서 그 자리에서는 먹힐 수도 있다. 하지만 이상할 경우 나중에 확인해볼 것이다. 그때 가짜라는 것이 드러나면 모든 상훈을 박탈하고, 향후 디베이트 대회 참가를 금지시킨다. 디베이트에는 '정직의 의무'라는 것이 있다. 디베이트에서 제시되는 자료들은 사실이어야 한다는 규정이다.

Q 상대팀이 입안에서 용어정의를 할 때 자의적으로 제한하거나 확대 해석하는 경우가 있다. 이럴 때는 어떻게 해야 하는가?

A 디베이트에서 용어정의를 할 때 이기려는 욕심에 자의적으로 제한하거나 확대 해석하는 경우가 있다. 주제를 자기 쪽에 유리하게 해석하는 것이다. 하지만 이는 곧바로 교차조사나 반박에서 "상대방은 오늘의 주제와 핵심어를 자의적으로 해석하고 있다."라는 공격을 받을 수 있다. 심판과 청중이 그 공격을 맞다고 인정하면 좋은 점수를 받을 수 없다. 결과적으로 디베이트를 오래 한 학생들은 주제와 핵심어를 '상식적'인 선에서 해석하게 된다.

Q 발언 중 정해진 시간을 넘겼다. 어떻게 행동해야 하나?

A 원래는 그 자리에서 바로 멈추어야 한다. 그런데 '5초 이내 등 가장 빠른 시간 내에 정리한다.'라는 규정을 두는 대회도 있다. 이를 무시하면 디베이트에서 큰 실책이 된다.

Q 정해진 시간을 못 채웠다. 어떻게 감점되나?

A 자신에게 주어진 시간을 제대로 이용하지 못했으니 감점 대상이다. 하지만 구체적으로 어떻게 감점이 이뤄지는지에 대한 규정은 각 대회마다 다를 수 있다. 대회 규정을 확인해야 한다.

Q 우리팀이 정해진 시간을 못 채웠다. 그 시간만큼 다음 발언 순서에 더 발언해도 되나?

A 일단 발언이 끝나면 나중에 사용할 수 없다. 앞 순서의 발언자가 발언 시간을 못채우고 연단을 떠났다면, 그다음 순서의 발언자가 바로 나와야 한다.

Q 교차조사를 할 때 질문에 임하는 사람의 순서는 정해져 있나?

A 그렇다. 그 순서는 꼭 지켜야 한다.

Q 교차조사 시 상대방이 너무 답변을 길게 한다. 어떻게 처신하는 것이 좋은가?

A 그럴 때는 중간에 답변을 잘라도 된다. 또 사전에 "제 질문에 이제부터 예, 아니요로만 대답하십시오."라고 말하고 시작해도 된다. 교차조사에서 질문자는 공격 입장에, 답변자는 방어 입장에 선다. 질문자 입장에서는 시간을 효과적으로 이용하는 것이 좋다.

Q 입안이 각각 두 번이다. 역할이 어떻게 다른가?

A 찬성팀과 반대팀 모두 입안이 두 번이다. 역할을 분담하는 것은 각 팀의 재량이다. 다만, 입안 단계에서 상대방 입안에 대한 반박이 포함된다는 점을 염두에 두어야 한다.

Q 반박도 각각 두 번이다. 어떻게 다른가?

A 찬성팀과 반대팀 모두 반박이 두 번이다. 역할을 분담하는 것은 각 팀의 재량이다. 대개는 첫 번째 반박에서 재반박을, 두 번째 반박에서 쟁점 정리 및 우리팀이 이긴 이유에 대해 설명한다.

Q 디베이트 발언 중 우리팀 학생과 상의하는 것이 가능한가?

A 일단 연단에 나왔으면 가능하지 않다.

Q 혼자 연단에 서서 발언하고 있다. 시선 처리는 어떻게 하는 것이 좋은가?

A 상대방을 보면 안 된다. 눈은 심판과 청중을 향해야 한다. 심판과 청중의 눈을 지그재그로 맞추며 자신 있게 발언해야 한다.

Q 원고를 읽다시피 하고 있다. 감점 대상인가?

A 디베이트는 스피치 대회의 일종이다. 원고를 낭독하는 대회가 아니다. 원고에 지나치게 의존해서 발언하면 이는 감점 대상이다. 추천하는 방법은 손바닥만 한 메모카드에 요점을 적어 이를 가끔 보면서, 하지만 주로 심판과 청중을 주시하며 발언하는 것이다.

Q 우리팀이 너무 잘해서 격려해주고 싶다. 박수를 보내도 좋은가?

A 안 된다. 경기에 영향을 주는 일은 삼가야 한다. 손가락을 책상 위로 두드리는 방식으로, 그러니까 경기에 영향을 주지 않는 범위 내에서 격려의 의사를 전달해야 한다.

Q 상대팀 발언 시 우리팀 작전을 상의하고 싶다. 서로 대화해도 되나?

A 디베이트에서 배우는 가치는 상대방 존중의 자세다. 이는 경청하는 태도에서 드러난다. 상대팀이 말할 때 이를 방해해서는 안 된다는 뜻이다. 가급적 필담으로 의견을 주고받아야 한다. 중요한 것은 상대팀 발언을 방해해서는 안 된다는 것이다.

Q 상대팀이 준비시간을 신청했다. 우리팀은 그 시간에 어떻게 해야 하나?

A 우리팀도 그 시간을 이용해서 준비한다. 농구에서 상대팀이 타임을 불렀을 때 우리팀도 모여 작전을 짜는 것과 같다고 생각하면 된다.

Q 발언 시 시계를 휴대해도 되나?

A 숙련된 디베이트 참가자들은 초시계를 휴대하고 이를 보면서 한다. 하지만 시계 기능만 있는 것이어야 하고, 검색 기능이 있는 스마트폰 휴대는 금지된다.

Q 디베이트 현장에 노트북 휴대가 가능한가?

A 디베이트 현장에서 노트북 이용은 가능하지 않다. 디베이트가 시작되기 전 노트북 등 전자기기의 전원을 끄고 가방에 넣어야 한다. 책상 위에는 노트와 자료, 필기도구만 있어야 한다.

칼 포퍼 디베이트의 진행

Karl Popper Debate

칼 포퍼 디베이트는 유럽에서 진행하는 디베이트로 비교적 최근인 1994년에 만들어졌다. 여기에서는 개괄적인 내용만 소개한다. 종래의 디베이트와 같이 찬성팀이 먼저 시작하지만, 반대팀이 마지막 발언을 맡는다. 반박 순서에 교차조사가 붙는 점도 새로운 시도다. 칼 포퍼 디베이트는 이전의 디베이트 형식과 퍼블릭 포럼 디베이트 형식의 중간 형태로 볼 수 있다.

1   칼 포퍼 디베이트의 개괄

2   칼 포퍼 디베이트의 진행 순서와 특징

1 칼 포퍼 디베이트의 개괄

먼저 칼 포퍼 디베이트(Karl Popper Debate)의 역사적 연원을 알아보자.

칼 포퍼(1902~1994)는 오스트리아에서 태어나 영국에서 활동한 유명한 과학 철학자다. 《열린 사회와 그 적들》이란 책으로 유명하다. 칼 포퍼 디베이트는 중학생과 고등학생을 위해 개발된 디베이트다. 칼 포퍼의 '열린사회연구소'와 '소로스 재단네크워크'가 칼 포퍼가 세상을 뜬 1994년에 개발했다. 퍼블릭포럼 디베이트를 제외하면 가장 최근에 개발된 디베이트 형식이다. 그만큼 새로운 변화와 시도가 보이는 형식이기도 하다.

이 형식은 유럽 쪽에서 주로 쓰인다. 구체적으로는 러시아와 동부 유럽, 중부 유럽에서 많이 쓴다. 매년 열리는 국제디베이트교육협회(International Debate Education Association, IDEA)의 IDEA Youth Forum에서 쓰기도 한다. 한국에서는 대검찰청에서 2012년 개최한 전국 중학생 명예검사 선발대회에서 이 형식을 활용했다. 그리고 몇몇 대회에서 유사한 형식을 쓰고 있다. 하지만 널리 확산되어 있지는 않다.

칼 포퍼 디베이트에서는 한 달 전에 주제를 공개한다. 찬성팀은 주제를 해석하고 이를 옹호할 의무를 지고, 반대팀은 찬성팀의 입장에 대해 반대하는 입장을 취해야 한다. 디베이트 중 리서치는 허용되지 않는다. 외부의 조력도 허용되지 않는다. 명확한 의견 전달이 이뤄진다는 전제하에서 부분적으로 원고를 읽는 것이 허용된다. 하지만 논점을 적은 카드만 지참하고 심판과 청중을 향해 똑바로 발언하는 것을 권한다.

2 칼 포퍼 디베이트의 진행 순서와 특징

칼 포퍼 디베이트의 진행 순서는 다음과 같다. 3:3으로 진행한다. 디베이트 역사상 처음으로 좌우 대칭형으로 제시되어 꺾쇠그림으로 표현하기는 힘들다.

찬성 입안(Affirmative Constructive)	6분	찬성 1의 입안
교차조사 (1st Negative Cross-Examination)	3분	반대 3이 묻고 찬성 1이 답하는 교차조사
반대 입안(Negative Constructive)	6분	반대 1의 입안
교차조사 (1st Affirmative Cross-Examination)	3분	찬성 3이 묻고 반대 1이 답하는 교차조사
찬성 반박 1(Affirmative Rebuttal)	5분	찬성 2의 반박
교차조사 (2nd Negative Cross-Examination)	3분	반대 1이 묻고 찬성 2가 답하는 교차조사
반대 반박 1(Negative Rebuttal)	5분	반대 2의 반박
교차조사 (2nd Affirmative Cross-Examination)	3분	찬성 1이 묻고 반대 2가 답하는 교차조사
찬성 반박 2(Affirmative Rebuttal)	5분	찬성 3의 반박
반대 반박 2(Negative Rebuttal)	5분	반대 3의 반박

▲ 칼 포퍼 디베이트의 형식

준비시간은 팀당 8분으로 총 16분이 주어진다. 칼 포퍼 디베이트의 각 순서별 내용을 알아보자.

- **찬성 1의 입안**: 찬성팀 입안 단계다. 이 단계에서 찬성팀은 주제에 대한 찬성팀의 입안 이유 전부를 밝힌다.

- **반대 3이 묻고 찬성 1이 답하는 교차조사**: 교차조사에 참가한 두 명 모두 청중을 향한다. 교차조사에 나서는 팀은 질문하고, 상대팀은 답변만 한다.

- **반대 1의 입안**: 반대팀 입안 단계다. 이 단계에서 반대팀은 주제에 대한 반대팀의 입안 이유를 전부 밝힌다.

- **찬성 3이 묻고 반대 1이 답하는 교차조사**: 교차조사에 참가한 두 명 모두 청중을 향한다. 교차조사에 나서는 팀은 질문하고, 상대팀은 답변만 한다.

- **찬성 2의 반박**: 먼저 반대팀의 의견을 요약하고, 이에 대해 하나하나 반박한다.

- **반대 1이 묻고 찬성 2가 답하는 교차조사**: 교차조사에 참가한 두 명 모두 청중을 향한다. 교차조사에 나서는 팀은 질문하고, 상대팀은 답변만 한다.

- **반대 2의 반박**: 찬성팀의 반박에 답한다. 그리고 찬성팀 입안에 대해 계속 공격한다.

- **찬성 1이 묻고 반대 2가 답하는 교차조사**: 교차조사에 참가한 두 명 모두 청중을 향한다. 교차조사에 나서는 팀은 질문하고, 상대팀은 답변만 한다.

- **찬성 3의 반박**: 상대팀에 대해 재반박한다. 심판과 청중에게 오늘 집중해야 할 쟁점에 대해 강조한다.

- **반대 3의 반박**: 상대팀에 대해 재반박한다. 심판과 청중에게 오늘 집중해야 할 쟁점에 대해 강조한다.

이상에서 알 수 있는 칼 포퍼 디베이트 형식의 특징을 정리한다.

첫째, 이전의 링컨 더글러스 디베이트, 의회식 디베이트, 팔리시 디베이트와 달리 찬성에서 시작하지만 반대로 끝난다. 이 점은 그동안의 디베이트 형식과 비교하자면 큰 변화다. 이 결과로 대칭형의 디베이트 구조를 갖게 되었다. 하지만 찬성측이 먼저 시작한다는 점은 여전히 같다.

둘째, 이전의 링컨 더글러스 디베이트, 팔리시 디베이트와 달리 입안 이후에만 교차조사가 붙는 것이 아니라, 반박 이후에도 한 번 더 교차조사가 붙는다. 크게 보면 입안 – 반박 – 반박의 구조를 갖췄다. 입안과 첫 번째 반박 이후 교차조사가 붙는 식이다.

셋째, 반박이 두 번이다. 즉, 반박을 강화했다.

넷째, 3:3의 구조를 갖췄다. 결과적으로 많은 학생들이 참여할 수 있는 디베이트 형식이다.

다섯째, 비교적 긴 시간을 디베이트한다. 총 44분간 진행하는데, 준비시간 16분을 합치면 총 60분이 걸린다. 따라서 초등학생이 도전하기에는 무리가 따른다.

여섯째, 발언 기회가 다르다. 1, 2, 3의 참가 학생들에게 모두 독자적인 발언 기회가 있다. 하지만 교차조사의 경우 1은 질문하고 답할 기회가 있는 반면에, 2, 3은 질문만 하거나 답변만 해야 한다. 이 역시 '평등의 원칙'으로 보자면 문제가 될 수 있다.

결국 칼 포퍼 디베이트는 링컨 더글러스 디베이트, 의회식 디베이트, 팔리시 디베이트와 퍼블릭 포럼 디베이트의 중간 형태의 특징을 가졌다. 대칭형으로 이뤄진 점, 교차조사가 입안 이외에도 붙은 점 등이 이전과 다르다. 퍼블릭 포럼 디베이트는 칼 포퍼 디베이트의 이런 특징을 더욱 강화하고 정식화한 디베이트 형식이다.